Revenge of the She-Punks: A Feminist Music History from Poly Styrene to Pussy Riot

女パンクの逆襲——フェミニスト音楽史

Vivien Goldman

ヴィヴィエン・ゴールドマン 著

野中モモ 訳

Originally published as
Revenge of the She-Punks: A Feminist Music History
from Poly Styrene to Pussy Riot.

Published by arrangement with the University of Texas Press through
Tuttle-Mori Agency, Inc.

This Japanese edition published in 2021
by P-Vine,Inc.,Tokyo

女パンクの逆襲——フェミニスト音楽史

目次

訳者による註釈は文中〔　〕
長い文章に関しては、欄外〔＊〕に記されている。
また、作品名に関して、曲名は〝　〟、シングル名は「　」、
アルバム名は『　』にしている。

WOMANIFESTO

ウーマニフェスト―女宣言―

はじめにひとつ

突然、ものすごくたくさんの女性ミュージシャンや女性バンドが『サウンズ』のライヴ・スケジュール欄に出現している。女性たちのアンダーグラウンドがいきなりオーバーグラウンドに現れたようだ。（略）女性が女らしさのステレオタイプに譲歩することなく、プロフェッショナルに演奏しハードにロックする時、それはおのずと脅威となる。それは男性にとっての脅威である。なぜなら、彼女たちはこれまで攻撃を受けたことのない城塞の男性優位性に挑戦しているから。ボーイフレンドがやっているのを受動的に憧れの目で見ているだけでなく、**彼女たち自身が**ステージの上でエネルギーを発したいと願っていることをおそらく決して自覚したことのなかった女性たちにとっても、それはまた脅威なのだ。

ヴィヴィエン・ゴールドマン、『サウンズ』、一九七六年一二月一一日

8

あなたはどこに向かってるの？　これまでどこにいたの？

ジェイン・コルテス、「メインテイン・コントロール」、一九八六年

すべてはグリッターからはじまった。私のグリッター愛は、バンドリーダーのヴィクター・シルヴェスターにちなんで題されたパーカッション・ダンス公演で、デヴィッド・ボウイがあの金の斑点が縁を彩る透き通った琥珀色のマラカスを振った時よりもずっと前からはじまっていた。これは一九六〇年代前半、ノースウエスト・ロンドンでの話。私の父マックスはバイオリンを弾く。上の姉ジュディはキーボード。それは私たちにとってのピアノだ。私と下の姉はパーカッションと歌担当。三人姉妹みんながやる。現在、ジュディは、自分が夜更かしするために闘ったおかげで末っ子である私が楽をできたのだと言う。しかし振り返れば、私はいつもあれをしろこれをしろと命じられる立場だったように思う――みんないっしょに歌っている時を除いて。したがって私がハーモニーを聴いて彼女たちに音階を教える係だったのも納得だ。

音楽は私のこれまでの生涯を通してずっと私のダンスパートナーだった。陽気に、メロドラマティックに、私たちはさまざまなペルソナが巻き起こす渦をくぐり抜けワルツを踊ってきた。そのペルソナには、プレス担当者（短期間）、ジャーナリスト、作家、ソングライター、シンガー、プロデューサー、クラブ経営者、ドキュメンタリー作家、ブロガー、編集者、ビデオ／TV／

ラジオ作家、監督、司会兼プロデューサー、出版発行人などがある。

　私のこうした冒険の数々はすべて直感的なものだ。一九七〇年代半ばには、わが冷静な判断力を押し切って説得され、（ごく短期間）ジェネレーション・X（ハロー、ビリー・アイドルにトニー・ジェイムス！）と、ガールズ・デュオのスナッチのマネジメントをした。スナッチのパティ・パラディンとジュディ・ナイロンは、不満を抱いた女性アーティストの願いを録音した。「私が欲しいのはあなたが知っていることすべて」〔スナッチ〝オール・アイ・ウォント〟（一九七八）より〕。レコード産業から離れた私は（これについてはまたのちほど）、一九八〇年代初頭の独立放送局ブームに乗って、プロデューサー兼ディレクターとしてテレビ業界に入った。パートナーと企画したテレビ番組「ビッグ・ワールド・カフェ」では、世界中の音楽を混在させて紹介することができた。ラッパーのエリック・B&ラキムの〝アイ・エイント・ノー・ジョーク〟や、ジャマイカのチャカ・デマス&プライヤーズの〝マーダー・シー・ロート〟など、当時、私が未来の名作とすべく監督したビデオの数々は、今では博物館に収蔵されている。音楽のおかげで、私はひとりでナイジェリアのラゴスの秘密軍に銃を向けられるはめになった。ジャマイカのDJセッションで銃弾が飛び交うなか踊り続けたこともある。なぜなら私はその音が流行りのシンセドラムのビートで、周りでしゃがんでいる人たちはダンスの〝ゲット・フラット〟の動きをしているのだと思っていたからだ。後で周りの人々に勇気があると称えられ、私は当惑した。やがて私は、ニューヨーク大学ティッシュ芸術大学クライヴ・デイヴィス・インスティテュート・オブ・レコーデッド・ミュージックのベテラン非常勤教授として、〝パンク・プロフェッサー〟の名で呼ばれるようになった。

＊＊＊

しかし、この本を書くに至る旅は、本当のところ一九七五年にはじまった。私がライターとして参加しはじめたばかりの、いきのいい負け犬パンク・ロック週刊紙だった『サウンズ』に、はじめに引用したロック界の女性たちについての記事を書いた頃だ。この視点は一九九〇年代までに、とりわけ自由な発想の女性パンクスを滅多に取り上げないようなロック雑誌においても想定の範囲内に収まる毎年の恒例企画になっていた。しかしあの頃、私はそういう記事も、実のところそういう女性たちもまだ見たことがなかった。ロンドンのクラブのステージで最前線のより近くへと自分を押し出すうちに、困惑が胸に広がった。私は英国の〝革新的な〟新設大学のひとつだったウォリックを卒業したばかりだった。フェミニスト理論家として名高いジャーメイン・グリアが私の指導教員だった。彼女は私が学期中ずっとパーティを続け、試験期間に詰め込み勉強をするのに不満を示した。けれど彼女は何を期待していたのだろう？　私たち姉妹は音楽を奏でるのが大好きだったけれど、厳格なユダヤ系の家庭の出だった私は、それまで大騒ぎをしたことがほとんどなかった。どうやら私は一家で大学に進学する初の女子だったのに加え、ダンスの次のステップとして結婚するのを嫌がる唯一の女子だった。その代わり、私は猛烈な好奇心でいっぱいだった――私みたいな変わり者にはいったい何が待っているんだろう？　参考にできる例も、面倒を見たりアドバイスをしたりしてくれるメンターもいなかった。

そして、そこで私はあの奇妙な驚異を目撃していた……ジーンズを履いた長髪ギタリストの――もっと近寄ってみて私は気づく――女性！　パワーコードを弾いている！　私は女の子がステージ上のバンドの一員として演奏するのをそれまで見たことがなかった。ものすごく衝撃的だったから、『サウンズ』の同僚に話さずにいられなかった。そして私は自分にとって最初の〝ロックの女性たち〟記事を発表することになり、ご存知の通り、それが最後にはならなかった。ポップとロックは本格的に姿をあらわしてからまだ四半世紀しか経っておらず、したがってエキスパートになるのは簡単だった。当時、自分が音楽に一生を捧げることになるのを想像するのは難しかった。

『サウンズ』は自らをパンクと定めていたものの、ロンドンの音楽産業におけるいわゆる仕事の世界の典型だった。私が特集記事の担当編集者になった時でさえ、編集会議を仕切るということは、ジェンダー／キャリア大虐殺を企てる集中砲火から身を躱さねばならないということを意味していた――全員白人で全員男の子だった〝私の〟ライターたちは主張した。「女は音楽を買わない！」「女は音楽を作らない！」「女は音楽新聞を読まない！」。そこに秘められた意味はこうだ。「仮に彼女たちがそうしていたとしても、関係ないし、わざわざ記事にする必要ないだろ?」

彼らは皆、一八世紀の日記作家サミュエル・ジョンソンの病んだ口癖を内面化していた。すなわち「女性の説教はまるで犬が後ろ足で歩いているようなものだ。うまくできていないが、見ると驚く」。二〇〇年経ってもこの愚かしさに対処しなければならないというのだから、文句を言うのは当然のことだ。彼らは私のライターであり、私のチームだったが、彼らはそうした上から目線の態度によって、ジェンダーに関して私の敵にもなった。じゃあ私はなんなの? ずたずたのヴィニール? 毎週、紙面を埋めるべき新聞の仕事に取り組みながら、私は憤った。常にとは言わずとも、時には大声で。

重要な注意を——私の同世代の男性全員がそういう感じだったというわけではない。大勢がそうだったというだけ。クールな人々は今でも私の友達だ。また私は、パンクのことも気にかけていたアクティヴィストのキャロライン・クーンを自分の女性メンターとすることができた。それと同様に、私は女パンクに先行する優れた女性たちにインタビューする機会に恵まれた。たとえば、この上なく優しいグラディス・ナイト。超愉快なフリートウッド・マックのスティーヴィー・ニックス。あの有名なウエストウェイの下に伸びるポートベロ・ロードのマーケットに連れて行かれた彼女は、そこでヴィンテージの衣類をたっぷり買い込んだ。半世紀後のカナダのイヌイットのシンガーソングライター、ターニャ・タガックの活動を先取りするような、ガラスの天井を粉々にするスリリングで恐ろしい倍音の歌唱技術を持ったオペラティックなディアマンダ・ギャラス。そしてアヴァンギャルドなキーボード奏者のアネット・ピーコック。彼女はロンドン内の自由区域のはしりだったフレストニアのホランド・パークの裏手にある、うちの近くのスクウォット〔空き家の不法占拠〕に娘と一緒に住んでいた。そこは古い英国映画の名作『ピムリコへのパスポート』で夢想されたような、一種の自由意志論者の小さなユートピアだった（スクウォットはこの女パンクスの物語において大きな存在としてあらわれることになるだろう。彼女たちがどこにいようとも）。さらに何十年もの時が過ぎ、カルト・シーロー〔shero she＋hero 女性のヒーロー〕たるピーコックは、ロシアのナスチャ・ミネラロワをインスパイアすることになる。

　私があれからほぼ五〇年近く経った今でも魅力的な音楽を作る女性たちについて書き続けているのは、単に意地になっているからだろうか？　否、それだけではない。X―レイ・スペックスのポリー・スタイリンが「ああ束縛《ボンデージ》、くたばりやがれ！」と叫ぶのを初めて聴いた時に私の心を満たした驚きと純然たる認識の歓喜を分かち合いたいのだ。私は、あのいくぶん味気ない日々に、彼女が歌ったボンデージがSMのことではなく、ほんの数年前にフェミニズムが浸透しはじめた頃から言われ続けてきた家父長制のことだと、威勢のいい興奮と共にすぐ理解した。黒いゴミ袋のような服に水切りざるのような帽子をかぶったスタイリンは、それまでに見たことのない解放を体現していた。彼女が叫んでいたのは、つまり私だってクリエイティヴな音楽少女たちのコミュニティの一員になれる、たぶん私がふたりの姉たちのハーモニーをアレンジして以来で、ということだった。

だが、他の女性たちは一体どこにいたのだろう? 単純な話、パンクが最初に起こったその瞬間、私たちのポップ界には、オリヴィア・ニュートン=ジョン、アバ、ボニー・Mといった親愛なる存在を除いて女性はいなかったのだ。プリンス・アンド・ザ・レヴォリューションやキッド・クレオール・アンド・ザ・ココナッツのようなグループがメンバーに女性を加えるようになるまでには、さらに数年を要した。ロックは、大掛かりな照明、巨大なステージセット、音量が11・5まで上がると硬くなる男根的スピーカーに酔いしれ、男子専科の道のりを歩んでいた。

一九六〇年代のロックにおいて女性の役割として最も持て囃されていたのは、グルーピーでいることだった。すなわちロックスター――ビッグならビッグなほどいい――を捕まえたりヤッたりすることで、承認と自尊心を得るかわいこちゃんである。グルーピー活動はエロティックな選択というよりも、むしろ当時の女性にはとても不可能に思えた〝自身がロックスターになること〟の代わりのようなものだった。グルーピーたちはロックスターと同じかそれ以上に見えるけれど、ロックスターの職務明細は女の子向けではなかった。パンク以前のジェニア・レイヴァンが一九六〇年代に結成したグループ、ゴールディー・アンド・ザ・ジンジャーブレッズや一九七〇年代初期のロッカーであるファニーのミリントン姉妹、同時代のカナダのグループ、ハートのウィルソン姉妹のような敬意を払うべき数少ない例外が存在したとはいえ。だが概して、パンク以前の時代、女性アーティストは肉体的にジョニ・ミッチェルに近ければ近いほど良いとされていた——背が高く、痩せていて、アーリア系。彼女は洗練を極め、サンディ・デニーやマディ・プライヤーのようないきいきした女性フォーク歌手たちは、古くから伝わる名曲の光と闇を再構築し、新たな世代のために別の歌い方をしてみせた。しかし、ポップの神殿において、フォークは女の子向けとして承認された枠だった。黒革をまとう女性ロッカーのはしりだったスージー・クアトロは、このドア・ポリシーに同意したことで中に入れてもらえた。クアトロにとっては、パーティに参加するだけでも十分だったのだ。彼女はレコードプレーヤーでかかっているものまで変えようとはしていなかった。世界初のブラック・パンクである、縮れた髪をして歯列矯正器をつけた混血人種のポリー・スタイリンのようなアーティストは、旧来のレコード業界では、おそらくヤれない《アンファッカブル》、すなわち売れないと見做されてしまっていただろう。しかし、フックを摑む耳、鋭いウィット、懐の大きな政治的・精神的意識を持った彼女はすぐにパンクの偉大なシーローのひとりとなり、彼女の何にも囚われない咆哮は女の子は耳を傾けてもらうためにかわいく歌わなければならないという考えを粉砕した。

　すべてが変わった。パンクがはじまった途端、まるで突然に。ポリドールやEMIといった国境をまたいで事業を展開する大きなレコード会社とそこに所属する保証付きのアイコンたち（ロッド・スチュワート、エルトン・ジョン、ザ・フー、ピンク・フロイドといった一九六〇年代のスーパースターたちが私たちの餌食であり、ネタを取るべくライバル紙と競っていた）を相手にした通常のお上品な取引に代わって、パンクの未だ知られざる、みすぼらしい、ゼロックスコピーの、「非公式」活動が私たちの職場と意識を急襲したのだった。それは気の抜けたシーンに予測不可能な活気を注入する本物のカウンターカルチャーの動きだった。パンクはアウトサイダーによるアウトサイダーのための音楽で、技術上の名人芸は不適切だった。まったくの初心者たちも大歓迎だ。私たちにはセックス・ピストルズやクラッシュのような、すばやく上昇してパンクの表看板となった男性バンドがいて、ビートルズやローリング・ストーンズの系譜にたやすく収まった。しかしパンクの包摂的な表紙の下では、あらゆる種類の変わり者たちが男根ロックの警備員たちの目を盗んで密かに内側に潜入していたのだ――女たちすらも！

もちろん、過去にも女性たちによる音楽シーンは存在していた。一九二〇年代のみだらな女性ブルース歌手たちはその個性を誇示していたけれど、それでもやはり一九七〇年代西海岸のレズビアン・フェミニスト・レーベルを除けば、どこも削られずに作品を完成させることができた最初のインディーズの女パンクたちと同じ程度に創作の決定権を握ることができた女性は、ごくわずかだった。

これまた突然、当時の私の記事が言うには、アドヴァーツのベッシー（ベース奏者）であるゲイ・アドヴァートのように、グループの一員として演奏する女の子もあらわれた。スージー・アンド・ザ・バンシーズのスージーは、バンドの男の子たちを影の下に引っ込ませてしまう支配的な存在だった――そして彼らも彼女がいてラッキーだとわかっていた。女パンクの第一波

──私がロンドンで出会ったスリッツ、レインコーツ、モ・デッツ、オー・ペアーズ、パッションズ、デルタ5、加えて私が耳にしたばかりのドイツのマラリア!、スイスのクリネックス、パリのリジー・メルシエ・デクルー──は、私を持ち上げて運び、叫び声をあげさせ、パンクの最高潮でマッチョなモッシュピットの上を波乗りさせたのだ。ニューヨークでは、ファンクをパンクに注入したブロンクスのプロジェクト〔低所得者層向けの公営集合住宅〕の住人たちESG、冷徹なブッシュ・テトラズなど、99レコーズの私のレーベルメイトたちと知り合うことになった。パティ・スミスは私に、ライヴでステージから落ちるのが、そして戻ってきてパフォーマンスを続けるのがどんな感じかを語った。彼女たちを知り、一緒に活動したことは、永遠に私の理解とクリエイティヴィティを形づくり、自信そして希望すらも与えてくれた。彼女たちの仕事を見て、聴いたことは、何十年にもわたって何重にも響き渡り、果てしなく励まされるし、鼓舞されもする。

私たちの物語のルーツは深いところにある。たとえば、王政復古時代の女性劇作家として唯一名の知られている、『アブデラザール、もしくはムーア人の復讐』（一六七六年）の著者アフラ・ベーンが、復讐劇が大流行していたけれど女の劇作家はいないに等しかった時代に、自らの作品をなんとかステージに押し込もうとしたのは、彼女を債務者刑務所に送ろうとした人々に対する復讐の念からだったのではないだろうか。

したがってこの本はひとつの回復の試みである……そして、タイトルが示唆する通り、朽ちることのない逆襲ですらある。「私は逆襲を**する**ことはない」と、クリッシー・ハインドはこのタイトルを聞いてゆっくりと言った。その通り、私たちは例の意地悪な「やったぜ!」という類の逆襲の話をしているわけではない。パンクな女性たちの場合、逆襲とは同輩の男性たちと同じ機会を獲得することを意味する。自分の音楽を作ること、自分の望むような見た目をして音を出すこと、そのプロセスを継続できるだけの人々を集めること。才能が許しさえすれば至極単純なことのように聞こえるが、この本が示す通り、女の子たちにとってはわけが違うのだ。チママンダ・ンゴズィ・アディーチェは『男も女もみんなフェミニストでなきゃ』で、「もちろん私は人間ですが、女であるということを理由に私に起こることがあるのです」と記している。私たちの道のりには特定の落とし穴が散りばめられており、それらが私たちの栄光の味をより甘くする。

パンクのちょっと前、ティリー・オルセンのフェミニズム作品『沈黙』が、恵まれない者たちに対して文化的あるいは制度的に強いられてきた沈黙の歴史を語った。彼女は本の話をしていたが、その観察は音楽にも等しくあてはまる。彼女は、かつて一冊以上の本を出版できた黒人作家がいないも同然だったことを指摘するのに続き、その影響下にあるのはこの社会のどんな人々なのかを名指していく。「活動時間のすべてが生存のための闘いである人々、ほぼ教育を受けていない人々、読み書きができない人々、女性たち。こうした者たちの沈黙こそが何世紀にもわたる沈黙だ」

こうした押し付けられた欠落の数々は、この本および女性史全般に繰り返し見られるものだ。したがって、ここで言う**逆襲**とは、少なくとも複数のコミュニティにおける、さまざまな女性のパンクの波からの声を集め、それぞれの違いや相互のつながりを考察することを意味している。これまでのところ影響力の潮は、だいたいのところ豊かな世界から貧しい世界に向かって一方通行に流れていた――しかしそれも変わるかもしれない。私たちの逆襲は、私たちの複雑に絡み合った生存《サヴァイヴァル》なのだ。

女パンクたちはアフリカ系アメリカ人のブルースによって提供された伝統的なロックの基盤にも、自らの女性的な遺産にも依拠することなく、よりパンク的なアプローチをもって一連のゼロ年の数々に突入してきた。

したがって一九七〇年代半ばの英国ガーリー・パンクのエストロゲン的アティテュードが、その一〇年余り後の米国のライオット・ガール・ムーヴメントにおいて、より組織化されたアクティヴィスト的な形で復活した際、先行する第一波の貢献はほぼ知られていないのだろうと私たちは考えた。レインコーツを讃えたニルヴァーナのカート・コベインを例外として、私たちは忘れられていると感じていた――しかし、この本における調査では、私たちのサウンドは私たちが思っていたよりも遠くまで届いていたことが証明されている。

加えて、定義によればポップとは気まぐれで忘れっぽいメディアである。二一世紀にオンライン音楽情報の津波が起こる以前から、ミュージシャンたちは急旋回する名声のスポットライトを一瞬浴びてはすぐに忘れ去られるものだった。つい最近まで、パンクの第一波の後、われらが女性アーティストたちの多くは、同時代の男性たち以上にポップの集合的記憶喪失のうちに消えてしまっていた様子だったのだ。これは活力あふれるアート／音楽集団チックス・オン・スピードのメリッサ・ローガンとアレックス・マレー＝レスリーが私をつかまえて（インターネット以前の時代の話）、自分たちは女性の音楽の系譜を発見し、築き上げようと試みてきたけれど、なかなか難しいのだと言ってきた時に痛感させられた。マレー＝レスリーが選曲した彼女たちのコンピレーション『ガール・モンスター』は大きな影響を与え、そこには私の〝ランドレット〟も収録されている。

マレー＝レスリーは、オーストラリアのシドニー工科大学から送信されたメールで（彼女はそこでコンピュータ制御のウェアラブル楽器について研究している）、こう振り返る。「私はこの文化において、学校でのアート／音楽史の授業においてそれまで私の目の前から隠されていた女性たちの音楽の宝箱を発見していて、みんなに私たちの声を聞かせたかったんです。（略）特に若い世代の女性たちに。そうすれば彼女たちはハーストーリー〔＊〕が存在しないなんて思わずに済むでしょう。彼女たちには見習うべき誰かと、この先の基盤にできる遺産がある――私たちはみんな長く強力な鎖でつながっています」

ここに共通する姿勢が、この本にも力を注いでいる。チックス・オン・スピードが私に電話した時の思い切った跳躍は――私は彼女たちのことを聞いたことがなかった――私のアーティスト姉妹女性たち《シスターウィメン》と私が故意の文化的抹消によって生じた裂け目を超えるために、たびたび架けねばならなかった縄の橋のようなものだった。願わくばこの本が、私たちにもうひとつ確実な踏み台を提供せんことを。

とはいえ、ポップは自らを食い尽くそうとするものであり、ついには私を食らうようになった。私がポピュラー音楽について書き始めた時、その歴史はまだ短かった。しかし以来、それはどんどん広がって、まるでファッションのようにたびたびその源泉から水分を取り戻す必要に迫られるようになった。一九八〇年代前半、私は執筆から作曲・歌唱へと越境し、フライング・リザーズ、パブリック・イメージ・リミテッド、ダブマスターのエイドリアン・シャーウッド、レインコーツとスリッツ、そしてフレンチ・デュオ、シャンタージュでの相棒イヴ・ブルーアンといった最高の人々と一緒に音楽を作る幸運に恵まれた。そして私もまた再発見されたのだった。私の数少ない散在していた曲たちがヨーロッパのインディー・レーベルによってコンピレーション・アルバム『レゾリューショナリー』にまとめられつつあった頃、私の同輩のパンクおよびポスト・パンクの女性たちがますます関心を集めつつあることに気づいた。『シャロン・サインズ・トゥ・チェリー・レッド』と題された、多数の女性バンドを集めた二枚組の再発コンピレーションの影響も大きかった。大好評だったこの作品は、これらの忘れ去

＊　男性中心の歴史（History）に対して女性の視点からの歴史を指す言葉（Her＋Story）。

られてしまいがちな女性たちが作ってきた音楽の幅広さに加え、彼女たちがキャリアを維持するのがどれだけ難しいことだったのかを折よく思い出させてくれた。その理由は前述した男根ロック団による規制から、社会全般に見られるシングルマザー育児の難しさまでさまざまだ。

『ピッチフォーク』は、二〇一六年に女性のフェミニスト・パンク特集を組み、そこに私も寄稿した。これもまたひとつのきっかけとなった。パンクは文字通り前例のないやりかたで、女性の音楽コミュニティの文化的空間を切り拓いたのだ。私は世界中で何十年にもわたって作られてきた女パンクの作品を研究し、聴き、踊ることで、私たちが共有する重要事項を突き止めたい。現在進行中の音楽革命において、これらの獰猛な女たちを駆り立てているものは何なのか？　あなたが本書のページにその答を見つけることを願っている。

この一冊だけが決定版と見做されることがあってはならないが、本書は女パンクの国際的な影響力についての対話をはじめようという意図を表明するものである。よく知られている英国と米国の領域だけにとどまらず多彩なアーティストを取り上げることで、はかなくも超クリエイティヴだった一九七〇年代の英国におけるパンクのはじまりの烈しい余波が、いかにあらゆる場所の女性たちを鼓舞することになったかを示すことができればと思う。

実際のところ、ガール・パンクの道に足を踏み入れるにあたって衝突は避けがたいものなのだろうか？　今日においては、おそらくそうでもない。なんといってもパンクの反骨精神は英国政府に徴用され、牙を抜かれてしまったと一部で論じられる時代である（暴露すると、私もまたエスタブリッシュメントによる皮肉な承認を得て反骨のパンクの言葉を広めることには意義があるという考えのもと、その乳首を吸った者のひとりだ)。今ではヒップな親たちが娘にギターを買い与え、タトゥーとヘアスタイルの実験を勧めるほどだ。かつては外出禁止を命じられかねなかったというのに。

＊＊＊

パンクのムーヴメントが誕生してほぼ半世紀が経過した現在もなお、世界中の女性アーティストたちが自分をパンクとしてあらわすことを選んでいるのは、最初期の支離滅裂な夜の数々を思えば驚きかもしれない。サブカルチャーの目利きたちはよく、このジャンルを自分たちのものとしようと、それがニューヨークの伝説のクラブ〈CBGB〉の周辺2～3平方マイルとか、当時は荒れていたけれど現在は小綺麗なバワリーとか、あるいは私と仲間たちにとってパンクとレゲエが初めて混ざりあった場所であるロンドンのウエストウェイ周辺のストリートで起こったものだと言う。もちろん、パンクの国の創生については、さまざまな党派が熱心な主張をおこなっている(そう言われることは滅多にないが、そのルーツはフランスのパリにもあると私は指摘したい)。しかし願わくば、これらの女パンクたちの多様性が、パンクはみんなのものであるということを証明してほしい。

もし疑わしく思うなら、フィリピンのマニラを見よ。その活気あふれる音楽シーンは、一九八〇年代から女性を歓迎してきた。ここの全員女性フェミニスト・パンク・バンド、ザ・メール・ゲイズは、ファッション・デザイナー／ミュージシャンのミッチ・ドルセがはじめたコレクティヴであり、女性のためのセーファー・スペースでもあるガール・ギャング・マニラにて、ドルセと志を同じくするギタリストのマリア・レオディカが出会い、二〇一七年に結成された。彼女たちの威勢のいいパワー・ポップは、ビキニ・キルやル・ティグラといったアメリカのオリジナル・ライオット・ガール・バンドに影響されている。「ただの全員女子バンドというだけでなくフェミニスト・バンドにしたかった。ジェンダー平等と女性の権利について明快なメッセージを本当に持っているバンド。うちのドゥテルテ大統領はジェンダーに基づく暴力を奨励する性差別発言を毎日のように量産しています。彼の発言への抵抗のツールとして、私たちの音楽を使うことが重要だと感じたんです」と、ドルセは言う。

このフィリピン女性ミュージシャンが、あらゆるジャンルの中から体制に立ち向かう表現形態としてパンクを選ぶのは、いかにも自然なことだ。反体制のアンダークラス〔社会の底辺、下層階級の人々〕の原初の叫びとして、パンクは常に特別に女の子たちのものだった。この書き手にとって、パンクが成し遂げた最も重要で後々まで伝わる功績は今後もずっと、恵まれないほうの性に与えた解放の衝撃ということになるだろう。しかし甘い考えを持ってはならない。フィリピンではほんの少しやりやすかったかもしれないが、こうした女パンクたちは実質上全員が、ジェンダーを理由に生じる苦闘を乗り越えてきているのだ。そして今、私たちは音楽産業の最大の稼ぎ手のうちの一部が女性アーティストである時代に生きているものの、だからといって女パンクたちが厳しい苦境に立たされていないというわけではない。女性たちは現在もなお、大金が動く多国籍音楽産業において主導権を握ってはいない。ショービジネスの世界では、私たちは新鮮なうちに消費されるべき交換可能な生肉と見做される。だからこそパンクは女の子たちにとって、私たちにとって偉大なのだ——パンクは常にスタイルの表層の下で脈打つ怒りを叫ぶことをアーティストに許し、またそれを促しさえする。

そして私たちには今もなお叫ぶ理由がある。この本がアメリカで書かれているあいだにも、私たちが当然のものとして受け取るようになった女性の基本的人権を衰退させようとする動きが国政レヴェルで起こり、一九六〇年代以降（少なくとも豊かな国では）だいたい確立されたものと信じられてきた個人の自律性と市民としての自由が攻撃されているのだ。そこにはぞっとする共時性がある。

＊＊＊

近頃、エンタテインメント業界の文化的門番たちによる有毒で日常的な女性へのハラスメントに突然スポットライトが当たるようになった。女友達や私は、何十年にもわたってそれと闘うのに慣れっこになっていた。ビル・コスビーからハーヴェイ・ワインスタインまで業界の権威とされるヒーローたちに加え、みんなに愛されているヒップホップ・プロデューサー／ヨガ尊師のラッセル・シモンズのような音楽産業の重要人物も、南部連合の将軍たちの銅像のように倒れはじめた。バックラッシュの噂がそれとほぼ同時に発生したことに誰も驚かなかった。より公正な私たちの未来のリーダーシップのかたちが見えはじめる一方で、私たちみんなの内なる魔女、女戦士、あるいはワルキューレはバリケードに呼び戻された。女パンクたちはこうした問題について、このスタイルがはじまった時からずっと歌ってきた――そして今も歌っている。

　そして、そこには常にさらに辿るべき道筋があり、歌うべきことがある。アクティヴィズムとウーマニスト〔フェミニズムが白人女性中心だったとする観点から黒人女性が提唱した用語〕・プライドと抵抗は高まりつつあり、女性であることの本質や意味についての議論もさかんだ。私がこの本を生み出そうとしていた時、『ガーディアン』は、あるトランスジェンダー女性が人類史上初めて自身の赤ちゃんに授乳したと報じた。かつてない数の人々が浸透性が高く流動的なジェンダーの可能性を試しているのはほぼ間違いなく、そこには当然アーティストもいる。こうした発展は、女性の音楽の未来――それがどこで、なぜ、どうやって作られ、演奏され、マーケティングされ、流通され、販売されるのか――に影響を与え続ける。この流動的な状態において、境界線はすばやく描かれ、また引き直される。若きアクティヴィスト・ミュージシャンでロンドナーのタイソン・マクヴェイと何人かの女友達が、二〇一三年にレディース・ミュージック・パブというパーティ／ディスカッション・ナイトをはじめた時に発見したように。おしゃべりの機会はすぐに標的となった。「状況はすごい速さで変化します。最初、人々は私たちの名前を変えさせようとしました。なぜならフェミニズムを疑わしく思っていたから――今では私たちは、トランスジェンダーやノンバイナリーの人々が**レディース**という言葉に疎外感をおぼえかねないということで批判されています」と、マクヴェイは説明する。「テクノロジーとオンライン・アクティヴィズムは議論を前に進め続けています。時には言ってはいけない、やってはいけないことがあまりにもたくさんあるように感じられて、いらいらさせられます。でも、面白い時代です」

　こうした騒々しい議論から新しい可能性が生まれてくる。ミュージシャンたちはますます自律性、独立性、個人的責任の必要性に直面するようになっている。自分たちの作るものについてだけでなく、望む時に望むように創作活動を続けるには作品がどんなふうに聴かれるべきかについても、三六〇度の理解が求められるのだ。経験をお茶の葉に見立てて未来を占えば〔カップの底に残った茶葉のかたちで占いをする風習がある〕、これは女性アーティストにとって吉兆だ。この本で示されるように、彼女たちは多くの場合、保守的な男社会である業界のメインストリームの外側でやっていくのに慣れているのだから。

＊＊＊

論争はいつか終わりを迎えるのだろうか？　終わらないほうがいい。一九七〇年代半ばに私があのたったひとりの知られざる女の子ギタリストがジャムしているのを見た夜、今と比べて社会はどれだけ二元論的で、制限され、多様性に欠けていただろう？　彼女はそのユニコーンのたてがみを振り、内なる衝動に火をつけた。彼女はどうやってそこに？　と私は思った。モータウンのセッション・ベース奏者のキャロル・ケイや、そのスクラッチ・リズムギターでボ・ディドリーが拳銃使いになるのを助けた〔ディドリーの〝イズ・ア・ガン・スリンガー〟を参照〕、グラマラスなビーハイヴに髪を盛ったレディ・ボー（ペギー・マローン、旧姓ジョーンズ）といった特例の中の特例を除いて、他の女の子はまだ誰もやっていないのに、彼女はどうやったらミュージシャンとして活動を続けていけるのだろう？（そこで私自身の将来もまた大きな謎なのだと強く心に刻まれたことに疑いの余地はない）私は今もなお驚嘆し続けているからこそ、この本を書いた。これらの女性パンクスと彼女たちの先祖の経験を集めることは、いくつかの小道を作る助けをしてきた私にとっても、未知の領域の地図を作るようなものなのだ。

本書『女パンクの逆襲』で慣れ親しんだ道筋を辿らず茂みをかき分けて進むにあたって、私はテーマに関連する曲の数々を頼りに方向を定め、直線的な年代記を語る代わりに、各章の導入としてプレイリストを置いた。旅の各区間は、このプレイリストの曲それぞれを手がかりに構成されている。パンクがはじまって以降それぞれ大幅に異なる世界各地の女性ミュージシャンたちが録音してきた、共通の根本的な懸念事項——アイデンティティ、お金、感情生活、変化を起こすこと——について検討することで、私たちの創造性の未来を完全に実現するための道筋は、よりはっきりしてくるはずだ。これを実現するために、私はパンク女性《パンケット》たちが耕した時代を検討するのに加えて、四三組以上の国際的なアーティストたちを調査し、インタビューをおこなうのに二年を費やした。そういうわけで、本書が私自身どうやって自分の道を見つければいいのか途方に暮れていた時にあればよかった本になっていればいいと思う。

ここに含まれている女性たちの中には、半ば分離主義的な人々もいる。ジェンダー混成グループに参加する、もしくはバンドの紅一点でいるのを良しとする人々もいる。しかし、確かなことがひとつある。私たち女が（隠喩表現としての）炎の周りに身を寄せ合い、共に——私たちを愛する男たちのバックコーラスも加えて——踊り、歌い、私たちのストーリーと私たちの歌を分かち合う時、そこには強さがあるということだ。

さあ、誰からはじめる？

LINEUP TRACK LISTING
ラインナップ＆トラックリスト

1. **Poly Styrene/X-Ray Spex, "Identity" (UK, 1976)**
   X-レイ・スペックスのシンガー、ポリー・スタイリンは熱狂的ヴィジョナリー〔幻視者・未来を見通す人〕であり、ソマリア系イングランド人のパンクのゴッドマザーだった。ここでの彼女の比類なき表現は、後にますます重要になっていく議論を指し示している。

2. **Blondie, "Rip Her to Shreds" (US, 1977).**
   多芸多才のデビー・ハリーは、ブロンディでギタリストのクリス・シュテインに伴われ、ニューウェイヴ・ディーヴァとなる。

3. **The Raincoats, "No One's Little Girl" (UK, 1983).**
   実験的フェミニスト・ポスト・パンクの雛型を提示。

4. **Kathleen Hanna/Bikini Kill, "Rebel Girl" (US, 1993).**
   グローバルなライオット・ガール・ムーヴメントを生み出し、女の子の痛みの奔流を解き放つ。その痛みはパンクによって緩和される。

5. **Lizzy Mercier Descloux/Rosa Yemen, "Rosa Vertov" (France, 1979).**
   放浪するパリの詩人・画家・パンケットである彼女は、自身の声の可能性を追求する。

6. **Tamar-kali, "Pearl" (US, 2014).**
   パンクを彼女のルーツであるガラ〔サウスカロライナ州の沿岸や近海の島々に住む黒人〕の祖先たちの独立と結びつける、ギーチー〔ガラ出身者〕のアフロ・パンクの女神。

7. **Big Joanie, "Dream Number 9" (UK, 2016).**
   サウスロンドンのアクティヴィスト・アーティストたちによるエレクトロ・ファンク・パンク。

8. **Delta 5, "Mind Your Own Business" (UK, 1979).**
リーズ出身の尖った左派ポスト・パンク・バンドによるアジット・ファンク。

9. **Bush Tetras, "Too Many Creeps" (US, 1983).**
バカ男マヌケ国家による事態の悪化は、ニューヨークのダウンタウンでノー・ウェイヴの無表情なクールさを司る彼女たちをいらつかせる。

10. **Fea, "Mujer Moderna" ("Modern Woman") (US, 2016).**
テキサスのチカーナ・パンクは伝統的文化において彼女たちの権利を主張する。

1

ガーリー・アイデンティティ

わたしはだれ?

われわれは、われわれのことを十分に気にかけ、われわれの解放のために首尾一貫して力を尽くす人々は、われわれしかいないのだとわかっている。われわれの政治は、自分自身とその姉妹たち、そしてわれわれが闘いと仕事を続けることを可能にさせるコミュニティへの健やかな愛情から生じている。このようにわれわれ自身の抑圧に焦点を定めることが、アイデンティティ・ポリティクス〔*〕の概念のうちに具体化されている。

「コンバヒー・リヴァー・コレクティヴ〔**〕声明」一九七七年

* ジェンダー、性的指向、人種など、特定のアイデンティティに基づく人々の集団が社会的公正を要求する政治活動。
** ボストンを拠点に立ち上げられた黒人レズビアン・フェミニスト組織。一九七四年から八〇年まで活動。

女たちの音楽とは一体どんなものだろうか？　悲しいかな、私はまだそれを手頃なガイドラインとしてまとめられるほど十分には聴いていない。だが、もしかしたらそれはレインコーツがいかに自分たちと楽器を組織しているかと関係してくるかもしれない。そこにはリードを取るシンガーもプレーヤーも不在である。それは家父長制的な構造によって定められた勝ち犬／負け犬のパターンからの意識的な脱却なのだ。

ヴィヴィエン・ゴールドマン、『メロディ・メーカー』、一九七九年一二月一日

アイデンティティの探求に熱中しすぎるあまり、結果として自分自身が何者であるのかをすっかり忘れてしまう場合もある。パンクの偉大な解放者たちの中には、先祖代々伝わる物語を振り払って自らに新しい名前をつけ、再配置することを奨励する人々もいた。だが、私たちの活力に満ちた内なる鼓動は、このどんどんバラバラになっていく世界において、人はどこで、どうやって、なぜ適応するのかを理解し、気合いの入った「どこにも所属しない人々」すらも所属できるような空間を探し求めることを促した。この誘惑はきらめくトリックスターとして、精神分析医たちには追跡することのできない深い心理的な森の中へと私たちを導いてゆく。私たち英国パンケットの第一世代は、暗い木々の大きくねじ曲がった根っこにつまづきながら前

進した――そこでは女性として自分たちの手で何かを起こさせたいという欲望と、まるで魔女を焼き殺す薪の山にくべられた丸太のように積み上げられて、私たちの自律性を燃やして灰にしてやろうとする、ありえないけれど克服しなければならない思い込みが競い合っていた。新しいアイデアの数々が、制度の上でも知性においても脱出路を明るく照らしていた――ケイト・ミレット、マヤ・アンジェロウ、グロリア・スタイネム、そして一九七二年にアメリカで創刊された雑誌『M』と、その翌年に創刊されたイギリスの『スペア・リブ』に書かれた記事など、目覚めた人々による熱い概念の銃弾の一斉射撃を浴びて。それは火と闘うための火だ――それでは私たちの音楽の炎は、一体どんな風に響くのだろうか？

　ロールモデルはいなかった。あるいは、二〇世紀のある種のジャズとブルースの歌手および彼女たちの仲間を除いては、ほぼいなかった。こうした見事な女性の先人たちへの関心が高まるにつれ、男どもの密な森に自分たちの空間を切り拓こうとした彼女らの偉大であるが悩み多き生涯が、ドキュメンタリーや伝記映画を通して伝えられるようになった。たとえばニーナ・シモン、ベッシー・スミス、ビリー・ホリデイ。結局のところ、一九四七年にホリデイからキャバレー・ライセンスを取り上げ、公共の場で歌うことを禁じさせたのは、白人男性による市場の独占だった。彼女は歴史、人種、ジェンダー、階級の罠にはめられ、最も重い代償を支払った人々のうちのひとりだったのだ。

　しかしながらパンクの女性たちの場合は、自分にしっくりくるサイズが見つかるまで、さまざまなアイデンティティを試してみることが可能なだけの空間があった。一九七九年のレインコーツへのインタビューで、私はこんな質問をしている。私たちはどんなサウンドを作っていくのか、そして作れるのか？　今、私たち女性の基本的人権が恵みの雨のように降り注ぐと大胆にも考えている私たちは何者なのか？　そして新しい帽子のように新しいアイデンティティを試し、それから起こることに挑む私たちは何者になっていくのか？　そして、その帽子には値札通りの対価が求められるのか？　女性たちはいろいろな形で、制度的な力の欠如、家庭内での権利の剝奪、公的および職業的領域での軽視あるいは透明化の代価を支払ってきた。いずれにせよ、明るい未来への道中に、女たちはいつもと変わらず血を流すことが運命づけられているのだ。

二一世紀初期の女性たちの犠牲的災難こと過食症、拒食症、自傷といった言葉は、一九七〇年代前半の英国ではほとんど知られていなかった。これら三つの悪魔たちはすべて存在していたにもかかわらず、こうした自傷的な恐怖を指して更衣室やキッチンで囁かれる名称は存在していなかったのだ。胸に疑問を抱く想像力豊かな英国のティーンエイジャーだったマリアンヌ・ジョーン・エリオット＝サイードは、すぐそこの女子トイレで死につながりかねないリストカットなどの肉体的な自傷が起こっているのを目撃して、うちに帰って日記を書いた。このぞっとする出来事は、彼女がアートを使って自分自身と社会における自分の立場を理解するプロセスの一部となった。パンクの新しい自由は彼女が自分しか見ないだろうと考えていた日記のページに加えて、音楽でそれをする創造的空間をもたらしたのだ。そうしてXーレイ・スペックスのポリー・スタイリンは家につくと日記にこう書いた。「セディショナリーズの店員トレーシー。女子化粧室の隅で床にうずくまり、カミソリで手首を切り裂く……」

「これは〝アイデンティティ〟という曲を生んだインスピレーションのひとつでした」と、彼女の娘セレステ・ベルは述べた。

もうひとつはもちろん、ミックスレースの子供として育った母自身のアイデンティティ感覚にまつわる闘いです。まず小さい頃には非常に白い中流階級の郊外の街、その後はブリクストンの白い労働者階級／アフロカリビアンが混ざり合う地域で過ごしました。私の母は白人でもジャマイカンでもなく（彼女の父親はソマリア系でした）、自分がどこかに所属していると心から感じることは決してなかったのです。この曲の背景にあるもうひとつのインスピレーションは、英国若者文化のトライバリズム〔部族主義〕です――パンクス、ヒッピー、ラスタ、スキンズ、ディスコ・ドーリーズなどなど。誰もが自分が身につける服装、聴く音楽などを通して自分のアイデンティティを主張しようとしていました。みんなが独立した個人になりたかったのだけれど、結局は自分のいる小さなグループの他のみんなと（そっくり）同じになっていました。

カウンターカルチャーの内側における規範への追従はこれ以前にも痛烈に批判されており、それをとりわけうまくやってみせた例が、英国のコメディアン、トニー・ハンコックの一九六一年の映画『ザ・レベル（The Rebel）』である。ここで彼はロンドンのアーティストを演じ、自ら「かたち派」と称するところの絵の具を塗りたくった作品（ジャン・ミシェル・バスキアの絵画を不思議と先取りしている）は、ヒップなパリジャンのビートニクたちに持ち上げられる。自分は郊外およびプロの世界の退屈さから逃れてきたと解説する画家にうっとり耳を傾ける彼らは、みんな同じように考え、同じような格好をしているのだ。ビートニクたちは身震いする——なんと恐ろしい運命。もちろん、男たちはみんな髭を生やし、どのジェンダーであろうと一様に黒を纏っている。ともあれパンクのちょっと前にアイデンティティ・ポリティクスが誕生して以来、意識的な自己の探求は女性たちの思索の中心に置かれていた。私たちは数々の役割がぶつかってくるところを、捉えどころがないけれど納得のいくゴールに向かって不規則な軌道を爆走し、ハードルを飛び越えようとする。私たちの体、私たちの家、私たちの子供たち、さらに私たちのアート、私たちの情熱、私たちの安全にまつわる権利を自分でしっかり掌握することを目指して。こうした権利の一部が手に入ったと感じられた時ですら、私たちは決して気を抜くことができない。個人的な問題はさまざまなイデオロギー、価値観、信念のあいだの綱引きの支点であり、アーティストたちはみんな先行する女性たちから切断された新しい生き方を示さねばならなかった。豊かな世界においては、かつては限定されていた出産の可能性が技術によって拡張し、新しい家族のかたちの可能性を広げてもいた。続く何十年かにわたって、アイデンティティ・スタディーズは急激に成長し、ときには歴史的背景を重視するあまり、パンクの無垢の精神において個人史の独立性を重んじ、自分が誰であるかをまるごと歴史によって決めさせるのではなく自分自身を個として理解しようとする意欲まで拭い去りかねないほどの勢いになった。何世代にもわたって続いてきた闘いのリズムによって個人が次のラウンドに向かうよう用意されることを踏まえると、このバランスはデリケートな問題だ。しかしポリー・スタイリンがこうした言葉を歌った時点では、自らのアイデンティティを表明するというアイデアそのものが、とりわけポップにおいてはまだ目新しいものだった。

アイデンティティ
それは危機《クライシス》
わからないの
あなたが鏡を見る時
あなたはあなた自身を見るのか
テレビ画面に

Xーレイ・スペックスの鳴り響くサキソフォンのリフはパンクとしては異例で、リズムはアドレナリンに一発くる。しかし、あなたを捉えて揺さぶるのは、音を外れてはいないがいつでも飛びかかってきそうな、スタイリンのクラクション的な声である。うねって広がる巻き毛、歯列矯正器、（天才的に）ゆるいスタイルのスタイリンは、以前ならポップスター候補にはなりそうもない人物だった。しかし今や彼女は音のうえでもコンセプトのうえでも自らをリーダーの位置に据えている。アイデンティティの探求を非常に明快に表現する洞察力をもって、彼女は社会変革において極めて重要な時代に生まれた者として、自身と来るべき世代の苦悩を声に出した。どこに馴染む？　そしてどうやってそこから突出し、それぞれの経験と共に心のうちに蓮の根のように広がる知見の塊を、内面に感じている差異を表現する？　女性によって作られるパンクの四〇年を通して見て、ひとつ確かなことがある。一九七〇年代から二一世紀の序盤まで、それ以前の慣習から放たれた彼女たちのうちかなりの人数が、共通の根本的かつ実存的な問いに引きつけられてきた。すなわち「私は誰？」という問いだ。

　私たちも当時からそれを知っていた。一九七六年、スリッツのギタリストであるヴィヴィアン・アルバーティンは私に言った。「私の周りの男たちはみんなバンドを組んでいて、彼らは見上げるべきヒーローだった。だけど私には誰もいなかった。私はジョニ・ミッチェルになりたいとも彼女みたいな見た目になりたいとも思わなかった。ファニーにすらなりたいと思わなかった。そこで突然、私にはヒーローは必要ないんだって気づいた。私がギターを手に取ってただ弾けばいい。なぜ弾きはじめたかというより、どうしてそれまで弾いてなかったのかって話ね」

こうした自己探求や定義づけの要求が男の子たちにつきまとうことはない、ように見える。私は一九七九年にレインコーツについて考え、以下のように書いた。「私がスティーヴィー・ニックスやグラディス・ナイトやレインコーツにインタビューする時、会話の五〇パーセントは感覚や感情にまつわるものになる。男性たちをインタビューする時のだいたい五〇パーセント増しだ。その理由はおそらく、男性たちは自らの攻撃性、力、野心を育むように社会化され、訓練されている一方で、女性たちは自らの感情を受け入れてそれを自由に表現することを奨励されてきているからだろう」。四〇年余りが過ぎて違いは曖昧になりつつあるとはいえ、そうした特質は今もなお健在だ。あらゆる変化は、フェミニズム以降、性にまつわる役割と地位がいかに移り変わってきたか、またパンクがいかにその比較的シンプルな性質ゆえに（多くの場合、技能を習得していない）女性の自己表現の発射台となってきたか、つまり音楽およびエンタテインメント業界のような当時も今も保守的な家父長制の世界に刈り取られることなく考えを伝える有力な手段となってきたかを伝えている。力関係はあまりに偏っていて、有害な捕食者たちはあまりに自信に満ちあふれているから、慣習に従わない女性アーティストがひとりで活動をはじめ、自分自身のコミュニティを築いて、インディーの道を進み、目的地を目指して脇道をゆくのは、確かに理に適った話だ。メインストリームの業界においてもマーケティングや広報といった領域では女性が常に重要な地位に就いていたが、パンクがはじめに悲痛な叫びをあげ、その流れで白人ポップのインディペンデント・レーベルが興隆する以前には、方向性を定める門番やプロデューサー的な役職には女性は存在しないも同然だった。もし存在していたら慣習に従わない女の子たちのために闘うことができていたかもしれないのに。

基本的にこれと同じ状況がずっと続いてきたが、新しいテクノロジーは女の子たちの力となってきた。すなわち、いつかの時代だったらギターを手にしたフォークのシンガーソングライターとなってレコード契約を結ぶことを望んでいたであろう才能が、別の時代にはたとえば英国のリトル・ブーツやデュア・リパ、米国のプリンセス・ノキアのようなベッドルーム・ヒットメーカーになった。彼女たちは自らのデジタル・ミュージックを世界に放ち、バンドまたはレーベルの男どもからの承認を得なくても、マイスペース、フェイスブック、バンドキャンプ、サウンドクラウドなどを介して独自のファンベースを見つけ出せる立場にある。あらゆる強みはその手に掴まれるべきである。二〇一六年に『DJマガジン』が発表した世界のトップDJ一〇〇人のリストは、ほとんど全員が白人男性で女性はひとりだけだった。翌年、サザンカリフォルニア大学アネンバーグ校インクルージョン・イニシアチブ〔エンタテインメント業界における多様性と包摂について研究するシンクタンク〕は、ステイシー・L・スミス教授の指揮のもと、レコード業界における人種とジェンダーについての調査をおこなった。二〇一二年以降にリリースされたヒット曲トップ六百曲のうち、女性が作曲したものは一二・三パーセントにすぎず、パフォーマンスしたものは二五パーセントに満たなかった。プロデューサーの男女比は四九対一。「ポピュラー音楽には女性たち

43

X-Ray Spex
Germfree Adolescents
EMI 1978

の声が欠けている」と、スミス教授は結論づけた。

スタイリンのような独創的な頭脳にとって、業界で公式とされる道筋をゆくのは迂回路となるに決まっていた。しかし彼女の沸騰する創造性は止まることなく、常に先を考えて、オートメーションやエコロジーといった問題を世間の大きな議論になる前から機知に富んだやりかたで取り上げた。最後までウィットにあふれて預言者的だったスタイリンは、最後のLP——二〇一一年、キリング・ジョークのマーティン〝ユース〟グローヴァーのプロデュースで、彼女が亡くなる直前にリリースされた『ジェネレーション・インディゴ』——で、それが世間でデフォルトの状態になるより早くデジタル・ロマンスについて歌っていた。

彼女は生まれながらに時代を先取りしていた。米国で皮膚の色が異なる人どうしの結婚の禁止が取り下げられてからまだ四半世紀しか経っていなかった。幸運なことに、英国は少なくともこの件に関してはそこまで病んではいなかった。この国は奴隷貿易において大きな役割を担っていたにもかかわらず、そうしたアパルトヘイト法は存在していなかったのだ。『デイリー・メール』は二〇一四年半ば、英国のカップル一〇組に一組は異人種間カップルであり、それを理由にレイシズムは少なくなりつつあると報じた。しかし一九七〇年代半ば、スタイリンがかつて録音されたことのない音を鳴らしていた時、彼女はまた別の意味でも先頭走者であり、後々にはごくありふれたものと見做されるようになる英国とその古い植民地の数々の徹底的融合を示す未来の種族の文字通りパイオニアだったのだ。スタイリンは率先して道を切り拓いた。

スタイリンが育ったようなシングルマザー家庭にはよくある事例だが、不在の父親にまつわる典型的な物語は見た目よりずっと複雑だ。ポリーの父親オズマン・モハメッドは、ソマリアの家に妻がいると言っていたとはいえ、彼女の母親であるブロムリー生まれのジョーン・ノラ・エリオットとの関係は本物だった。彼らの関係がだめになったのは、どちらも相手の文化を完全に引き受ける気はなかったからだ。ジョーンは自分の子供たちがソマリアの他人たちに育てられるのは嫌だったし、一夫多妻制のもとで生きることも拒否した。彼女自身がそこに移住してイスラム教徒に改宗し、もうひとつの選択肢として、オズマンは彼女と子供たちへの愛情があったにもかかわらず、彼の伝統的な生き方を変え（られ？）なかった。

スタイリンの娘でよく彼女と一緒に演奏していたミュージシャンでもあるセレステ・ベルは言う。「オズマンは基本的に西洋文化は堕落していると考えていました。母は彼の視点を理解することができました。母と彼の人柄にはたくさん共通するところがあり、母も西洋文化をどちらかというと軽蔑していましたから（二四歳でハレ・クリシュナに改宗）。私の母はイングランド人の母親にイングランドで育てられたけれど、自分がイングランド人だとは決して思ったことがなく、彼女の魂は根本的にソマリア人だったと私は信じています」。もちろん、スタイリンが実際にソマリアに移住した際、現地社会からの期待のせいで彼女が故郷で直面していたのと同じ程度にたくさんの困難を経験することになったのは苦い話だ。

スタイリンは精神科病院で過ごすことになり、後に薬物治療で抑えることになる宇宙のような幻覚を見た。ベル曰く、「有色人種の若者の多くがそうされるように、彼女は統合失調症と誤診されました。でも実のところ、彼女は双極性Ｉ型障害に苦しんでいたのです。彼女の精神的苦痛の多くは、感情と情熱を抑えつける傾向のある人々に囲まれてじめじめした灰色の島国で身動きができないでいるという感覚から引き起こされたものと私は信じています」。

したがってポリー・スタイリンはパンクにうってつけだった。それはすなわち居心地の悪さを感じて体制に挑むことだったから。スタイリンは一九七八年から二〇〇八年まで、ロック・アゲインスト・レイシズムのライヴに出演しまくった——これはますます勢いを増すナショナル・フロント〔英国の国民戦線。人種差別主義の極右政党〕の影響力と闘うために設立された団体であり、悲しいかなその活動の意義深さは今もなお明らかだ。彼女はこうした沸き立つ興奮の最初期、音楽が心躍る前進の感覚と歩みを揃えた時に、自らの空間を要求した。〝オー・ボンデージ〟の三年前にあたる一九七四年、性差別禁止法が働く女性たちを守りはじめ、施行の翌年には国連総会が国際女性デーを定めた——そして北西ロンドンのグランウィック・フィルム現像処理工場では、主にアジア系の女性工場労働者たちが、職場での労働組合活動を認めさせるべく年をまたいだストライキの真っ最中だった——そうしたことも、この世代を政治化し社会運動を活気づかせていった。

最終的に、グランウィックのストライキ参加者たちは仕事を失い、彼女たちが加入の道を探っていた全員が白人かつ男性の組合に実質上裏切られてしまった。それでも、労働環境は改善された――そしてストライキ参加者たちはわれらが闘う女性たちだった。何世紀にもわたる重圧を動かすにはこれほどの粘り強い筋力が必要とされたのだ。戦後、ポスト植民地時代の英国社会は、破産した貴族の末の息子は「例の植民地」に赴けばいいのだ、というような古い定石の消滅に揺さぶられていた――たとえばスタイリンの父親の故郷である英領ソマリランドは一九六〇年まで事実上英国人たちに支配されており、ソマリの人々のアイデンティティは彼らとフランス人とイタリア人の間でピンポンのように行ったり来たりさせられていたのだ。

＊＊＊

一九七〇年代のポスト植民地主義社会におけるその他の苦闘の数々――頻発するＩＲＡの爆弾テロ、若い世代を待ち受ける失業状態、ＵＫを暗闇に沈めロウソクの灯の下での宿題を強いたストライキの数々――などがしょっちゅう邪魔に入ったが、英国は自らのアイデンティティ・クライシスを解決しようと試みていた。それは多文化社会に向かう変容の過程にある、多くの衝突を抱えた国家だった。家庭内においては、女の子の自尊心と成功は、彼女を囚えている男の富と権力によって決まるのだという、まるで彼女自身の存在は影でしかないかのような深く植え付けられた考え方からなかなか抜け出せないでいる人々もまだ多かった（そして、こうした信条は本当にもう消え去ったと言えるのだろうか?）。こうした考え方に従えば、夫／息子がいなくなった時——死んだにせよ年下のモデルと逃げたにせよ——その女性自身の光は消える。彼女のパワーのスイッチは切られる。その影は見えなくなる。富だけがこの状況を明るく照らすことができた。

自由な発想を持つパンクの女性たちはこうした態度に破城槌をふるった。しかしパンク第一波で最も愛された曲のひとつ、ブロンディの〃リップ・ハー・トゥ・シュレッズ〃は、消え去ることのない老人の感性に波長を合わせた。一九五〇年代のロカビリー・ルックは八〇年代のリヴァイヴァルまでふたたび広く人気を獲得することはなく、この時代のパンクスは「エルヴィスは死んだ」とみんなに思い出させるのが好きで、このいにしえの腰振り男の死は、ロックと勇敢な新しいジャンルとしてのパンクのあいだに走る断層線だった。しかし典型的ブロンドのデビー・ハリーと彼女の音楽上のパートナーで後に人生も共にすることになったギタリストのクリス・シュテインのパートナーシップによるブロンディは、この極めて非パンク的な、意地悪な女の子たちのライバル関係についての曲でもって、このテーマがコメディの大作家ティナ・フェイ〔*〕によってひとつのカテゴリーとして確立されるずっと前に世界規模の成功を収

＊　米国のコメディアン・女優・脚本家。映画『ミーン・ガールズ』（二〇〇四）の脚本で高く評価された。

Blondie
Blondie
Private Stock 1976

めた。ハリーは五〇年代のガールグループのジューシーな味わいを伝え、高校のフットボールチームのキャプテンをめぐって陰でキャットファイトをはじめる気満々だ——そして誰が学園祭の女王の座に就くかはご存知の通り。パンク版マリリン・モンローたるハリーのダイアモンド型の頬骨のおかげもあって、彼女はパンクの恋人となり、まもなく国際的なヒットチャートの常連へと押し上げられた。しかし本当のところ、パンクはブロンディにとってちょっと手を出してみたいろいろなことのうちのひとつだった。彼女はもともとフォークの人で、ウィンド・イン・ザ・ウィローズという古風な名前のバンドにいた。シュテインと共に、彼女は優れた技能でさまざまなジャンルに取り組んできた。〝ハート・オブ・グラス〟ではディスコをうまく吸収し、〝ラプチャー〟で世界のダンスフロアにヒップホップを紹介した。後にハリーはジャズ歌手にもなった——ブロンディの活動も続けつつ。彼女はどんな時にも彼女らしかった。このカップルはどちらも音楽的な順応性があったのだ。「ブロンディは自分たちをパンクというよりポップだと考えていたけれど、時と共に移り変わる表現形態の条件の範囲内で動いてきた」と、シュテインが言う通り。

ふたりが最初に組んだのは、キャバレー／マッシュアップのグループ、ザ・スティレッツだった。彼女たちの仲間のシンガーたち、ティッシュ&スヌーキーことティッシュとアイリーンのベロモ姉妹は、後にマニックパニックという斬新でどぎついヘアカラーのブランドを立ち上げて世界をパンクに染めることになる。

スティレットズのふざけたレトロ風味は〝リップ・ハー・トゥ・シュレッズ〟で作り直され、こちらもやはりいかしたルックスだった。ノスタルジアはしばしば二〇周年周期で巡るもので、七〇年代から振り返った五〇年代は、風変わりで今よりも単純っぽい時代（実際のところそうではなかったのだが）の魅惑を感じさせるのに十分遠かったのだ。そして一九七〇年代のアーティストは、多くが一九五〇年代の子供たちに育てられていた。

「僕らは一九五〇年代が好きだった。その頃はすべてがより生々しかったから。僕らはみんなシャングリラスやロネッツみたいなガールグループに夢中だった。彼女たちにはパンクのアティテュードがあったけれど、もっとシュッとしてるんだ」と、シュテインは振り返る。「小さなガキだった頃にはそれをわかっていなかった。ああいうのは商業的だと思っていた。だけど自分がバンド活動をはじめて、すぐにあれがどれだけドラマティックで素晴らしいものだったのかわかったんだ。（〝リップ・ハー・トゥ・シュレッズ〟には）自己否定の要素もある。そこにはかつて自分がバカみたいだ（と思われているんじゃないか）と気に病んでいたデビー自身に向かっている部分も少しあるんだ。どこかにそれが混ざっているのさ」。彼は愛おしそうに述べている。

「あの曲は僕たちの周りにいて出会うことになったいろいろな女性たちが組み合わさった混ぜこぜだとデビーはいつも言っている。たくさんの心理戦と人を出し抜こうとする策略が（ニューヨークのパンク第一波では）進行中だったし、男たちだって彼らなりのやりかたでそこに参与していたはずだ」

ああ、彼女を知ってるでしょ、「ミス最高のグルーピー」
イェー、彼女を知ってるでしょ、パレードの「ヴェラ・ヴォーグ」
イェー、彼女を知ってるでしょ、魚を食らうにやにや笑い
彼女は退屈、ずたずたに引き裂いちゃえ

シュテイン曰く、この曲はほぼ一発録りの生演奏で、後から少しだけ音が重ねられた。「だけど人々は即あの曲を気に入ったんだ」と、彼は締めくくる。

＊＊＊

〝リップ・ハー・トゥ・シュレッズ〟における磨き上げられたシスターフッド否定のパスティーシュは、コンセプトとしてはレインコーツの〝ノー・ワンズ・リトル・ガール〟の裏面にあたる。こちらは型通りの基準からしてみたら混乱上等なのだ。柔らかな叫びで幕を開けるこの曲は、喜びいっぱいに声をおもちゃにして、いつもなら大音量の力が称揚されるところで囁き声で歌い、私たちに別の聴取体験を促す。ヴィッキー・アスピノールのフィドルのぼんやり

した響きが、この曲のミステリアスな吸引力を高めた。この偽りの柔らかさは、音楽において女性がどんなふうに聴こえるものか、あるいは聴こえるべきかにまつわる人々の期待を根底から切り崩す破壊活動だった。このバンドは新たな音域と、挑戦的なフェミニストの視点を照らし出した。ブロンディのニューヨーカーたちが一九五〇年代に対してウィットに富んだノスタルジーを抱いていた一方で、レインコーツはその体制順応的な時代を蹴っ飛ばすために生まれてきた。着心地の悪いコルセットとつま先の尖ったぴったりのスティレットヒールは、楽しいスタイルどころかフェティッシュですらなく、日々の装いで着用を強いられるものだったのだ。

「うちの両親の頭には間違いなく一九五〇年代の気分があったわ」と、ベーシストのジーナ・バーチは振り返る。「ママは主婦だった。彼女は自分にとっていいとわかっているものを私にも望んだ。叔母の家のリビングルームで『白鳥の湖』を踊り回る時にも、銀のパーティシューズに素敵なパーティドレス、くせ毛はものすごいストレートに伸ばして、女の子っぽくさせて。それなりに安心感があった。でも母には友達があまりいなかった。彼女はちょっと抑圧されていて、それからちょっと気鬱に沈んでいた」。バーチと父親はとても仲が良かったものの、彼はバーチが図書館からフェミニズムの本を持って帰ってくるのを嫌がった。母親にそういう考えを授けるのではないかと気にしてのことだ。バーチはもっと多くを求めたが、その「もっと」が何から成るのかをはっきりわかっていたわけではなかった。「男の子たちは私たちがなりたいと願うものになることを奨励される。男の子にあてがわれた人生はもっと冒険的で、エキサイティングで、挑戦的。私たち女の子は思った——私たちだってそれをちょっと頂きたいわ、ってね！」と、彼女は振り返る。「とはいえ、それは単純じゃない。なぜなら男の子たちのほうは、料理、ガーデニング、慈しみ育てること（といった〝女らしい〟とされること）の楽しみをもっと欲しいと思っているかもしれないから。まあとにかく女性たちが冒険を見出すには余計に大きな一歩が要るように思えた。そこで私はスリッツを見たの」

一九七六年にセックス・ピストルズのマンチェスターでの最初のライヴを観たのはたったの二四人、「しかし全員がすごいことをはじめた」という言い伝えは、マイケル・ウィンターボトム監督による二〇〇二年の洞察に満ちた笑える映画『24アワー・パーティ・ピープル』の脚本でも承認されている。マリアンヌ・エリオット＝サイードにとっては、セックス・ピストルズを観たことが彼女のそれまでのポップ指向を捨て去るきっかけとなった。ジーナ・バーチにとっては、ドレッドロックと完璧に完璧じゃない服装をした西ロンドンの白人女性たち、すなわちスリッツが彼女たちの調子っぱずれでダブに染まった怖いもの知らずの音楽を演奏するのを観たことが、そうした啓示の瞬間だった。これこそ私がやりたいことだ、と彼女は思った。これだ。

「それまで見たことも楽しんだこともない何かを目撃したって感じだった。それまで存在したことのない何か、ああいう形では」と、バーチは感嘆する。「コンセプチュアル・アートを発見した時みたいに大興奮。大理石から彫刻を作るってやつは自分とは何の関係もないように思えた。だけど、ロバート・ラウシェンバーグみたいに紙の上に車輪の跡をつけるっていうのは――ピンと来た」

それからまもなくするとバーチは、ポルトガル人シンガーのアナ・ダ・シルヴァがフロントを務める、クラシックの訓練を受けたヴァイオリン奏者のヴィッキー・アスピノールを含んだ新しいバンド、ザ・レインコーツのベース奏者として、ウエストボーン・パーク・ロードの外れのスクウォットに暮していた。レインコーツは予想外のリズムチェンジと音色をおおいに楽しむポスト・パンク・バンドの先駆けとして、初期のラフ・トレードに欠かせない存在となった。ポリー・スタイリンにとってもそうだったように、好機が巡ってきたように思われた。レインコーツは一九七七年にレコード契約を結んだ――ロンドンで第一回女性解放会議が開催された年だ。その前年、ドメスティック・バイオレンス・アクト（配偶者暴力防止法）が制定され、虐待を受けた女性が暴力を振るう夫に対して裁判所命令を出させる権利がようやく認められた。ラフ・トレードには、女性の権利は暗黙の了解事項という気風があった。ポートベロ・ロードの裏の荒れ果てた通りにある、このインディペンデント・レコード店の先駆けは、レインコーツやクラッシュといった近隣の人々や地元のレゲエバンドだったアスワド、スリッツらを含む、DIYミュージシャンやファンジン作者たちが集う文化の中心地だった。創業者ジェフ・トラヴィスが高校卒業後キブツで働きながら吸収した社会主義者集団の考え方を基盤にはじまったラフ・トレードの店舗とそこから派生したレーベルは、イデオロギーにおいて快活なジェンダー平等の理想に根ざしており、レインコーツだけでなくデルタ5、スイスのクリネックスやサックス奏者のローラ・ロジック——Xーレイ・スペックス卒業生だ——といった女性アーティストたちを引き寄せることになった。
このオープンな気分の中で、バーチは彼女のコミュニティ（本書の著者も含む）を見つけ、励まされて〃ノー・ワンズ・リトル・ガール〃を書いた。彼女は説明する。「ロンドンに来るまで、私はずっとつがいの一端だった。ボーイフレンドがいなくちゃいけなかった。外の世界から輸入されたルールなんだけど、私はそれを内面化していた。毎回、彼氏ができるたび、私は彼らのゾーンに入っていた。彼らが私の方に入ってくることはなかった。私は消費され、女友達と疎遠になっていた。突然、私には（そういった承認は）必要ないんだってわかって、すごく解放された気分になった。あの曲はそういった総てに対する『クソくらえ』だったと思う」

たとえ頼まれても
お断り
私は誰かのちいさな女の子じゃない、オー、ノー、私は違う
私はならない——あなたの家系図に加わりたくないし

クラッシュによって有名になった自動車道路ウエストウェイのコンクリート製のアーチの下

55

The Raincoats
The Raincoats
Rough Trade 1979

に押し込まれた〈アクラム・ホール〉や〈タバーナクル〉といった地元の酒場でレインコーツが定期的に演奏するようになった後、私たちが自由落下に身を投じ、熱狂的前進運動のうちに昼も夜もないように感じられたパンクの濃密な数年間の狂騒を経て、ロンドンはだいぶ変わった。元セックス・ピストルズのシンガー、ジョン・ライドンは妻のノラと一緒にロサンゼルスに移住した。ノラの娘で、スリッツのシンガーのアリ・アップは子供たちと一緒にベリーズのジャングルに住むことにした。私はパリに向かって、コスモポリタンな音楽上のパートナー、イヴ・ブルーアンとシャンタージュとしてレコーディングをした。レインコーツも八〇年代には活動を休止し、バーチと夫のマイクでふたりの女の子——どちらも成長してギターを弾くようになった——を養子に迎えたことなども含め、それぞれ個人活動を追求した。アナ・ダ・シルヴァとレインコーツのマネージャー、シャーリー・マクラフリンは一緒にスペインに移住した。しかしレインコーツは第一の問い、「女性の音楽はどんなふうに響くだろう、もしそれが野郎どもと違っているとしたら？」への回答としてすごく優れていたために、目立ちはしなくとも決して忘れられることはなかった。一〇年後、レインコーツは再発見され、ニルヴァーナのシンガーでソングライターのカート・コベインやソニック・ユースのベース奏者キム・ゴードンといったパンクの目利きたちによって公の場で讃えられた。次の世紀には、彼女たちは実験的ポップミュージックの中心的存在として理解されるようになった。しかし、バーチと彼女の友人たちを最初に変えたのはスリッツを観たことであり、彼女はそれを決して忘れていない。「パンクはエキサイティングで自分にもできることだった。それは新しい感性を有効にして、自分のハートと頭脳を解き放たせた。思うに、それが私が私であることのはじまり」

＊＊＊

レインコーツにおけるジーナ・バーチのざわめき急降下するベースラインのこだまは、一〇年の時を超えて大西洋の向こう側まで震わせ、一九九〇年代初頭にはアメリカ北東部に響いた。ブートレグのカセットに収まった彼女たちは、多才な学生アーティスト兼ファッションデザイナー、キャスリーン・ハナを刺激した。ルームメイトが自分たちのアパートでレイプされたことに衝撃を受けたハナは、自らの創造性を音楽でも発揮しようと決意した。とりわけ、忌まわしく偏った報道および捜査しかされていないけれど、身の回りで恐ろしいほど頻繁に起こっている女性虐待について叫ぶために。ハナは感情表現に難のある父親（彼は自分の妻がフェミニズムに興味を示すのを嫌がった）のもとを去り、ワシントン州オリンピアのエヴァーグリーン・カレッジなどのリベラルなアートスクールを中心とした創造的コミュニティに加わった。ドキュメンタリー『ザ・パンク・シンガー』で自身の物語を感動的に語るハナは、行動力あふれる本能的アクティヴィスト兼オーガナイザーで、在学中に自分がデザインした服のファッションショーを企画していた。こうした技能は、彼女がライオット・ガール・ムーヴメントに備わった政治的アイデアを国際的に広げるにあたって極めて重要な役割を果たすことになった。ハナは一〇代の頃からシンガー兼スポークンワード詩人だったが、扇動的パンク小説家キャシー・アッカーに、音楽のほうがより多くの人々に届くと指摘され、表現媒体として自ずと音楽が選ばれることになった。そうして曲がハナの拡声器となり、彼女のバンド、ビキニ・キルと一緒に問題を伝え、少女たちの虐待被害について周知を図り、怒りを明確に表明しようとした。彼女には、まるで闘いの女神カーリーが武器を手にしているかの如き技能があった。ファンジンを作り、フライヤーをデザインし、広告業界にいたらひと財産築けていたかもしれない冴えたスローガンの数々を書いた。レインコーツ支持者のカート・コベインはハナが酔っ払って彼の家の壁にマジックペンで書き殴った言葉をもとに国際的な大ヒット曲を作りあげた。〝スメルズ・ライク・ティーン・スピリット〟だ。一九九〇年代、狡猾な偽造フェミニストグループ、スパイス・ガールズの背後にいたライターたちは、ハナの「ガール・パワー」スローガンを奪った。スパイス・ガールズは商業的に操られているのと同時に人を操る存在だったが、ハナによるフェミニストの信号は、たとえ屈折させられていても主に女性ポップを好んで聴く幅広い世代の人々に今でも気づかれている。

あの子は自分がこの辺の女王様だと思ってる
頭を高くあげて
彼女の親友になりたい、イエー
反逆少女《レベル・ガール》、あなたは私の世界の女王様……
家に連れて帰りたい……
彼女のキスは革命の味！

キャスリーン・ハナはビキニ・キルがワシントンD.C.の練習用スペースでリハーサルしていた際に猛スピードでこの歌詞を書いた。ベース奏者のキャシー・ウィルコックスがベースラインを思いつき、バンドはすぐに活力あふれるアップビートの曲を演奏していた。パンクらしく激しく攻撃的だが、同時にこしゃくな、ほとんどバブルガムポップ的な感触もある。一九九三年にリリースされた「レベル・ガール」は、並外れて歓喜に満ちた元気づけられる曲だった。この曲はあらゆる形のポジティヴな女の子どうしのつながりを祝福していたから、すぐに異性愛者・同性愛者両方の女の子たちにとって、ハッピーな気分で踊れる猛烈なお楽しみのアンセムの決定版となった。

「あれはほんとに不思議な出来事のひとつ。超陳腐に聞こえるだろうけど」と、キャスリーンはセッションを振り返る。

何かビビッと来るものがあって、私はただそれを摑んだ。当時ローラっていう友達とすごく仲がよくて、そういう会話をしてた……私はくたくたで、自分を保つのに彼女がすごく助けになってくれた。あれは彼女のために、そして自分のために書いたの。歌いながら、『誰かが私のことをこういうふうに感じてくれていたらいいのに』って考えていたのを覚えてる。その当時起こっていたことと過去のことの寄せ集めだった。もっと若かった頃、私は本当に親友に惹かれていた。全世界でいちばん変な人だった。彼女にデートしたいとは言わなかった。(女の子とデートすることが)現実にあるって知らなかったし、だからそれについて話もしなかった。私の周りにそういうことに意識的な人は誰もいなかった。

「まるで曲自体が自動で書きあがったみたいな感じ」と、彼女は続ける。

「これはアンセム、今ここにあるべき曲」とは考えていなかった。自分が個人的な視点から、それまでの最高の女友達を思いながらこの曲を書いたことを本当に誇りに思う。女の子たちはいつも自分自身に不安を抱くよう仕向けられている――おまえは思い上がっている、おまえは俗物だ、って。それはあなたの名前にタグ付けして、評判を傷つける方法。女の子たちがどれだけ意地悪になれるのかについて考えていて、私は思った――「あの娘、

Bikini Kill
The Singles
Kill Rock Stars 1998

自分のことすごいと思ってやがる」と言う代わりに、「私も彼女ってすごいと思う。あんたが彼女について何て言うかはどうでもいいし、それでも私は彼女の親友になるんだから」と言うことだってできるんじゃないか、と。

ライオット・ガールがインディーの45回転盤、手作りのファンジン、バンドがファンで埋まったフロアに突撃するギグを介して広がり、大きくなっていくにつれ、気づけば若いファンとの深夜の会話や苦悩に満ちた手紙がハナに押し寄せてくるようになった。止むことのない苦痛の奔流、少女たちがハナや彼女の仲間であるブラットモービル、スリーター・キニー、L7といったバンドの勇気と芸術的才能に触れたことで、思い切って伝えたいと感じはじめた悲劇のかけらたち。このバンドをはじめる前からやっていた女性クライシスセンターでのカウンセラーのボランティアをまだ続けていたハナは、彼女の音楽クリニックはアメリカ全体であり、大多数が男性の加害者によるレイプ、近親相姦、学校でのいじめ、想像を絶する類の暴力によって傷つけられた相談者の少女たちを名簿にするとどうやら果てしなく膨大になってしまうということに気づいた。

「私は正直なところ、私たちが実際に人々に影響している現実問題に息を吹き込んだら男たちもハッとするだろうと思ってた。虐待されてきた男性だっている。そうでなくとも、彼らは路上での嫌がらせ《ストリートハラスメント》を受けた経験のある誰かを絶対に知っているはず。だけど、彼らは『俺たちを教育してくれてありがとう、素晴らしいよ』と言う代わりに、私たちを嫌った。それは酷いものだった」。彼女は嘆く。

「だいぶ楽観的にやりはじめたの。私はそれまでの人生で暴力を経験してきたけれど、このパンク・シーンは社会の規範を変えようとしているんだから、って、すごく希望に満ちあふれていた。なのに彼らはまったく同じように有害な家族モデルを再構築していた。男たちはパワーとコントロールについて教わり、今ではしばしば経済的理由によってそれを手にしていない。そこで彼らは、自分たちには当然所有する資格があると感じている力を手に入れるための方法を探す。あらゆる肌の色の男性たちにとって、『俺はどの犬を蹴ろうか？』と自問する時、すぐに頭に浮かぶ答はだいたい女と子供なの」

ライオット・ガールたちは初期のフェミニスト・パンクの末裔であり、彼女たちはレインコーツのようなバンドが敷いた基盤の上に築かれた。だが彼女たちはそこからイデオロギー上の恩恵はほとんど受けていない。それでも、新しく創り出す助けになったのだ。

「彼女たちはもっと明確だったわね。私たちはライオット・ガールたちに比べると頼りない」と、レインコーツのジーナ・バーチは笑う。「一九七〇年代、女性のコンシャスネス・レイジング・グループ〔＊〕はパンク・バンドになりはしなかった。ライオット・ガールはもっと政治的だった。私たちはただ自分たちの領分で闘っていただけ。家父長制を攻撃するというより、

Le Tigre
Le Tigre
Mr. Lady 1999

自分たちの生をなんとか理解しようとして」。一九九〇年代のイングランドでは、米国でのライオット・ガールの爆発もそうだが、新世代のフェミニスト・バンドたちはかつて英国のアーティストたちの仕事に気づいていないかのように見えたものだ。しかし私たちは間違っていた。

ハナ曰く「学校に行ってない最高にすごい音楽学者」であるビキニ・キルのドラマー、トビ・ヴェイルは、周囲の人々にカセットを回し、ハナと彼女の良い友達だったカート・コベインの両方を、レインコーツやスリッツのような上の世代のUKのアーティスト通にさせた。後者のラジオのインタビューを録音したテープはアメリカ人たちに衝撃を与え、笑顔を引き出した。西ロンドンの暴れん坊女子たちはダルいインタビュアーをののしる——「電話ボックスでレインコートを着てあなたを待ってたんだよ！」。彼女たちの非常にイギリス的なバカバカしいユーモアは彼をこてんぱんにした——そうしてライオット・ガールたちの装備に便利で新しい武器が加わった。ハナは説明する。「ロックバンドの女の子たちが野郎どもみたいにやってるってだけじゃなかった。同じようには聞こえなかった。彼女たちは別のレヴェルに押し上げてた。彼女たちは男バンドみたいに演奏するつもりはなかった。彼女たちが私たちに学習させたの」。レゲエのファンだったハナは、両方のバンドがダブの空間性とタイムワープを組み込んでいるのも好きだった。ビキニ・キル解散後、パンクも長く続けると技術の向上が避けがたいのが常で、ハナのサウンドは複雑に進化していった。

新しいテクノロジーに魅了されたハナは、プロツールスのような音楽ソフトが持つ可能性に気づいた。ライム病にかかって体が弱ってしまったハナにとって、夫であるビースティー・ボーイズのアダム・ホロヴィッツに支えられながら、家でも制作できる新しい音楽のテクニックを発見したことは慰めとなった。次のバンドは、ジョアンナ・フェイトマンとの親密なジュリー・ルインからはじまり、そこからセイディー・ベニングとJ.D.サムソンを含むよりダンスフロア指向のル・ティグラに発展して、自宅で作業する女性ミュージシャンたちに届きつつあったデジタル技術と新しいエンパワメントを追求した。ル・ティグラで彼女は、プロツールスを使う前に、旧式のやり方でテープをカミソリの刃で切って接合した。依然としてDIYで手を動かし続ける——すべてがはじまったところへと戻るのだ。

あなたは拾ったものでドラムビートを作ることができる。ギターを弾いて、それをカット&ペーストする。私にとってはどっちかっていうとファンジンみたいなものだった。私はジュリー・ルインについて語る時、ファンジンは時に痕跡を残すことがあるって話から

＊　グループで話し合うことを通じて問題を共有し意識を高める活動。一九六〇年代から七〇年代のアメリカのフェミニズム運動でさかんに取り入れられていた。

はじめる。そうすればこのプロジェクトの背後には人間の手があるんだってことがみんなに伝わるから。それはすごく重要なことで、女性やゲイのキッズを触発するの――誰かがこれを自分のベッドルームで作ったのだから、自分だって自分のものをうちで作れるんだ、たとえスタジオとかメジャーなレーベルとの契約が無くたって、と。発表するのはものすごく怖かった。どんな反応が来るのかさっぱりわからなかった。最初はみんな嫌ったけど、今では変化を起こしたと見做されてる。あそこからパンクスがエレクトロニック・ミュージックを作るようになった、と。私はただ正気でいるためにあれを作っただけ。

＊＊＊

さまざまな状況に後押しされ、キャスリーン・ハナは、こうしたテクノロジーと共に彼女自身を再プログラムすることになった。彼女の探究の歩みはエレクトロニカを拡張し、もし女性たちが自分なりのオリジナルな音楽を作って、人々がそれに耳を傾けるようになったら一体どんな風に聴こえるのかという問いに答える助けとなった。作家が自らの声を見つけるように自分のサウンドを発見することは、飛行経路を見つける己の速度を信じて、限界ぎりぎりで個人的かつ直観的なステップを踏むことの積み重ねだ。マンハッタンにフランスから輸入されたリジー・メルシエ・デクルーほど、数多くのスタイル上の飛躍を楽しんだアーティストはそういない。パリがパンクに果たした役割は今のところ過小評価されている。「BCBG」――「ボン・シック、ボン・ジャンル〔良き趣味、良き生まれ〕」、すなわち控えめで適切なシック――のお国柄のもとでは、安全ピンはわざとらしく見えてしまって、このムーヴメントは結局こけてしまった。しかしメルシエ・デクルーと当時のボーイフレンド、ミシェル・エステバンは、そのパンクのスタイルとサウンドの店、ハリー・カヴァーでもって、パリのシーンの始動を促した――それも一九七七年、ふたりが別れてマンハッタンのダウンタウンの禁断の蜜を味わうためにこの店を気軽に閉じるまでの話だったが。

他の多くの人々と違わず、パリっ子のふたりはニューヨークのローワーイーストサイドの多彩なアートの渦に惹かれていた。そこは古色蒼然としたパリとは違って、地下鉄はノンストップで走り、ボデガ〔主にヒスパニック系移民が経営する食料雑貨店〕はずっと開いていた。十四番街より下では、ソーホーとローワーイーストサイドの通りをさまよい歩き、バーやアフターアワーズのクラブやSMとドラァグの店やCBGBのようなパンクの箱に飛び込んで身を浸し、まだアーティストたちが実験室として利用することができた煤けたアパートと埃を被った店先のあいだを休みなくうろついているうちに、昼も夜も夜明けも溶け合った――そこでジャンキーたちは自分が天才だと信じ、時には本当にそうだったこともあった。メルシエ・デクルーは自分の声を見つけにマンハッタンにやって来て、代わりに自分が多くを備えていることを発見した。ジャンルを軽々と乗り換えながら、彼女はあらゆる瞬間ごとに激しく没頭した。まるで彼女のヒーロー、生き急いで若くして死ぬロックスターの雛型を決定づけた華麗に呪われた詩人、アルチュール・ランボーのように。彼女の当時の大親友パティ・スミスもこの情熱を共有する者で、ふたりは彼の詩を一緒に録音した。スミスはメルシエ・デクルーが一九七七年に出した詩のチャップブック〔小冊子〕、『切望《デシデラータ》』の挿絵を描いた。揃ってシャギーで暗色の中性的な髪型をしたふたりが笑っている写真がある。スミスは斜めにかぶった堅信礼の晴れ着、メルシエ・デクルーは遊び人っぽい男性用タキシード姿だ。

共同での創造はエロティックになり得るものだが、とりわけメルシエ・デクルーのキャリアはその時々の彼女の男によって形作られてきた。エステバン（一緒に録音をはじめた時には既に元彼だった）だったり、一九八四年の「ズールー・ロック」とその翌年のジャズの実験『ワン・フォー・ザ・ソウル』（彼女は伝説的トランペット奏者のチェット・ベイカーを参加させることに成功した）の両方を作ったイギリスのプロデューサー、アダム・キッドロンだったり。彼女に「もっとうまく」歌わせろというエステバンの要求に応え、キッドロンは音量を上げた。ここは重要な部分だ。ほとんどのパンクス同様、メルシエ・デクルーは伝統的な意味で「うまい」歌手ではなかったが、彼女は自分の声を最大限に活用する方法をわかっていた。

メルシエ・デクルーの「コラボ恋人」たちのひとりに、彼女の決定的なイメージの多くを撮影したニューヨークのミュージシャン兼アーティスト、セス・ティレットがいた。「その通り、彼女はセイレーンだった」と彼は言う。「男たちはあの岩にぶつかったんだ」。メルシエ・デクルーをディレッタントと呼ぶとして、音楽、アート、詩、映画のさまざまな可能性のあいだを浮遊する、まとまりのないノー・ウェイヴの美学は彼女に合っていた（彼女はアンダーグラウンド映画監督エイモス・ポーの『ブランク・ジェネレーション』に登場する）。とはいえ男たちはまず彼女の容姿、さらにはそのヴァリエーションに惹きつけられることが多かった。ティレットは彼女の当時のボーイフレンド、詩人兼ミュージシャンのリチャード・ヘルのコンサートで彼女を一目見て恋に落ちた。「リジーの目と眉毛は信じられなかった。彼女はあの巨大なシルバーの髪で、ぴちぴちの道化師の格子柄のパンツを履いていた。彼女は僕がそれまで目にしたものの中で最高に素晴らしいものだった」と、ティレットは回想する。リチャード・ヘルは彼女が彼のために作ったステージ衣装を享受し、彼女を自分の小説に登場する恋の相手のモデルにしたが、彼は「彼女の音楽的キャリアを意識したことはなかった」と、私宛てのメールに書いている。

ヘルが見ていないあいだに、メルシエ・デクルーはパンクに飛び込んでいた。彼女の狩りのスリル（獲物は自分自身?）は、彼女が出した初の音楽のレコードであるザ・ローザ・イェメンに鳴り響いている。彼女とマイケルの弟だったディディエによるギターデュオだ。その結果はまるでばらばらの破片かあちこちの方向を示す矢印の洞窟画か、突飛な簡潔さにおいて完璧であり、別の音楽制作の方法を指し示すネオンサインのようだった。それはひとつの製品として、いくつものパーソナリティから苦しんだり恩恵を受けたりしている。どう見るかはあなたの視点次第だ。このデュオの名前はローザ・ルクセンブルグのようなアナキストたちや、評価の分かれる暴力的なドイツのテロリスト／解放の闘士バーダー・マインホフの一団を思い起こさせる。

「リジーは信じられないくらい勘が鋭くてクールだった。俺はローザ・イェメンにいちばん強い想いを持っている。これらのトラックは不快で、みだらで、セクシーだった」と、Ｚｅｌコーズの設立者でトップのマイケル・ジルカは回想する。「彼女たちは偉大なリズム、空間、力学のセンスを持っていた――誰にも教えられていなくて完全に野性的なんだ。トラックにはリズムベースがない。それが当時のＺｅの前提だった」

堂々と原始的で、そのバカバカしさにおいてダダ的な彼女たちの〝ローザ・ヴェルトフ〟には、ジャズの革新者オーネット・コールマンによる、サウンドの等価性を掲げるハーモロディック理論が歪んで反映されている。このトラックはまるであの精神を高速洗浄する類のドラッグのひとつのように効く。あなたに一瞬だけ超越の感覚をもたらし、それから「現実」に引き戻して、当惑と歓喜を残す。まるで奇妙な情熱に取り憑かれたシャーマンのように、メルシエ・デクルーは、犯罪やジャーナリストや警官への偏執狂的言及が散りばめられた理解不能な呪文を唱える……まるで点滅するストロボの光を浴びているかのように、彼女は一分半にわたってリズミカルな攻撃から身をかわす。アーティストが自らの音楽的アイデンティティに爆弾を落とす進行形の原子力サウンドだ。

彼女の音楽的自己の探究の旅において、メルシエ・デクルーは自身の詩的で不安定なアイデ

69

Lizzy Mercier Descloux
Press Color
ZE 1979

ンティティを、それぞれ別の半球で生まれた、彼女にとって最大に商業的成功を収めた音楽ふたつにうまく織り込んだ。一九八一年のコンパス・ポイント・オールスターズによるコラボレーション〝マンボ・ナッソー〟は、トム・トム・クラブとグレイス・ジョーンズのヒット曲を生んだのと同じ、クリス・ブラックウェルによって集められた折衷的セッションプレーヤー集団と制作された。そして彼女の南アフリカ録音作品、一九八三年の『ズールー・ロック』には、おそらく彼女が最もハッピーに聴こえる曲であり最大のヒットとなった〝メイ・オウ・ソン・パッセ・レ・ガゼル？〟が入っている。これは当地のシャンガーン・ディスコのヒット曲、オベド・ンゴベンギ・アンド・ザ・クーフラ・シスターズによる〝ク・フルヴキル・エカ・ゼ〟の誠意あるリメイクである。

「リジーはソウェトでニューヨークのダウンタウンのシーンにいた時と同じようにいきいきしていました」と、彼女の友人でセス・ティレットの妹であるリネア・ティレットは言う。「あの時期の彼女は燃えていました——ある意味、ホームを見つけたかのように。リジーは複雑で、政治的で、物事に熱中するタイプの人物でした。彼女は自分の音楽をアパルトヘイト問題に関心を集めるのに使おうとしていたんです」

それぞれに特異性を持っていることが共通点となるような非常に幅のあるスタイルのアルバムを五枚リリースした後、一九八〇年代後半になると、音楽業界は最終的にこの異端のアーティストを追い出した。彼女は絵を描いて晩年を過ごし、彼女の愛するコルシカ島で二〇〇四年に四六歳で亡くなった。女友達は彼女が音楽に復帰しようとしていたところだと主張する。若いインディー・レーベルの人々が彼女をミッシングリンクとして捜し求めていたし、彼女は実際そうだった。このひとりのアート指向の若きフランス人パンケットが六枚のアルバムでおこなった自分の声の追求は、まさしくその気分変動ゆえに、先例を持たなかったパンクガールズ第一世代の問いを示してみせる。すなわち、参照したり応答したりできる女性の祖先がほぼゼロのところで、私たちの音楽はどう聴こえるのだろうか？

＊＊＊

もしその熱に満ちた柔軟性をもって、リジー・メルシエ・デクルーが沈黙の年月に音楽を作っていたら、それは一体どんな風に響いただろう？　自らを定義づける創造的パーソナリティの叫び、自らをその来歴から切り離してひとつの個に、認識可能な存在になっていく様は、まるで古い氷河から切り離される巨大な氷山のようだ。たび重なる進化がメルシエ・デクルーの休みなき旅路に刻まれている。彼女にとってはどうやら最も容易だった道が男性のスヴェンガリ〔*〕たちと協働することで、彼らは当時も今も、金銭で売買される芸術の宮殿の鍵を握っているようだ。彼女は自分のキャリアを成立させるには彼らが必要だと感じ、おそらく実際そうだったのだろう。メルシエ・デクルーが音楽業界を離れて――あるいは逆に音楽業界がメルシエ・デクルーを追い払って――一〇年後には、もっとオープンな、それほど商業的でない空間が女性アーティストたちに開かれていた。ゆっくりとではあるが、そういったカウンターカルチャー的な経路の進歩は、規格外の女性プレーヤーたちに恩恵をもたらすことが証明されてきた。彼女たちは支配的な家父長制との悩み多きタンゴに巻き込まれ、権利を主張し自律性の領域を広げるために日々の交渉を強いられる。分離主義は多くの革命的な苦闘の一部であり、創造的自己決定のための闘いにおいては、そこで門番を務める男たちは罠にもなり得る。信用に足る重要な仲間を集める一方で、たったひとりで進む準備もできていなければならない。ニューヨークのタマール・カリと、ロンドンのバンド、ビッグ・ジョーニーのシャーディン・ティラー・ストーンは、孤独と、女性がひとりで生きていく際に受ける圧力を自分たちのテーマにしている。

二〇一四年の〝パール〟で聴こえる通り、タマール・カリのスタイルに決して妥協はない。この曲は、推進力のあるコード・チェンジで跳ねるように突き進む活力あふれたギター駆動のパワー・パンクを展開し、大きく危険な都市をひとりで渡っていく少女の物語を伝える。その

＊　人を意のままに操ろうとする人。ジョージ・デュ・モーリアの一八九四年の小『トリルビー』に登場する催眠術師より。

強さと張り詰めたエネルギーは、タマール・カリ自身の矛盾に突き動かされた音楽的成長を伝えている。

自由って何、愛って何
常になんかの紐付き——
クソ落とし穴ってやつ
誠意の無い取引には
つきあっていられない
名誉はどこ思いやりって何
この都市は本気で私をがっかりさせるから
どうやって生きていけばいいのかさっぱりわからなくなる

音楽をはじめた一九九〇年代を振り返って、タマール・カリは言う。「私は自分のセクシュアリティをアジェンダに設定しませんでした。だいぶ男子を羨んでいたから。私には自分のジェンダーを理由に周縁化された経験なんてないんだとはっきりさせなければなりませんでした。それで私は超攻撃的になりました。私が然るべき評価を得たところで問題が浮上しました。このジェンダー問題が原因で、私は最初のハードコア・バンドと決裂することになったんです」。

男性ばかりの彼女のバンドは、グループ唯一の女性がステージでジェンダーと人種の問題について語るのを嫌がり、非難した。「でも、その特殊な状況から、私は〝シスターガールズ〟の仲間たちを見つけました。たとえばシンガーのハニーチャイル・コールマン、スカ・パンク・バンドのエージェント99のダニア・ベスト、フェイスというバンドのシンガー/ベース奏者のフェリス・ロッサーとか」

彼女のブラウン・ヴェルヴェットのような豊かで強力なヴォーカルは、一九九三年結成とされるブルックリン出身のパンクロック・バンドに、古来のエネルギーを運び込んだ。彼女の名前が示している通り、タマール・カリは彼女自身の教会での経験のみならず、アフリカン・スピリチュアリティの神であるオリシャと、彼女の母親から受け継いだガラのコミュニティおよび言語も含めて、グローバルな女神のエネルギーを集約している。民族大移動の一環として南部からの長いバス旅でやってきた彼女の母親は、一緒にガラのスピリットを――そしてフライドチキンの箱も！――運んできた。

ガラ・コミュニティはジョージア州とキャロライナ州の沿岸に住む奴隷化されたアフリカ人とその子孫たちによって保たれてきた、アメリカで最もよく知られているアフリカ文化の飛び地のひとつである。そこで彼らは、支配的な文化から十分な距離を置き、もっと人口の多い地域ではたいてい叩き潰されてしまうアフリカの言語、食文化、芸術の要素を保存しようとした。タマール・カリが説明するところによると、公民権運動以前の時代、ガラの人々は本土からやってくる政府のバスに代金を支払わなかった。彼女は言う。「彼らはずっと前からボイコットしていたんです。彼らが廃業に追いやりました」

「パンク・ロックのシーンにいた頃、母が夏に私を故郷に送った時に見ていたガラ文化のそういった側面に心惹かれるようになりました。孤立状態。自給自足。人々の協働。DIYコミュニティが一緒に取り組んでいるのを見た時、私にはそれが理解できたんです」と、彼女は説明する。

男性を介したマルチメディア・アウトサイダーとして活動し、自身のエキゾティシズムを楽しんだメルシエ・デクルーは、自ら音楽に取り組むことを選択した。しかしタマール・カリの天職は運命づけられていたように見える。彼女は芸術一家で大切に育てられた神童だった。彼女の大叔父はR&Bのヒーロー、ザ・ドレルズのアーチー・ベルで、父親はジャズ・ファンクのドラマー、彼女自身は子供の頃からギターを独学で身につけた。それでも、タマール・カリがコミュニティを見つけるまでの旅路はつらいものだった。「カソリック学校が私に抵抗することを教えました」と、彼女は言う。修道院学校のコーラス隊でほぼいないも同然の非白人のひとりだった彼女は、否定し難く素晴らしい声だったにもかかわらず、いつも後ろに下げられた。家では、彼女はディアスポラ的なカルチャーギャップに陥った。仲間のカソリック教徒のほとんどはカリブ系で、それはブルックリンのご近所さんたちも同じだったが、彼らにはこのジーチーの闘いの女王がわからないのだった。最初は一九八〇年代前半ニューウェイヴのポッ

75 

Tamar-kali
Pearl
Oyawarrior 2009

プ寄りのシンセサイザー、それからハードコア・パンクが、タマール・カリが彼女の力を奪おうとする教会の狭い枠組みを超えて世界を見る助けとなった。「私はひとつの抵抗と自立の様式を開発しました。**私が**自分の道を作るんだという決意です」と、彼女は言う。

その道のりにはアメリカのアフロ・パンクの爆発が助けになった。これは真に人々から湧き上がったムーヴメントで、パンク映像作家ジェームス・スプーナーによる二〇〇三年のインディー・ドキュメンタリーでまとめて紹介されている。この周辺から、通常のロックの権力の通路から構造的に締め出されていると正確に感じたアフリカ系アメリカ人や移民たちからなるネットの掲示板コミュニティが出現した。彼らの議論の対象は、タマール・カリを含むルーツを重視した地元のパンクの才能からはじまって、グレイス・ジョーンズ、ローリン・ヒル、アフロフューチャリストのジャネール・モネイ、ネオソウルのセイレーンSZA、女優／ラッパーのジーン・グレーといった人々に新しいプラットフォームを与えるところにまで広がった。さらに商業的な力がそこに可能性を見出し、アフロ・パンクの概要は拡張およびブランド化され、国際的なフェスティヴァル・コミュニティを見出した。タマール・カリは、「それが企業の宣伝文句になる前から」自分はそこにいたと、アイロニーを込めてアフロ・パンクに言及する。粘り強く意志をもって、協力的なシーンとクルーを見つけるために交渉を繰り返したタマール・カリはマルチメディア・コンポーザーになった。しかし彼女の不良パンクとしての自己がおとなしくさせられることはないだろう。「もしあなたがパンク・ロックなら、どのみちリーダーを探し求めることはありません」と彼女は述べる。「あなたはあなたの道を作るのだから」

＊＊＊

それから一〇年の時を経た大西洋の向こう側、サウスロンドンのブリクストンでは、これと平行する孤独なアウトサイダーでいることの苦悶が、かなり異なったアクティヴィスト・ミュージシャンたちのグループを動かしていた。タマール・カリとはテーマ上の繋がりがあるものの、ビッグ・ジョーニーのシャーディン・テイラー・ストーンは「私はアフリカ系アメリカ人のナラティヴに融合あるいは混同されたくありません。私たちの経験には類似性があるけれど、UKにいる私たちにとっては、階級間の分断のほうが人種間のそれよりも大きい場合もあるんです。うちのように、白人の祖母、いとこ、叔母たちのいる家族は、ここでは珍しくないので」と力強く述べる。

とはいえ、忙しない都市での孤独はある意味で人々を等しい存在にさせる。「シングル女性は常に、猫をたくさん飼いすぎの孤独で年老いた嫁き遅れ女としてスティグマ化されてきた」と、ケイト・ボリックは彼女の著作『嫁き遅れ――ひとりの人生を生きる』で観察している。

二〇一六年の〝ドリーム・ナンバー9〟におけるビッグ・ジョーニーの麻酔的に波打つフィードバック漬けのドローンは、そうした人間関係の力学の変化を描写しながら、リスナーに集中を強いる。哀しげだが決意の滲む声は「私ひとりきり……いつのまにか、ただ夢見て、半分ここに半分満ちて」と唱える。

この歌は孤立に浸っているものの、それは寂しいかもしれないしそうではないかもしれない。ドラマーのテイラー・ストーンは言う。「たとえちょっと冴えない気分でいるとしても、あなたはひとりきりでいて別に構わないってこと。女性の幸福は男性との関係と結び付けられることがあまりにも多すぎます。私はレズビアンだから、その問題はあんまり関係ないんだけど。とにかく、それでいてさえ、私たちは誰かと関係を結んでいることを期待されます。だけどこの歌詞は言うんです、『ひとりきりでいるけど私は大丈夫……』」

ビッグ・ジョーニーのファンクはインダストリアルなノイズたっぷりで、先駆者であるブロンクス出身のスクロギンズ姉妹、ESGの系譜に位置している。一九八〇年代、彼女たちはその必要最低限の音を〈フラー〉や〈マッド・クラブ〉といったダウンタウンのアヴァンギャルド・ロック・クラブに運び入れた。しかしながら、テイラー・ストーンの経験は、あの世代では唯一無二だったESGの姉妹たちとも、仲間を見つけるのに苦労したガラの女戦士タマール・カリともまったく異なっていた。二一世紀の英国に育ったテイラー・ストーンの場合、彼女の人生に影響を与えてきたさまざまな種族《トライブ》の人々は親切だったし、フェミニスト・アーティス

Big Joanie
Sistahs
The Daydream Library Series 2019

トのネットワークの支援も受けてきた。

本書に登場するうちで最も新しく、若いバンドのひとつであるビッグ・ジョーニーは、タマール・カリのような音楽的祖先にあたる女性たちの闘志から恩恵を受けていると言えるだろう。アーティスト、知識人、アクティヴィストとして熱心に活動するテイラー・ストーンは、自らのミックスとしてのアイデンティティをはっきりと自覚しており、それは言ってみればポリー・スタイリンがくぐり抜けた混乱状態からは遠く離れている。

「バンドとして、私たちの存在は特定の修辞に挑戦していると思います。私たちはレゲエの影響を受けているに違いないという思い込みは興味深いです。そのせいで私たちは他のものから影響を受ける余地がないってことにされるんです。実際受けてるのに」。テイラー・ストーンは述べる。

私たちのバンドのメンバーはみんなパンクで育っていて、私はロカビリーのシーンにもいました。コミュニティの内部では、時に趣味を限定することを強いられます。ヒップホップ、レゲエ、グライム、R&Bの外側のものは何でも〝白い〟と見做されてしまって。ビッグ・ジョーニーで私たちはそれに挑戦しているんです！ 私たちは明らかにブラックで、政治的観点はブラック中心なのに、どうしたら私たちが〝白い音楽〟を作ってるなんて言えるんでしょう？　私たちは中庸の白人オーディエンスに向けて意識的に自分たちの音楽の口当たりを良くして、白人至上主義者のまなざしの範疇で〝成功〟しようとする一部のヒップホップ・アーティストよりずっとラディカルです。私たちは誰が相手であろうとそういう忖度はしません。

テイラー・ストーンは音楽産業のうち、高踏的かつ政治的に意識が高いとされるインディペンデントな領域で活動している。アカデミックな研究者でもある彼女は、「さまざまなサブカルチャーに居た／居るブラックの英国女性たちの歴史証言《オーラル・ヒストリー》、それが黒い英国人のアイデンティティについて何を語っているのかを収集しています。ビッグ・ジョーニーでは、私たちは圧倒的に白いシーンにおける有色人種の人々の声になりたかったんです。とりわけ女性たちのために」と語る。「私はブラックのLGBTQの問題に関する活動もたくさんやっていて、それでブラックLGBTアウォードを受賞することになりました。ちょっと奇妙な感じ。自分がエスタブリッシュメントに取り込まれているようにも感じるけれど、内側から変化を起こさなきゃならない時もありますからね」

＊＊＊

自らが取り組まざるを得ないアジェンダ――人種、ジェンダー、階級にまつわるアイデンティティ問題――が熱く議論されるようになった時代に活動するシャーディン・テイラー・ストーンは、既存の枠組みの上でキャリアを築き、そこに自身の場所を確立することができた。このようにエスタブリッシュメントの内側と外側の両方を活用することは、女性パンクの先行世代にはおおかた許されていなかった。「もし女性が小説を書こうと思ったら、お金と自分ひとりの部屋が必要だ」とヴァージニア・ウルフは一九二九年に書いた。ウルフが本当に意味するところが、創作のために自分の空間を作り出し、どうにか工夫してやり遂げる自律性についての話だとすれば、同じことはミュージシャンにも当てはまる。おなじみのライオット・ガールの叫び「女の子たちが最前へ!」には、酔っ払って熱狂した男だけのモッシュピットを止める狙いがあった。そのせいで女性たちがめったやたらに暴れる腕に殴られることなくライヴを楽しむことができないというのが、女の子のパンク・ファンからのよくある苦情だったのだ。

何度も何度も、女パンクスたちは自分たちの空間を求めて叫んだ。自分たちの空間はすなわち力であるとも言える。したがって、一九七〇年代リーズのデルタ5や、一九八〇年代初期ニューヨークのダウンタウンのブッシュ・テトラズのようなグループが、揃って自分たちの目の前から人を追い払うことについて歌ったのは、何の不思議もない。

「誰もが私たちを女性バンドと呼んだけれど、それは一種の誤解です。このグループにはいつも男性がふたりいたのだから」と、デルタ5のベース奏者ベサン・ピーターズはため息をつ

Delta 5
Mind Your Own Business
Rough Trade 1979

く。オーストラリア生まれニュージーランド育ちの彼女は、リーズで法学生／パンク・ミュージシャンとして真に成長した。〝マインド・ユア・オウン・ビジネス〟は、イングランドにおいて極めて重要な瞬間、一九七九年にリリースされた。繰り返されるストライキの連鎖反応は俗に言う「不満の冬」を招き、基本的な公共サービスが崩壊した混乱状態を政府が収束できなかったことが、マーガレット・サッチャー率いる保守党の選挙における勝利につながった。それは平等を重んじる社会主義の考え方の放棄を意味していた。産業とビジネスの未来、とりわけ新しいテクノロジーと歩調を合わせられなかったのだ。この政権交代はヒステリックに楽観的な保守主義によるものだった。さらにドミノ効果で、サッチャー流の持ち家促進策を伴ったより力強い資本主義の約束は、イングランド北部の古い工業地帯の労働者階級にとっては経済的荒廃につながった。その音楽に反映されている通り、リーズは完全に大真面目でたくましい左翼学生の集団が存在する反権威思想の最前線だった。通例、古風な北部野郎どもの特徴とされている男尊女卑とは対照的に、彼らにとって女性の権利は支持していて当然の信念だった。シンガーのジュールズ・セールに並んで、このバンドにはドラマーのケルヴィン・ナイトとギタリストのアラン・リッグスがいた。この本の多くの女性アーティストたちとは異なり、デルタ5の女性たちは協力的な男性の仲間と横並びで花開いた。彼女たちの尖った、金属的な、擦れるようなギター・サウンドが、この周辺のアーティストたちの感触を伝える。厳しく妥協のない彼女たちの傲慢なコンセプチュアリズムが、くだけた皮肉で緩和されている。

「私たちはみんなリーズで出会いました。ザ・ミーコンズ、ザ・ギャング・オブ・フォー、そして私たちはみんなまだリーズの大学生でした。私は一九七八年に学位を取得して、その後も居着いていたんです。もうひとりのベース奏者、ロス・アレンはファインアート専攻でした」。現在はフランスの奥深くの村で高度技術弁護士として在宅勤務しているピーターズは回想する。「すべてがしっかりと互いに結びついていました。私たちはみんなお互いと一緒に出掛けて、巨大な友達のグループとして混ざりあっていました。ギャング・オブ・フォーはかなり早い時期にEMIと契約しました。彼らはお金を持っていて、それは前代未聞のことでした。私たちは彼らの設備を使って自分たちのことをやり、それから私たちだけで外に出てギグをやって、バンに乗って高速道路を行ったり来たりしました」

〝マインド・ユア・オウン・ビジネス〟の誕生は、この時代にふさわしく共同的なものだった。音楽とアレンジはデルタ5によるものだが、あの手強い女の子の歌詞は彼女たちが実際に会ったことのない男の子によって書かれたものだった。

リーズ・シーンにいた男性、サイモン・ベストが書いたあの歌詞を誰かが私たちに見せたんです。私たちがあれをよく分析したとは思いません。そこにあるから摑んで使おう、という。もし嫌な感じだったら私たちは手を触れていなかっただろうけど、本当によくできていたから。あれは男の子／女の子の問題に適用されるけど、誰についての話にも成り得るし、いい感じでした。私たちはすぐにベースラインを組み立てて、ロズのフレットレスベースと私のトレブルに分割しました。実のところ、最初にあれを演奏した時は、ギャング・オブ・フォーのベース奏者デイヴ・アレンと一緒でしたから、そこにはおそらく彼らのエネルギーも含まれているでしょう。

ふたりの女の子たちが歌うというより吠える、空間を要求する怒りの歌詞には、有無を言わせぬ奇妙さがあり、整えられてなおインダストリアルな鋭さを備えたネオ・ファンクのベース、ドラムのハイハット・シンバルのしゃきっと分離した反復する銀色の震えに続き、猛烈でダビーなインストゥルメンタルでドラマーは軍の司令の如く腕の代わりに脚を使う——そしてもちろん、あのガシャガシャした、マイナーキーのギターがむずむずするリズムで互いに競り合う……その尊大な態度すべてと共に、〝マインド・ユア・オウン・ビジネス〟がうまくいったのは、楽器の音が言葉の専制的な要求にマッチしていたおかげもあるだろう。そこには本当に横暴な女の子たち《ルード・ガールズ》がいた。

君のアイスクリーム味見していい？

君のテーブルのパンくずを舐めていい？
君の危機に干渉していい？

お断り、放っておいて

「他の何よりも技術の欠如があらわれていました」と、ピーターズは認める。「私たちはすべてに対して初歩的なアプローチをしていましたし、かなりむきだしに口走っていました。叫び声をあげるのは楽しかった。その場で即興して、それが残りました。私たちはそういう風にやっていたんです」

社会主義寄りの少数集団たちの中でも特にジェンダー平等が行き渡っていた、あるいは少なくともそれを目指していた女性に友好的な仲間たちに拍手を送ろう。キャスリーン・ハナがライオット・ガールで対処を強いられた主に男によって生み出された悲しみの雪崩、そのヘラクレス的難行を思うと、こうして異なるジェンダーの人々もやすやすと一緒にやっていけるのだということを知らされると、少々ほっとする。

「私たちにはいつも全部のギグに追いかけてくるファンの男の子たちがたくさんいて、その誰もちょっかいを出してきませんでした。私たちは真剣なアティテュードを持っていたし、あの子たちはあまりにも大きな畏敬の念を抱いていました」。ピーターズは言う。「爆笑ものでした。あの連中はアメリカにもやってきて挨拶して、私たちにプレゼントをくれました。私たちに困りごとは何もなかった。例外はパロ・アルトでやったギグで、ミニ・ファシストたちが最前列で面倒を起こしたから、私は演奏を止めて、彼らに出ていけと言ったんです。ファンの連中が私たちに面倒をかけたかって? まさか、そんなことあるわけない!」

＊＊＊

骨の髄までインディペンデントで根性がある。それがUK女パンクスの基本姿勢だった。まるで男の子たちの支離滅裂なアティテュードと平行線を描くように。しかしながら、いつ起こるかわからないIRAの爆弾テロの恐怖、国中で発生する路上の暴動、さまざまな若者たちのトライブおよび警察のあいだの喧嘩やデモにおける対立が日常なのを別にすれば、そこでの人生は比較的平和だった――あるいは少なくとも吸血鬼映画のリヴァイヴァル上映のようではなかった。ローワーイーストサイドのシーンが時々そんな様子だったのとは違って。

ニューヨークのパンク・ロックの多くのふるさとであるローワーイーストサイドは、家賃が安かった。夏のあいだ眠るのに、家族たちは一九世紀の赤レンガの共同住宅にジグザグに取り付けられた非常階段にマットレスを押し込むのだった。九九セントストアの小さな電気扇風機は、日が暮れた後でさえ息の詰まる熱に太刀打ちできなかった。その頃、ジェントリフィケーション〔都市の再開発／高級化〕以前のローワーイーストサイドの夜は、UKパンクのそれに比べると無邪気ではなかった。英国人たちはレイシストあるいはそのほかの対立する若者集団あるいは警察から攻撃を受けていたかもしれないが、ほとんどの若いパンクスにとってギグのあと家に帰るということは、よろよろと深夜バスの最終便の上の階にのぼるか、うまいことバックシートでいちゃつくことを意味していた。しかし、ローワーイーストサイドの薄暗い地域、一部はスクウォットになっていた区画の多くは、午前一時を過ぎた頃には事実おっかなかった——あなたがヘロインを手に入れようとしているなら話は別だが。大家の保険金詐欺が目的ではないかと疑われる火災で焼け落ちた建物はしばしば放置され、この地域をほとんど大空襲後のロンドンと同じ程度にボロボロにしていた。そしてダウンタウンの盛り場は、時にあまりにも多くの本物のダウナーたち〔鎮静作用のある薬物／気分を沈ませる人や物事〕の隠れ家となっていた。比喩的にも文字通りの意味でも。かなりの数のパンク・アーティストたちがヘロインに手を出し、狂うか死ぬかしていた。それを使用することはウィリアム・バロウズやジャズ・ミュージシャンのジョン・コルトレーンといった地元の芸術的英雄たちと結びつけられて、誤って魅惑的であるかのように思い込まされていたと言える。しかし、ヘロヘロのジャンキーと悪徳ディーラーたちの恐怖要素も加わったことは、ニューヨークのシーンをロンドンを含むその他のパンクの街よりもさらにアート指向にさせていた。アンディ・ウォーホルのファクトリーと、その社食的存在でユニオン・スクエアの近くにあったクラブ〈マクシズ・カンザス・シティ〉の存在は、ウォーホルが亡くなった後もなお創造の絶対基準を定めるものと見做されていた。

同輩の多くと同じく、ブッシュ・テトラズもニューヨークのアート・シーンに余所の街から引き寄せられてきた。友達どうしだったシンシア・スレイとローラ・ケネディは、どちらもクリーヴランドの美大をドロップアウトしていた。「私はアートの世界でキャリアを築くためにニューヨークに来ました」と、スレイは言う。「イーストヴィレッジとソーホーに到着すると、そこには本当にクールな音楽がたくさんあった」と、ギタリストのパット・プレイスは説明する。「私は一九七五年にシカゴからニューヨークにやって来ました。パフォーマンスとコンセプチュアル・アートに興味があったから。基本的には、私はジェームズ・チャンスに出会ったことで、アートから音楽の方に渡ってザ・コントーションズに参加したんです」。この捻れたネオ・ジャズ・アンサンブルが終わると、まもなくその友達とジャムの相手とがブッシュ・テトラズとして再構成された。

「あの日々ときたら!」プレイスは笑う。「今じゃ不可能だったでしょうね。一九七九年に私たちがはじめた時、今とは事情がすごく違っていた。ローワーイーストサイド暮らしでは、ほんのちょっと仕事をしたら残りの時間は音楽をやっていられた」

彼女たちを決定づけた曲、一九八一年の〝トゥー・メニー・クリープス〟の最初の出だしの歌詞は、プレイスによってブリーカー・ストリート・シアターのチケットブースで書かれた。

彼女とケネディはそこで働いていたのだ。「私たちは逸脱者《フリークス》だった。そしてイーストヴィレッジを出るや否や喧嘩を売られていた――職場ですらも」。彼女は嘆く。一部の人々にとって、この女の子たちは威圧的で目につく存在だったのだ。「私たちはかなり生意気で、怖がられていました。攻撃されて厳しい時を過ごしました」と、スレイは言う。「ショートヘアにしていたから、あの人たちには私たちが男の子か女の子かわからなかったんです」

もう外に行きたくない
路上には
だってあいつら私に
キモい……をよこしてくる
要らない
キモいやつ多すぎ

尊大、生意気、そして否定しようがなくクールに、ずたずたに引き裂かれたリズムの上にヴォーカルがしたたり落ちる軽蔑を被せるこの曲には、抵抗し難い不良少女の心意気がある。彼女たちはエド・バールマンとパートナーのジーナ・フランクリンがブリーカー・ストリート九九番地の地下で営んでいたレコードと衣類の店から生まれたインディーズ・レーベル、〈99レコーズ〉と契約を結んだ。そういうわけでブッシュ・テトラズは、ブロンクスのフューチャー・ファンク・クイーンことESG、大編成のギター交響曲作曲家グレン・ブランカ、（そしてこの著者）などを含むコミュニティの一部となった。

彼女たちの躍進は突然だった。一九八〇年二月、ケネディ、プレイス、スレイ、ディー・ポップは、こぢんまりした〈ティア3〉に8アイ・スパイのオープニングアクトとして出演した。それから数日後には、彼女たちはザ・フィーリーズやDNAといったもっとずっと知名度の高いグループのオープニングを、かなり大きな会場である〈アーヴィング・プラザ〉で務めていた。スレイはギターの音量を上げるのを忘れてすごくショックを受けていたけれど、プレイスが特別に力強く演奏したから誰も気づかなかった。

ブッシュ・テトラズはニューヨークのポスト・パンク・バンドの中でも最も進んでいると評価された。そこは熱意ある国際的な音楽ファンたちの耳に音楽が大きく鳴り響く小さな世界だった。マンハッタンの一四番通りの下のいくつかのブロックがその界隈で、そこより上はこのシーンの人々には「鼻血テリトリー」と考えられていた。実験的で、尖っていて、対抗的で、地元のニューヨーク・ファンクを注ぎ込まれたブッシュ・テトラズは、デルタ5やギャング・オブ・フォーといった英国のバンドたちに完璧に呼応していた。パンクの最初の一撃の後、ポスト・パンクの人々はさらに複雑なリズムを熱心に開拓していた。とはいえ彼女たちは、自らの特異性もわかっていた。

Bush Tetras
Too Many Creeps
99 Records 1980

パット・プレイスは言う。「私たちのシーンでは事情はちょっと違っていた。バンドをやっている女の子がもっとたくさんいたから」。このシーンはアン・マグヌソンのコレクティヴ／バンドであるプルサラマをはじめ、Ｕｔ、アデル・バルティ、リディア・ランチといった個性的なアーティストたちの空間を生み出した。それでもなお、プレイス曰く「女がギターを弾いてるってことを理由に男性ギタリストや音響スタッフからムカつく態度を取られたのは確か——できるわけがないとか」

ポスト・パンクの追い越し車線の非常に消耗させられる環境を考えると、そこから導かれた結果はおそらく避けられないものだった。「私たちは三年にわたってツアーをやって、みんな燃え尽きてしまいました」と、プレイスは言う。「ドラッグも関係してる。そういう状況だったんです。ドラッグはあれこれすべての一部として流れ込んでいました。最終的に私は倒れてしまった」。じきにＡＩＤＳとジュリアーニ市長の専制的な反ナイトライフ施策によって大部分が潰されてしまうことになる、彼女たちを生んだ熱狂的かつ魅力的なシーン同様、ブッシュ・テトラズは彼女たち独特の危険で強い女の子像、ダウンタウン流のクールなペルソナを示すことで大きな成功を収めた。ローワーイーストサイド界隈の快楽主義的な慣行もこのバンドを崩壊へと導き、一九八三年、彼女たちはアンダーグラウンド限定の名声の重荷のもとでばらばらになってしまった。だが、本書でたびたび記される通り、元祖女パンクスへの関心がふたたび高まるにつれ、ブッシュ・テトラズは一〇年にわたる沈黙を破って活動を再開し、EP「テイク・ザ・フォール」をリリースした――彼女たちは、その切れ味鋭い無表情のかっこよさが獲得して然るべき空間を切り拓いたのである。

＊＊＊

女性の空間の必要性というものがダンスフロア以上に明白に現れる場はない。女の子たちにとって、クラブでポゴダンスをする野郎どもにぶつかられたり、蹴られたり、さらに悪いことには知らない酔っ払いに触られたりすることは、それがわざとだろうとそうでなかろうと（文字通り）痛みに満ちた侵犯行為であるのに加え、犯人にとって女性が侮辱の対象あるいはほぼ不可視の存在であることを象徴している。もっと言えば、それはつまりもっと「リッチな」世界においてさえ女性の稼ぎは決まって男性より低く、権力のある地位に就いている女性を見ることは滅多になく、結局のところ何世紀にもわたる闘いを経た現在も女性たちは自分の身体でやりたいことをやれるようになるために苦闘せねばならないこの社会の不公平を暗に示しているのだ。

テキサス州サンアントニオ出身のフェアに場所を譲ろう。二〇一六年の〝ムーヘル・モデルナ（モダン・ウーマン）〟のビデオでは、夜遊びにありがちなハラスメントのシナリオがあざやかに描写され、この強力なバンドは加害者に誰がボスなのかを思い知らせてみせる。がさつな虐待者たちは身を引くしかない。このクラブでフェアを支え、彼女たちの現代性を際立たせるのは、ネオン製のグアダルーペの聖母がきらめく珍しい光景だ。「うちの母はあたしたちが音楽の道に進むとは思っていなかったはず。彼女はあたしが結婚して赤ちゃんを産むと信じていたに違いないです。うちの家族はそういう体制でした」と、ドラマーのファニー・ディアスは言う。

あなたはそれをコントロールできず、それをタダで欲しがってる
あたしは売女じゃない、あたしは娼婦じゃない
あたしは現代女性

ディアスとベース奏者のアーロン・マガナに力強く引っ張られるフェアは、ポップすれすれだ。〝ムーヘル・モデルナ〟でのギターのハーモニクスとヴォーカルは、こうしたヘヴィ・ロックとしては特例的に豊かなメロディーで曲を際立たせている。ディアスの家族にはドラマーの父親の他にもミュージシャンがおり、彼女は彼らがエモーショナルなテハーノ［アコーディオンを使ったメキシコ（系テキサス）民謡から発展したポップ］やコンフント［メキシコ系アメリカ人の音楽］を奏でるのを家で聴きながら育ったから不思議はない――しかし彼女が彼らと一緒に演奏したことはなかった。最高にパンク的なことに、「フ

ェア」は「醜い」という意味で、ポリー・スタイリンの流儀でポップスターの規範に異議を申し立てている。フェアは彼女らの「祖先たち」を意識している。曰く、たとえばライオット・ガールや、レインコーツやスリッツなどオリジナルUKパンクの女性たちもそうだ。

しかしながら、チカーナ（メキシコ移民の子孫の女性）のミュージシャンであるこの若いアーティストの天空には、ヒスパニックのスターがひとり孤高にまたたいている——ロサンゼルスからの第一波で一九七〇年代半ばのパンク・シーンの人気者だったアリシア・ヴェラスケスことアリス・バッグだ。「彼女はパンクを愛していた。彼女は演奏したかった。彼女は男たちと同じだけハードにやっていたし、今もやってる」。ディアスは感嘆の声をあげる。「有色人種の女性がステージに立っているのを見ることは、これまで以上に周縁化された人々を励ます力になります。誰でもできるんだ、と。あなたの人種、容姿、大きさは関係ない。やればいい」と、彼女はせっつく。「あたしたちは音楽界の女性として、概して実際より過小評価されていることを認めなければなりません。男性の方が楽器についてよくわかっていて演奏がうまいという思い込みがあります。またあたしたちは〝ルック〟を備えていなければならないとされています。まるで音楽界の女性たちは気を引くための仕掛けにすぎないみたいに。それは間違っているし、あたしたちが曲にも人物にも光をもっと当てれば当てるほど、他の人たちも女性は単なる仕掛けではないのだと気づくことになるのです。たぶんあたしたちは何かを教えることができる」

Fea
Fea
Blackheart 2016

ジェン・アルヴァとファニー・ディアスは中学校で隣の席に座って以来、一緒にジャム・セッションをしてきた。ディアスは既にパンクに熱中してギターを弾いていた。すぐに共犯者になった彼女たちはバンドを結成した。「あたしたちはステージで独学したところが大きい。いつも耳頼り」。ファニーの妹ニーナのヴォーカルを中心にしたバンド、ガール・イン・ア・コーマはフォーキーな感触だったが、その後、姉妹はフェアで自分たちのよりタフな側面を追求しはじめた――そしてガール・イン・ア・コーマの活動も続けた。

「テキサスがマッチョな州であることは間違いない」と、ディアスは言う。「女たちはいつも料理してる。あそこでラティーナとして育つと、自分が座って食べるより先に、まず男に仕えるのは普通のことでした。だけどあたしは音楽のヴィジョンと共に育って、たとえそれが男が支配する職種だったとしてもあたしを阻むものは無いとわかっていたんです」

幸運なことに、ロンドンのビッグ・ジョーニーのような同時代のバンドと同じく、フェアは上の世代のミュージシャンたち、とりわけ彼女たちを感化した人々の既に確立されたシスターフッドからの恩恵を受けた。母親が彼女たちにザ・ランナウェイズのジョーン・ジェットを紹介し、ジョーンは彼女のレーベル、〈ブラックハート〉にガール・イン・ア・コーマ、それからフェアも迎え入れたうえ、彼女たちのアルバムを共同プロデュースするのにアリス・バッグを呼んできた。彼女たちは苦闘の末に獲得された報酬の恩恵を受けたのだ。彼女たちはある程度インディペンデントに活動を続ける道を見出し、自らのオーディエンスとマーケットを開発しているゆえに、その生存は主流派マジョリティの商業的な舞台での成功頼りではないのだ。「クィアで、ラティーナで、身体に厚みのある女として、世界はあたしたちに敵対していると感じていました。あたしたちは太り過ぎとかゲイ過ぎとかジャッジされてきました」。ディアスの結論はこうだ。「何であろうとあたしたちを怯ませはしなかったし、今もしない。自分たちが演奏が好きで、これからもそうだということをあたしたちわかっている。そして誰か女の子がステージ上のあたしたちを見た時、あたしたちはその彼女に似ているんです。それこそが使命。次第に誰もがそこに単なる女ではなくてミュージシャンを見るようになるでしょう。ひとりの強いミュージシャンを」

＊＊＊

一九七〇年代半ばのフィメール・パンクの夜明け以降、女性たちはその絶え間なく進化する多面的な困難の裏をかくために、あらゆるジャンルを流動的に使ってきた。自分なりのやりかたで音楽を作るための闘いは避けられなかった——そして時には、そのやりかたが何なのかを見つける苦闘もあった。反逆少女《レベル・ガール》の型をうまく売り込んだ例もいくつかあった。我が道を行く一部のパンケット、さまざまなスタイルの雑多《モトリー・クルー》な集団には大勢のオーディエンスがついた。規範から身を躱すことを共通点につながっている彼女たちの顔は今もなお快活だ。芸は身を助く。それぞれ違ってそれぞれ個性的なアーティストたち、たとえば（パンクをヒップホップへと切れ目なく接続するのを助けた）ルシャス・ジャクソン、スキンことデボラ・アン・ダイヤー、ピンク、アイコナ・ポップ、M.I.A.、ベス・ディットー、ビョーク、ザ・ノイゼッツのシンギー・ショニワ、ケリス、ケシャ、ミシェル・ンデゲオチェロ、FKAツイッグス、ジャネール・モネイ、サンティゴールド、エンジェル・ヘイズ、プリンセス・ノキア。とはいえ、パンクの心臓は常に周縁の者と共にあるわけで、今季はどんな女性アーティストがうまくいくのかにまつわる今もなお多くの場合男性視点で還元主義的な国を超えた発想に適応しない変わり者たちについても考えさせられる。つまりクオリティがオリジナリティがあるにもかかわらず、メインストリームの口にはあまり合わなさそうという理由で、味見すらされない。それがフィメール・パンクのマジョリティであると言えるのではないか。

　私たちはお決まりの男性のまなざし《メール・ゲイズ》に迎合するよう操縦されている市場の内部に場を作り出さなくてはならない。誰にも耳を傾けられない時に私たちの頭の中で響いているような、私たちの気持ちを伝える声を見つけるのだ。何世代にもわたって続いた家族における女性のありかたを断ち切る。家族の新しいかたちを築き、効果的な母性のありかたを探る。新たに可能になったジェンダー変容の実験に関係のある者として自分たちを位置づけ、それをする権利のために闘う。一九五〇年代の抑圧から一九六〇年代、七〇年代、八〇年代前半の自由恋愛のポリアモリー的戯れに至る、変わり続ける女の子のセクシュアリティのあらわれ――その戯れは二一世紀におけるインターネットのアクロバティックかつポルノグラフィックな欲望のスモーガスボードへと変わってゆく――に適応しながら。こうした一〇代の少女に対するかつてとは異なる種類の抑圧は、まるで二一世紀版ミッドセンチュリーの如く、一九七六年のクラブのトイレでポリー・スタイリンに衝撃を与え社会規範の拘束に反抗させるに至った自傷の類のように浮上している。これらすべてを踏まえて、とりわけ政治的に進歩的な人々、そう、多くの場合左派の人々は、メインストリームのコンベアベルト産業の外側におり、周縁的とされる二一世紀の女の子たちは、自分たちの音楽が先人たちには夢見るしかなかったプラットフォームと支援機構を見つけられるよう励んでいるのだ。希望はジョークではない。

LINEUP TRACK LISTING

ラインナップ＆トラックリスト

1. **Patti Smith, "Free Money" (US, 1975)**
   シャーマン的詩人にしてパンクの化身が心の深くから絞り出す、お金がもたらすはかない夢への痛烈な讃歌。

2. **Malaria!, "Geld" ("Money") (Germany, 1983)**
   ベルリンの壁時代の最後の数年間、そのラディカルで芸術的な土壌から生まれたマラリア！は、半分死んでいるような人々の生き方を軽蔑する。

3. **ESG, "Earn It" (US, 1981–1992)**
   ブロンクスのプロジェクト出身のスクロギンス姉妹は、ダウンタウンのポスト・パンク・ファンクに生気を吹き込み、ヒップホップを活性化した。

4. **Shonen Knife, "It's A New Find" (Japan, 1997)**
   大阪の姉妹ふたりによる、人生のシンプルでお手頃な喜びを祝福するいかしたポップ・パンク讃歌。

5. **The Slits, "Spend, Spend, Spend" (UK, 1979)**
   ワイマール共和国時代のキャバレーを彷彿とさせる女パンクの先駆けは、自分たちの消費への衝動と、肉体的および比喩的な意味での飢えに疑問を投げかける。

6. **Pussy Riot, "Kropotkin Vodka" (Russia, 2012)**
   かつては匿名で活動していたアジット・パンクの女性集団が、神話的な酒の助けを借り、オリガルヒ〔ロシアで権力を握る新興財閥。寡頭制を意味するオリガーキーから〕を打倒せよと大衆を焚きつける。

7. **Maid of Ace, "Made in England" (UK, 2016)**
   寂れた避暑地ヘイスティングス出身の姉妹が、ポストジョブ経済のもとであれこれ手を汚して生きる自分たちアンダークラスのライフスタイルの喜びを謳歌する。

2

マネー
わたしたちはわたしたちの金？

貧困の女性化と富の男性化には明らかな連続性がある。それは決して偶然ではない。

グロリア・スタイネム、『言葉を超えて動く』、二〇一二年

ほら、着てみて！ パンクの女流詩人パティ・スミスが私をせっつく。フォトグラファーのデニス・モリスと彼女のギタリストであるレニー・ケイも一緒に、私たちはウエストロンドンのノッティング・ヒル・ゲートで、当時としてはまだ珍しかった日系の店の棚を漁っている。一九七六年、スミスはつい最近、生粋のカウンターカルチャー出の人物としては異例の立ち位置を見出しはじめたところだった――彼女の最初のLP『ホーセス』が前例のない収益を上げ、驚きの批評的および商業的成功を収めていたのだ。左派のボヘミアンらしいことに、彼女は思

わぬ行動で気前のいいところを見せた――彼女は私とモリスの両方に本格的なプレゼントを買ってくれたのだった。

スミスは彼女が持てる寛大さを気前よく振りまこうとしていたし、著作を持つ詩人であると同時に雑誌『クリーム』に寄稿するライターでもあったから、ロックのメディアを避けるべきうさんくさい召使いのように見做すことなく、自らと同じ文化人の類として相手にしていた。彼女の親切な贈りもの、黒いヴェルヴェットに赤のパイピングが施されたジップフロントのマオジャケットは、実のところちょっとゴツすぎた――でも私はそれを何年も着ていた。なんといってもパティ・スミスが私にくれたのだ。しかもタダで！

スミスはその後、二〇〇五年のフランス芸術文化勲章、二〇一〇年の回想録『ジャスト・キッズ』での全米図書賞、ロックの殿堂入りといった数々の栄誉に輝くことになる。彼女はアーティストを支援し続け、現在ではそれもさらに大きなスケールになっている。二〇一七年には、フランスとベルギーの国境にある、自身の偉大なインスピレーションの源である詩人ランボーゆかりの再建された城を購入した。そこは彼がわずか一九歳で『地獄の季節』を書いた場所であり、短くも光り輝く人生を照らし出している。彼の激しさ、たとえすぐに消えてしまうとしても燃えるような人生を生きるという考え方は、常にスミスを鼓舞してきた。ポートベロ・ロードをぶらぶらして彼女が滞在するノッティング・ヒルのホテルに戻る道中、彼女は私に言った。「私にはステージのペルソナもレコードのペルソナもない。私自身から切り離されたものはひとつもないの」

私たちがあの太陽に照らされた午後におしゃべりした時点で、英国人女性が父親あるいは夫の同意を得ることなく自分で銀行のローン契約を結ぶ権利が認められてから一年しか経っていなかった。際どい境界線を歪めてみせるマドンナが、あの〝マテリアル・ガール〟でパンクの女性たちと反消費者主義カウンターカルチャーの古い結びつきにウィットに富んだ平手打ちをかますのは、まだ何年も先の話だ。彼女の強力なペルソナは、皮肉にも皮肉抜きにも、新たなレーガン／サッチャー時代のより自己中心的なノリを生きていく助けとなった。レインコーツとは異なり、同じニューヨーカーのブロンディ寄りのマドンナは、この曲のビデオで元気いっぱいに一九五〇年代のセクシュアリティの修辞を採用してみせる――とりわけわれらが〝犠牲となったブロンド〟マリリン・モンローが、一九五三年に〝ダイヤモンドは女の子のいちばんのお友達〟で喉を鳴らす、おしとやかなのと同時に厚かましい姿を。彼女の複雑なペルソナの配列のうち特別にマドンナ的な瞬間がウィンクと共に示される。ついこのあいだ連邦議会が男女平等憲法修正条項の批准を却下したけど、そんなの知るかよ！　とばかりに。スクリーン上で、われらがマ・マスことマドンナとマリリンは、赤とホットピンクのオウムのように明るいサテンを纏って練り歩く。それとは対照的に、パティ・スミスは私たちがポートベロ・ホテルのロビーに辿りついた時、まるでカカシから拝借したかのようなオーバーサイズで暗い色のメンズジャケットを着ていた。彼女の陰鬱な非女子的女子のイメージが持つラディカルな新しさはその〝ルック〟にそのまま残り続け、美学においてマドンナの何十年にもわたる快活なエゴのゲームとは一貫して対照的だった。

モノクロームのボーイッシュな渋さは、スミスの誠実さと本物らしさを彼女と彼女のオーディエンスの両方に伝える。いつでも毎回のライヴが宗教的な参加と親交の場であり、そこで彼女は自らの精神を骨の下までむきだしにして、シャーマン的な啓示と再生に至るのだ。彼女は一九七七年にフロリダでの公演でステージから落下して脊椎を骨折し、もう少しで死ぬか麻痺状態に陥るかの大怪我をした後、その頃はまだみすぼらしかったコヴェント・ガーデンにあった『サウンズ』の編集部にいる私に、大西洋の向こう側から長距離電話でこう語った。「私はデルヴィーシュ〔*〕みたいに回転していた――私がやっているのを見たことあるでしょう。私はある意味危険を呼び寄せるタイプのパフォーマーで、死を呼び寄せる」と、彼女は言った。この陸軍元帥（彼女は自らをこう呼ぶ）は伝説の白い光を見た――しかし、戻ってきてふたたび彼女の兵隊たちを招集したのだ。

この〝フリー・マネー〟の作者兼パフォーマーにとって、お金を惜しまないことは（お金をかけないことの対になるものとして）、彼女が育ったニュージャージー州の労働者階級家庭の働けど貧しい倹約生活を、包括的に拒絶するものである。彼女の母親が家族の乏しい財産を少しでも増やそうと、彼女を決して出世させることのないシステムの枠内で自分にできる最大限のこととして「無料」贈呈品のために苦労して切手を貼っている姿が、〝フリー・マネー〟に刺すような哀愁を帯びた切望を吹き込んでいる。

毎晩頭を休める前に
あのドル札が私のベッドでくるくる舞うのを見る
盗んだって知っている、でも後悔はない
あの金を掴んで、あなたが持っていなかったものを買ってあげる
ああ、ベイビー、それは私にとってすごく大事なこと
ああ、ベイビー、あなたが必要なものすべてをタダで買ってあげる

曲は弱々しくはじまり、ピアノ奏者リチャード・〝DNV〟・ソールの叙情的な三連符に被せてスミスの優しいビブラートが言葉を響かせ、リスナーを引き込み、まさに彼女がステージで自分を重ね合わせていると言う回転するデルヴィーシュのように、なめらかにスピードを上げていく。そのスマートな展開とジェイ・ディー・ドハーティの特徴的なドラム・フィルによってロックンロールの推進力が介入する。そしてレニー・ケイが駆り立てるように引っ掻くコード（スミスはこれを彼女が提供したいと望んだ通りの身体的快楽だと説明した）に押され、スミスはタイ

＊　スーフィー（イスラム神秘主義）の修行者。回転舞踊（旋舞）で知られる。

トルを繰り返し詠唱し、この陸軍元帥は聴衆みんなにそれぞれの内にある生命の息吹を見い出すよう呼びかける。それこそが真のエンジンであり、手にするべき真の金を生み出すものなのだ。これは四〇年にわたって彼女のライヴで呼びかけられており、彼女はその意味を演奏するたびに新たにしている。愛する者を救いたいと切望して胸にこみ上げ喉を詰まらせるあの痛み、そしてお金がすべての状況を変えるということが、パティ・スミスが〝フリー・マネー〟を演るたびに毎回はっきりと身に迫ってくる。

一九八〇年代ニューヨークのアーティスト、カール・アプフェルシュニット（AIDSで早すぎる死を迎えた）のキャリアは、リッチなパトロンたちによって支えられており、彼は「金は行使された愛」と言った。アナキストにとってさえそうである場合もあるのだ。ヴィ・サブヴァーサが遺産を相続して、クラスの最初の45回転盤〔*〕に資金を提供することができた時であるとか。スミスの初期の〝アウトサイダー〟期はさまざまな種類のアートを創作する人生に向けてうまく費やされた準備期間だった。

社会的な意識の高いパンク第一世代は誰しも一九六〇年代のロンドンとパリでの学生暴動によって形作られていたように、スミスはギィ・ドゥボールのようなシチュエーショニストたちの自由に生き自由に愛するアイデアや、「敷石の下は——ビーチなのだ！」といった、人をぎくりとさせる狙いで作られたカートゥーン形式の指令の数々に触発されていた。彼女の人生とアートへのアプローチは大胆に道を切り拓いて、一九六八年五月のこのムーヴメントのアジット・アートのマニフェストを成就させている。「高次の段階では、誰もがアーティストになるだろう。つまり文化的創造物の生産者‐消費者が不可分となることは、新奇性にまつわる直線的な基準が早急に解体されるよう促す。言うなれば、さまざまな性質、経験、あるいは大胆に異なった〝流派〟の多次元的膨張を伴って、誰もがシチュエーショニストとなるのだ——連続的にではなく、同時発生的に」

才能とタイミングのおかげで、スミスは一九七〇年代半ばの女性たちの一般的な運命を超えていった。ようやくジェンダー間の収入格差の是正に向けた動きが活発になりはじめたのは八〇年代に入ってからだ。一九七八年から一九九〇年のあいだ、この賃金格差の追い上げゲームによって、女性に支払われる金額は男性の六一パーセントという悲劇的な数字から、依然として貧弱で許しがたい七六．五パーセントまで上がった。その後、動きは止まった。男性の所得は上がる一方で、女性の所得は凍結された——折しも一九九〇年代のライオット・ガールたちがこれを感じ取った。加えて、これらの女性たちはアーティストであり、これからもアーティストであり続けると心に決めていた。この職業自体、歴史的に経済的な報酬が予測不可能なものだ。監視と危険に対する恐怖の葛藤の末に国際的な都市における市民の自由は追いやられ、

＊　ペニー・リンボーの回想によると最初のアルバム『ステーション・オブ・クラス』のために８千ポンド借りたとなっている。

Patti Smith
Horses
Arista 1975

パリのレアール、ニューヨークのローワーイーストサイド、ロンドンのラドブローク・グローヴの薄汚れたボヘミアンの街は、ぴかぴかした分譲住宅に変わっていった――そこに駆け出しのアーティストたちが「あれこれ手を汚す」余地がどれだけ残っているだろう？　不服従の生き方は、その大部分が大都市から追い出されたちょうどその時、ひとつのライフスタイルとしてブランド化された。しかし、熱意ある女性アーティストたちは、パティ・スミスがまだ何者でもなかった頃にしたように、必ずや突破口を見つけるだろう。彼女たちの音楽で語られている女パンクスとお金の物語は、この経済的な分断が広がる社会において、包括的に私たちの進むべき方向を示す雛型となる。

　スミスはパンクと密接に結び付けられていたものの、その創作の資質はさらに遠くアンディ・ウォーホルの時代や、もっと前のビートニクのボヘミアンたちまで遡る。彼女はジャズの偉人オーネット・コールマン、作家のウィリアム・バロウズや詩人アレン・ギンズバーグといった人々を、自由な精神と結び付けている。ロックスターになる前、彼女は劇作家で作品執筆中の詩人だった。『ホーセス』を出そうという頃には、カウンターカルチャーにおけるスミスの評判は、急成長中のニューヨーク・パンクの第一波に伝わっていた。また、その中心地も数ブロック東に移動していた。ユニオンスクエアから脇道に入ったところにあるウォーホルの銀色に塗られたファクトリーと、そのカフェであるマクシズ・カンザス・シティから、当時は路上生活者と酔っぱらいの巣窟でさらにごみごみしていた東のバワリーと、ダウンタウンのパンクのメッカとなった汚く怪しげな安酒場CBGBへ。彼女はこの街の他のニューウェイヴの面々と共にそこに加わった。ニューウェイヴとはWEA／サイアー・レコードのマネージング・ディレクターだったシーモア・スタインが考案した、よりアート寄りのパンク用のマーケティング用語で、このレーベルは、マドンナや強烈な女性ベース奏者ティナ・ウェイマスを擁するトーキング・ヘッズなど、ニューヨークのダウンタウンのクールを創り出す者たちと契約を結んでいた。このマーケティングの妙案を振り返って、スタインはこう綴っている。「パンクに間違ったところは何もない。けれどトーキング・ヘッズや、その後に続いたバンドたちは何かが違っていた」

差異万歳。自発的な、自己定義する、自由闊達な女性ロックスターの新しい群れ。ロバート・メイプルソープと創造的パートナーシップを結んだスミスは、脇毛を見せることもヌードでポーズを取ることも厭わなかった。それは雑誌のヌードグラビアというより鬼子のようで、木の床に置かれたラジエーターによって奇妙な角度がつけられている。男性用の白い開襟シャツとタイを身に纏い、まるでわんぱくなフランク・シナトラのように肩にジャケットをひっかけた『ホーセス』の彼女のポートレートは、抜け目なく用心深いけれど不思議と無垢な感じに見える。これらのイメージは彼女を、ジャマイカ出身の多才なアーティスト、グレイス・ジョーンズと同じ程度に性別を超越したアイコンにした。ジャン＝ポール・グードが撮影した決定的な一枚で、髪をフラットトップにしたジョーンズは襟元の深く切れ込んだタキシードを纏い、危険な雰囲気で煙草を咥えている。

スミスはすれすれのところに仕えた。彼女は特にお金を集めるために計算して作品を作ろうとはしなかった。彼女が芸術上の選択をするにあたってオーディエンスを疎外することがないよう心がけてきたことに疑いの余地はないが、基本的に彼女は自分が聴きたいサウンドを作り、物語を伝えてきたのだ。彼女が著作で回想している通り、家族からの資金援助を期待できない新進アーティストがいつもそうであるように、スミスは経済的に貧しい暮しを強いられても人生を楽しむ方法を知っていた。自分なりのやりかたでやることにより大きな意義があり、然るべき世俗的な報いは、うまくいけば後からやってくる。

＊＊＊

マドンナの〝マテリアル・ガール〟が、この世代の背中をショッピングモールに向かって押したのとまさに同じ年、ベルリンの実験的エレクトロニカ・ポストパンク・バンド、マラリア！は、一九八三年の〝ゲルド〟（〝マネー〟）で、パティ・スミスたちには通じたであろう左翼的禁欲的反消費者主義を主張していた。ドイツのエレクトロニカ・シーンの祖先にあたるマラリア！は、アリ・アップの仲のいい友だちでオペラ歌手として修行していたカラフルで外向的なニナ・ハーゲンや、ドイツのニューウェイヴ、**ノイエ・ドイッチェ・ヴェレ**とゆるく結びついていた。ベルリンはワイマール時代からのデカダンスの気配、ブレヒト流の実験、冷戦のドラマをもって——加えて家賃の安い広々とした立派な賃貸住宅のおかげもあり——常にいかがわしいボヘミアの気分を引き寄せる磁石だった（デヴィッド・ボウィは先だってここで不朽の三部作を録音したばかりだった）。共にベルリンの美大の学生だったベッティナ・コースターとグートルン・グートがマラリア!を結成し、友人の実験8ミリ映画作家ディーター・ホーマーおよびブリジット・ビューラーと〝マネー〟のビデオを作った時にはまだ、厳重に警備された壁を西に向かって超えようとした逃亡者たちは射殺されていた。やり過ぎなぐらい不自然に振り切ったこの作品は、彼女たちの大好きなドイツ表現主義映画、ロベルト・ヴィーネ監督による一九二〇年作品『カリガリ博士』が投じた脅威への臆面のないオマージュだ。大げさな様式化は作家が暗号化された信号を伝達することを可能にする。あのナチ直前の時代、検閲の介入があったかもしれないところに、それでもなおゲリラ的策略が響き渡っていたように。

「後にアインシュテュルツェンデ・ノイバウテンが曲のタイトルで〝トゥ・ビー・ノー・パート・オブ・イット（その一部じゃない）〟と要約したように、西ベルリンのアンダーグラウンドは、西ドイツの早くから老け込んでいる寒々とした文化的風潮の中にあって異端の自分たちに誇りを持っており、マラリア!もその精神が非常に強かった」と、このベルリンのムーヴメントの年代記を掲載した雑誌『ザ・ワイヤー』の編集者、クリス・ボーンは言う。「マラリア!

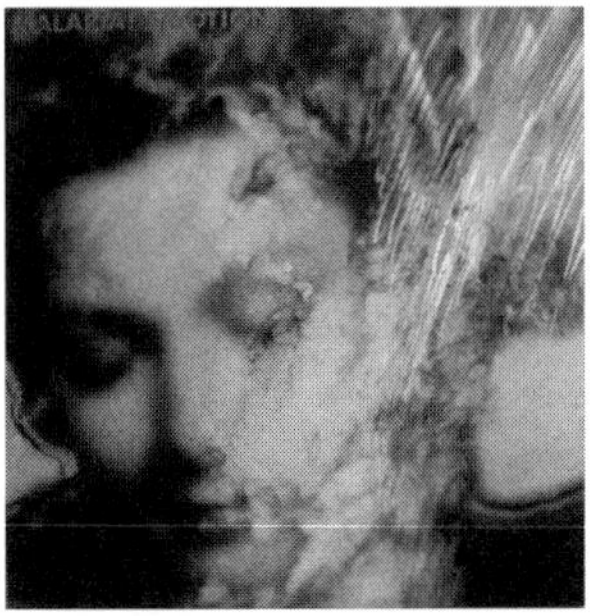

Malaria!
Emotion
Moabit Musik 1982

の女性たちは、六〇年代や七〇年代のカウンターカルチャー的なあらゆるものの道徳的な正しさに抵抗を感じていた世代でした。パンクは彼女たちやディー・テートリッヒェ・ドーリス、グートがはじめたアインシュテュルツェンデ・ノイバウテンといった仲間たちにとって格好の排気弁だったのです」

「マラリア！が属していたシーンは素晴らしく活気に満ちていました。一九八〇年代の西ベルリンという、共産主義のドイツ民主共和国の数百マイル内側にあった、奇妙な、壁に囲まれた消費者主義のオアシスの島の、皮肉なブルジョワ的道徳の及ばない区域に隣り合って。あそこのアナキストのカウンターカルチャーでは、ものすごくたくさんのスクウォッティングがおこなわれていたんです」。ボーンは憶えている。

マラリア！はアウトサイダーでいることを喜んで受け入れた。グートルン・グートは「誰ひとりとしてお金を持ってなかった！」と笑う。ベッティナ・コースターは「当時は助成金がなかったし」と付け加える。「私たちはみんな貧乏だった。職のある人はみんなベルリンを離れていきました。あの街のアルコール消費量は国でいちばんでした。（地元のバンド）D.A.F.の男の子たちは、よくやって来ては酒瓶を取っていって売っていたものです。でも、あれは特別な時期でした。すべてが商取引なしだった。すべてがフリー《自由／無料》だった。商業的な面がないってことは、芸術的な面においてはいいことでした。画家にはギャラリーがなく、ミュージシャンには演奏する場所がなく、映像作家は自分たちの映画を見せたがっていた。そこで私たちは団結して、全部できる場所を見つけた。それぞれの分野の境界線を超えてね」。コミュニティがマラリア！を支えた。既に認められていた地元のバンド、タンジェリン・ドリームが自分たちのスタジオを使っていいと彼女たちに申し出て、最初のアルバムが制作された。それから彼女たちはブリュッセルの重要インディペンデント・レーベル〈レ・ディスク・デュ・クレプスキュール〉と組んだ。後にマラリア！はマスター音源を購入して、自分たちのカタログを自分たちで管理できるようになった。一九九七年、グートは自身のレーベル、モニカ・エンタープライゼズを立ち上げると共に、クレプスキュール傘下のモービット・ミュージックの経営者になった。二〇一七年にはアルバム『コロネル・シルヴァートップ』をリリースし、ふたたびツアーに出るようになった。

テクノの到来を何年も前から予感させていたマラリア！のミニマリズムは、さまざまな次元の音と戯れる。彼女たちはアメーバのように震える弾力性のシンセサイザーのフレーズを突き刺す。一定のリズムを野蛮に脈打つドラムは、コースターの神経質だが誇り高いヴォーカルに寄り添う。

注目！　注目！
金がこの世を支配する

新たな宗教、古い宗教
われらの信念はわれらの世界
われらの世界はわれらの金
われもまた魅せられるままに……

「この曲は拝金主義と役員たちが豪邸に住んでるような保険会社のパワーに異議申し立てをしていて、そのうえで（実利主義の）霧の中に迷い込んで誘惑されることについての曲でもあります」と、グートは説明する。「あと、もしそこまで飢えていなかったらどれだけ幸せだろうか、ってこと」

マラリア！の曲〝カルテス・クラーレス・ワッサー〟（〝コールド・クリアー・ウォーター〟）は後にベルリンを拠点とするアート・エレクトロ・パンクのフェミニスト集団、チックス・オン・スピードのアレックス・マレー＝レスリーとメリッサ・ローガンによってカヴァーされた。マレー＝レスリーの先導で編まれた彼女たちの二〇〇六年のコンピレーション『ガール・モンスター』は、エレクトロニカとポスト・パンクの女性たちの物語を最初に体系化して提示したものと言える。このアンソロジーは、女性の貢献を消去することによって文化的主導権を握っている支配的システムのやり方に抵抗する積極的行動だった。かつて『美の陰謀―女たちの見えない敵』の著者ナオミ・ウルフは、そのシステムのせいで「世代間のつながりはほぼ常に壊され続けている」と説明した。

グートは彼女なりのやり方でチックス・オン・スピードのような下の世代の女性アーティストたちを助け、そうした現象に抵抗してきた。タンジェリン・ドリームが彼女たちを最初のところで助けたように。マレー＝レスリーは説明する。「彼女は私たちが音楽をはじめるにあたっての大きなきっかけでした。グートルンは本当に私たちを励ましてくれた。それこそグループをまだ結成していない頃から。彼女は私がその頃ドア係として働いていたクラブ、ウルトラシャールに来ていて、早朝まで長いこと話し合いました。彼女は私たちにミックステープを作らせるとかの〝任務〟を与えて、それを彼女のラジオ局でかけてくれたんです」

ローガンはマラリア!を再解釈し、振り返る。「とても扱いにくい感じだった。それというのも曲の感触があまりにも支配的だったから。暗くて、歌詞はすごくクールで、興奮しているのと同時に少し**カポット**な（荒廃した）感じ。この感触はガール・パンク／ポスト・パンクの時代を伝えていると思います。恍惚としているけれどタフ、すっごくクールだけど身を切るような感じ」

＊＊＊

クールでいることはリアルでいること、というのはしばしば冷酷な文脈で言われる生き残りのテクニックである。ブッシュ・テトラズが鼻血の国、すなわち一九八〇年代ニューヨークのダウンタウンにおける仮の平等の区域よりも上のところの生活を観察して言うように。ジェンダーの平等は、たとえそれが完全なマニフェストではなくても、パンクゾーンでは少なくとも共通の理論的ゴールとして文化的に理解されていた。しかし、ミッドタウンの鼻血国よりずっと上の方、スクロギンス姉妹のミニマルなパンク・ファンク・バンド、ESG（エメラルド、サファイア、ゴールド）のふるさとであるクラックで荒れたハーレムと隣のブロンクスでは、差別の厳しさは段違いだった。敵対心を持つ人々の脅威はさらに身近で、とりわけ若者たちの場合、直接的に体に関わった。

ニューヨークは連邦政府からの支援を拒絶し、国民的立入禁止区域のような扱いを受けていたが、そこでひときわ禁じられていたのは上の方、すなわちハーレムとブロンクス地区だった。スクロギンス家は一九七二年のBBCのドキュメンタリー『ブロンクスは燃えている』に記録されているありふれた地獄に巻き込まれていた。そこに映されたアッパーマンハッタンは空襲の後のドレスデンのようだった——壊れた建物の骨組みの残骸が、抽象的な彫刻作品のようにぼんやりと浮かび上がる。多くの場合は保険金目当ての悪意の放火と大量殺人が、ギャングとドラッグ——コーク、クラック、エンジェルダスト——に引き起こされる暴力の最中で発生していた。スクロギンス家の子供たちの年上のほうの一部はそれらにはまったけれど、最終的には薬物の足かせから逃げおおせた。ともあれ、アートは逆境で花開くとよく言われているのを

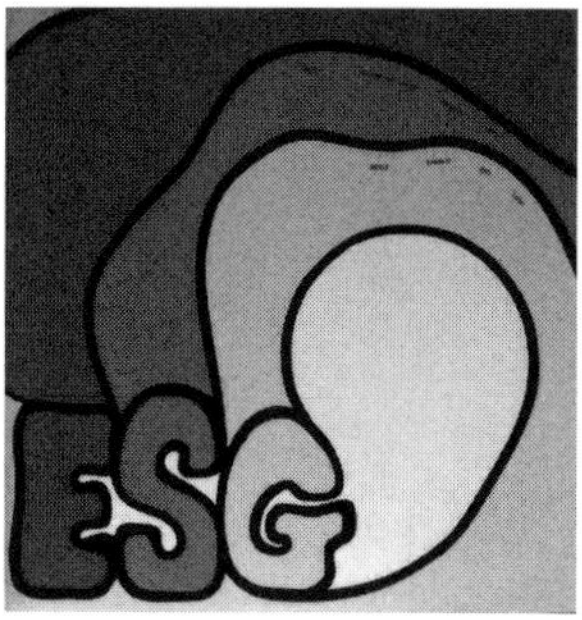

ESG
ESG
99 Records 1981

裏付けるかのように、ブロンクスは創造性を育む豊かな土壌であり、焼け落ちた集合住宅の跡をグラフィティが明るく彩り、サルサやメレンゲといったきらめく地元のラテン音楽がいつも人々の気分を上げていた。DJアフリカ・バンバータはズールー・ネイションを組織し、ヒップホップの夜明けにポジティヴなトライバリズムのアイデアを振りまいていた。破壊の最中にあるのは、再生。これはESGにとって幸先が良かった。新たな多言語文化の美学のメッセンジャーとして、彼女たちなりの音の橋をかけるのだ——とはいえ、その橋はそれ相応に危険である。

結成時のバンドはスクロギンス家の子供たち全員だった。シンガーのレネー、ドラマーのヴァレリー、ベーシストのデボラ、コンガとバッキングヴォーカルのマリー。保健所の職員だった母親は、テレビからの音楽にノッている娘たちを見て、彼女たちがいたずらに外を出歩かないよう楽器を買ってやるという思い切った手段を講じた。レネー・スクロギンスは指摘する。「あそこでは常に女性の方が苦労するものなの。あの頃、わたしたちが知っていた女性中心のグループといえば、すごくパワフルな歌手、パティ・ラベル（Patti LaBelle）のいるラベルぐらいだった。そして彼女たちは解散してしまった」

ESGはブッシュ・テトラズと共に、ニューヨークのダウンタウンのポスト・パンク／ニューウェイヴの輪の一部となり（ブッシュ・テトラズはESGを感化したのに加え、彼女たちにアンプを貸してあげたりもした）、〈マッド・クラブ〉や〈フラー〉といった一九八〇年代前半の語り草となっている箱に出演した後、その削ぎ落とされて張りのあるパンク・ファンクをヨーロッパに持ち込んだ。文字通り姉妹でブラックの少女たちだったESGは、彼女たちの世代においては唯一無二の存在であり、二〇一〇年代半ばのロンドンのビッグ・ジョーニーやスキニー・ガール・ダイエットといった、グルーヴを操るポスト・ファンク・パンクたちの祖先としても、もっと評価されていいだろう。

ESGは、地元のDJクール・ハークやバンバータがターンテーブル技術の新たな科学のうちに開発したのと同じ行程を、生楽器で効果的に実行していた。通例、曲のフックとコーラスを分けるリズム・ブレイクダウンのセクションを引き伸ばして、ひとかたまりのサウンドにするのだ。そうしてサイドディッシュがメインコースになる。

私はこの姉妹たちの（そして私の）所属レーベル〈99レコーズ〉のブリーカーストリート九九番地にある地下のオフィスで彼女たちに初めて会った。レーベルのボス、エド・バールマンが彼女たちのマネージャーだった。彼女たちはシャイだったけれど、明らかに確固たる意志を持っていた。狭い部屋の片側では輸入品とパンクを販売しており、もう片側はジーナ・フランクリンが販売するヴィンテージと地元で製造された衣類の宝庫だった。くつろいだ雰囲気だったのは暗がりの空間だったからかもしれない。似たような地下特有の親密さが、一九八一年の無駄なくピリッとした〝ムーディ〟における鳴り響くフィードバックにも宿っている。この曲はゆっくり燃え上がり、器用なミドルエイトのコンガ・ブレイクは強烈で、ESGがプロジェクトの窓から聴いていたラテンの響きをポスト・パンクに注入していた。懐かしい思い出は未来と共鳴し、この曲はアンダーグラウンド・クラシックとなってたびたびリサイクルされ、ハウス・ミュージックの定番ネタにもなった。その後、彼女たちはマンチェスターの先進的ダンス／インダストリアル・レーベルの〈ファクトリー・レコーズ〉に声を掛けられ、それからさまざまなインディーズの人々と協働して自身のネットワークを築いていった。ESGはくすぶっていたかもしれないが、決して消えることはなかった。二〇一八年には海外ツアーを敢行し、そのチケットは一年前に売り切れた。

「今日ではわたしたちにはなかった道があります。わたしたちがはじめた時にインターネットがあればよかったのにと思います。それはわたしたちにやる――会う――つながる自由をもたらしてくれたでしょうから」。レネーは考え込む。

わたしたちは99レコードと何の契約も結んでいませんでした。お金に関しては大したいかさまでした。わたしたちはただのブロンクス出身の幼いキッズで、ファクトリーから声を掛けられて一緒にレコードを作るのを喜んでいました。彼らはプロデューサーのマーティン・ハネットとのレコーディング費用を支払い、最初にわたしたちの三曲入りEPをリリースしました。わたしたちは誰とも契約していませんでした。それはわたしがずっと自由に自分のマテリアルをリリースできてきた理由のひとつでもあるのだけど。レコードはただ出されただけ——会計処理も、法的許可も、何もなし！　ＥＳＧの署名が入ったレコード契約は存在しなかった。ファクトリーとも99レコードとも。

若きレネーの無邪気さは、彼女がある日99レコードのブリーカーストリートの店に足を踏み入れ、自分のバンドであるＥＳＧのＥＰ（ファクトリー・レコーズのＵＫ輸入盤）を買うかと尋ねられた時、永遠に回復不可能な傷を負ってしまった。彼女はそのレコードが存在することすら知らされていなかったのだ。

スクロギンス姉妹はバールマンの99レコーズの倒産によっても経済的な打撃を負った。倒産の理由は、もうひとつの99レコーズ所属バンド、リキッド・リキッドが、グランドマスター・フラッシュ・アンド・ザ・フューリアス・ファイヴの一九八四年のラップ・ヒット、〝ホワイト・ラインズ（ドント・ドゥー・イット）〟に無断でサンプリングされたことをめぐる、シルヴィア・ロビンソンの〈シュガーヒル〉レーベルとのあの有名な法廷闘争が長引いたからだと言われている。「でもそんなの全部ウソ！」と、彼女たちを巻き込んだ無責任経営に驚愕しつつレネーは叫ぶ。この訴訟はそもそも起こされていないのだ。「あの経験から音楽ビジネスについてたくさんのことを学んだけれど、やっぱりきついレッスンだったわ！　あの時代については考えないようにしてる」。レネーの現実的な結論だ。

今では彼女は娘のニコラに息子のニコラスも一緒に演奏している。レネーはESGの一四周年ツアーに出る前夜、これが最後のツアーになる予定だと語る――しかしレコーディングは続けるつもりだ。「わたしたちは音楽とループを作り続けます。今ではわたしたち自身が権利を所有していて、それは本当にクールなこと。わたしはいつも若いアーティストたちに、音楽ビジネスは**ビジネス**だから、当然自分たちで舵を取らなくちゃいけないと言っているんです」

苦労の末に獲得した知恵である。ESGは会計上の搾取に並んで、数多くのラッパーたちからの名指されないオマージュも経験した――ウェブサイトwhosampled.comに掲載されているESGがサンプリングされた曲は四八〇件にも及び、そこにはJ・ディラやノトーリアスB.I.G.といった大物も含まれている。そうしてパイオニアたるESGは、一九九二年の12インチEPを「サンプル・クレジッツ・ドント・ペイ・アワ・ビルズ」(サンプル・クレジットはうちらの家賃を払わない)と名付けた。それに相応しく、ここには〝アーン・イット〟――このバンドの三つの代表曲のうちのひとつだ――のヴァージョン違いが収録されている。〝ムーディ〟同様、〝アーン・イット〟はいかにESGが最小限で最大限のファンクを作り出せるかを示している――わずかにマイナー調のひねりを加えたカチッと安定したベースは素早い鼓動を刻み、最初はカチャカチャした前のめりのドラムに遅れ、それから先に出て、レネーの厳しくも心のこもった声が繰り返す。

この人生にタダのものは何もない
あのドル札が欲しいのなら
仕事ってやつをやらなくちゃ、わかるでしょ、
稼がなきゃ

「あれはわたしの母から教えられた人生の大いなる教訓。彼女は六人の子供を育てた——時にはひとりきりでね。彼女はよく言っていたの。『レネー、あなたは何でもできる。あなたはやる気を出して自分を信じなくちゃいけない。もし欲しいものがあったら、外に出ていって手に入れなくちゃ』って。お膳立てしてくれる人は誰もいなかった。自分に対して敬意のないふるまいを誰にも決してさせちゃいけない——それがすべての鍵。立ち去るべき時は、どうぞそうして」。レネーは母の言葉をはっきりとこだまさせて言う。「あなたの品位にそぐわないやつは相手にしなくていい。わたしの方が選ぶの」

＊＊＊

選択する力はそれ自体が勝利である。独学で、よき師《ウー／メンター》もいない孤立状態から、ＥＳＧは未来を予言する独自のミニマルなファンクの音色を進化させた。日本の大阪から現れた少年ナイフ

少年ナイフ
It's A New Find
MCA 1997

同様、彼女たちの音は唯一無二だ。どちらのバンドもそれぞれに個性的な必要最小限のサウンドを持っている——そしてどちらも姉妹バンドだ。そのふたつの宇宙は美学的に正反対の位置で引っ張り合いながら共生し、回転している。ＥＳＧのうちにはざらりとした都市が鼓動し、うっすらと車のクラクションやサイレンも響く。一方、少年ナイフは気取らない茶目っ気あふれるパステルカラーの不思議の国ではしゃいでいる。もうひとつブロンクス／大阪の鏡映しの関係を伝える話がある。ＥＳＧの母親が娘たちに楽器を買い与えたのは、音楽をプロジェクト暮らしの気晴らしと考えてのことだった。一方、山野の母は娘のなおこがギターを持って家の中をうろついているのが好きではなかった。しかし、喝采が浴びせられるうちに理解して、家族は明らかにこのグループが長きにわたって活動を続けるにあたっての重要な要素となった。姉妹はふたりとも母親であり、なおこは、子供たちをロックンロール・ツアーに連れて行くのは難しいこともあると語る。「私たちの場合、自分らでなんとかしてるけど、それでもやっぱり難しい。とはいえ妹とバンドをするのは気楽。ツアー中のホテルで同じ部屋でもリラックスできるから」

だが、少年ナイフの控えめながら茶目っ気のある態度には、都会生活の実用性の流れも潜んでいる。一九九〇年代のデジタル情報の氾濫に際し、ミュージシャンたちがそれまでの収入の流れを新たな手段で回復しようとグローバルな戦いを繰り広げる中、一九九二年、既に一〇周年を迎えていたこのグループのシンガー／ギタリストである姉なおことドラマーの妹あつこは、友人のベーシスト中谷みちえと共に、〝イッツ・ア・ニュー・ファインド〟でエコ倹約《フルーガリティ》の教訓を伝えた〔シングル盤「イッツ・ア・ニュー・ファインド」のリリースは一九九七年〕。

それはシンプルな気づきからはじまった。「くつしたを洗う時、ひっくり返すとすごくきれいになる。洗う前にくつしたをひっくり返しておくことは私にとって〝新発見《ニュー・ファインド》〟だな、と思いました。それでこの曲を書いたんです。歌詞を書くにあたって主題の〝ニュー・ファインド〟を広げていきました。新しく見つけたものごとについて考えて、その例をたくさん作り出したんです。この曲は新しい服を買うこととは何の関係もありません。とにかく、私は〝ニュー・ファインド〟があるといい気分」と、なおこは語る。彼女たちの禅のアプローチ、人生の小さな喜びに満ち足りた様子は、無邪気なオープンコードとメジャースケールのメロディーのうちに輝いてわらべ歌のように鳴り響く。小さな発見と感謝は人をより幸せにする日々の喜びであり、したがってポジティヴな相互作用を招く。

ポケットの中の楽しいものを触って
くつしたをひっくり返して洗って
昔のださい服でかっこよくきめて
あなたの人生には何か違うものがあるはず

それは新発見、それは新発見
それは新発見、それは新……

そう英語で歌う少年ナイフの楽しさは男性に占拠された日本のパンク・シーンへのしゃれた応答として熱烈な支持を獲得し、すぐにロンドンとニューヨークからの声援が東京に、そして大阪に届いた。彼女たちの発想はシーガル・スクリーミング・キス・ハー・キス・ハーなどの同時代のバンドや、同じく大阪の住人で二一世紀に登場したおとぼけビ〜バ〜らを励ましてきた。

「抑圧的な階級構造と愚かなレコード業界に対抗して起こった西洋のパンクに対し、少年ナイフが反逆するのは日本の硬直したジェンダー機構だ」と、日本の音楽にまつわる執筆・広報活動をおこなっているジャーナリストのダニエル・グルンバウムは記す。

若い女性がギターを振りかざし自分で曲を書くというのは、一九八〇年代の日本では事実上前代未聞の発想だった。当時は搾取的な〝事務所〟が音楽業界を支配していたし、それは現在も続いている。少年ナイフの革命は、自由な喜びをもってシンプルに自分自身を表現することだった——そして彼女たちにとって憧れの存在であるザ・ラモーンズがしたように、彼女たちは抵抗し難い熱意でもって、日本のアンダーグラウンドな〝ライヴハウス〟シーンの荒野に幾多の女性ロックバンドを放つことになった。少年ナイフは〝男〟に抗議していたわけではないし（食べものについてのおかしな曲を書いていたのだ）、彼女たちが自分たちのことを何かへの抵抗と見做していたとは考えがたい。彼女たちの革命は彼女たちが言ったことにではなく、やったことにあるのだ。

ソニック・ユースをはじめとする欧米のインディー・ロッカーたちは、少年ナイフと、あつこが作るお揃いのポップアート的衣装にも見られる彼女たちの永遠のティーン的ペルソナに飛びついた。なおこ曰く、「自分たちのイメージを特別な狙いのもとに作ったことはありません。ステージ上でユニフォームを着るのが好きなんです。これはエンタテインメントだから」。彼女たちは少女的なファンタジーを、単純さゆえにちょっといかれた快感を引き起こす見たところ無邪気な歌で表現する。

「日本ではあらゆるもののメインストリームが東京だけど、私たちは大阪出身で、そこのところはすごく独立してるんです。西日本の価値観は東日本とは違うと思います。私たちは特別でユニーク。大阪の人たちはかっこつけてなくてフレンドリーな人が多い。大阪人にとってはうわべより中身のほうが大事なんです」と、なおこは説明している。

＊＊＊

少年ナイフが持つ大阪人の現実的な視点が伴った愉快な気分は、人が危うい状況に陥った時にも助けになる。パンクの第一波は予想される通り経済階層の最底辺のあたりに落ちており、独身女性たちは新たな貧困の穴で生き延びるためどうしようもなく危険行為へと向かいがちだった。創意工夫は必要不可欠だった。一九七九年のスリッツのアルバム『カット』に収録されている〝ショップリフティング（万引き）〟は、少なくとも一部の仲間にはおなじみだったに違いないシナリオをあざやかに描いている。CCTVの監視カメラがなかった時代にはうまくいっていた、集団で店に入って店員の注意をそらす古い手口だ。もちろんそこにはもうこれ以上ない正当化も含まれている。「バビロンが失うものはほぼ何もない／あたしらは夕食にありつける」と、アリ・アップは歌うのだ。

とっつかまる前に素早く逃亡することを意味する英語のスラング――「ドゥー・ア・ラナー！（ずらかれ！）」――が、声を合わせて叫ばれる〝ショップリフティング〟のサビだ。スリッツのベーシスト、テッサ・ポリットにとって、この一節には別の意味もあった。「うちの娘の父親ですばらしいベース奏者だったリップ・リグ・アンド・パニック（ネナ・チェリーとのバンド）のショーン・オリヴァーや、わたしの親友でザ・ベル・スターズのジェニー・マチアスといった人々にも起こっていたことです。あの頃、ブラックかミックスレースの人々は誰でも路上でたびたび人種差別的な攻撃を受けていました。闘うか逃げるか、それは生き残りの問題

The Slits
Cut
Island 1979

でした。相手は人種差別主義者だったり警察だったり。たったひとりが集団に襲われることもありました。挑発的で暴力的な時代だったから、機敏に動けなきゃいけなかった。……走れ、ずらかれ!!!」

ポスト植民地主義時代の英国文化の薄汚れた暗黒面へようこそ。資本主義の誘惑、すなわち楽しさ／幸せ／幸福／満足といったものはお金があって初めて享受できるものであり、なければ喜びもないという考え方の裏側だ。もちろん、誰しもが灯りをつけておく必要があるし、それは明るくなくてはならない。しかし用心深くなりすぎると、人々はチャンスを掴めなくなる。結局のところ、どこからどこまでが〝十分〟もしくは〝不足〟だというのか？　あれこれ手を汚すことの女王たち、ザ・スリッツはそんな疑問を投げかける。

彼女たちは本当に原型《プロトティピカル》となる女の子たちだった。スリッツはガール・パンクの出発点となった始祖であり、〝ティピカル・ガールズ〟はそのさらなる発育を促すアンセムとなった。スリッツの演奏を見る経験は、同じくパイオニアであるレインコーツにさえ影響を与えた——そして筆者にとっても、この強烈なグループは音楽的代理家族となった。一九七六年、私は彼女たちが使っていた猫臭い地獄の落とし穴の様相の地下の練習室で、『サウンズ』に載る彼女たちについての記事を書いた。アリ・アップは一四歳で、バンドは結成されたばかり。彼女たちがそのはちゃめちゃな輝きでニューヨークのウェブスター・ホールの観客を驚かせた時にも私はそこにいた。まもなくスリッツの一員となるネナ・チェリーがロビーの物販コーナーにいて、パンクのマーケティング・ゲリラことベター・バッジズ製のスリッツのバッジを売っていた。私たちは〝スペース・イズ・ザ・プレイス〟を歌うジューン・タイソンの電磁気のような声に先導され、古ぼけて既にガタが来ているこぢんまりした劇場の通路をサン・ラが悠々と歩いてくるのを畏敬の念をもって見上げた。こうしたスリッツの自由奔放なトライバリズムは、ジャーナリストと取材対象のあいだの第四の壁をやすやすと破壊して私を引っ張り出し、その結果、私はトレンディになる前の一九七〇年代のグラストンベリーからジェントリフィケーション前の一九九〇年代のブルックリンにあった知る人ぞ知る箱まで、さまざまな会場でステージに飛び乗って彼女たちと共演することになったのだった。

ポスト・パンクの特徴的な引っ掻くような無調のギター、そしてジャマイカのダブの空間性と神秘性に浸った彼女たちのサウンドには、まさに〝パンキー・レゲエ〟の瞬間が凝縮されている。現在も強力な音楽作品を録音し続けているギタリストのヴィヴィアン・アルバーティンは、彼女の回想録『服、服、服、音楽、音楽、音楽、男子、男子、男子』で振り返っている通り、最初は当時のボーイフレンドだったクラッシュのミック・ジョーンズにギターを教わった。彼らとセックス・ピストルズは共にスリッツの友人だった。彼らの初期のマネージャーで友人でビデオグラファーのドン・レッツは、スリッツがクラッシュと一緒にツアーに出た時、ものすごくうるさくて――女の子にしては――異常だったため、驚いたバスの運転手が彼女たちを乗せずに出発しようとした話を楽しそうに語る。三人組は全員が強烈な個性の持ち主で、それぞれにファンがついていた。テッサ・ポリットは気怠い雰囲気のなまめかしいベーシストで、ステージ上では前がどれだけ激しく暴れていてもお構いなしにグルーヴを維持していた。ヴィヴ・アルバーティンはブロンドの子で、チュチュやリボンを身にけ、三人の中で最も女の子っぽかった。彼女は繊細に歪みながらも噛み付くようなギター・サウンドを開発して大きな影響を与え、〝スペンド、スペンド、スペンド〟の歌詞も書いた。スリッツの曲としては珍しくしっかりアレンジが施された〝スペンド、スペンド、スペンド〟の**ビアケラー**〔ドイツ語でビール貯蔵庫〕風コーラスは、クルト・ワイルによる戦前のベルリンの音楽を彷彿とさせる。もしかしたらアリ・アップの疎遠だった父、クルーナー歌手フランク・フォースターへの先祖返りが発生しているのかもしれない。しかしながら、プロデューサーのデニス・ボーヴェルによるダブのヴィジョンは、ミニマルなサウンドの要素それぞれをうまく配置して鳴らしている。バッジー（後のスージー・アンド・ザ・バンシーズ）が叩くドラムは、ぶっきらぼうで予想外だ――まるで心臓の鼓動がずれたかと思うと持続するように。アルバーティンのギターはいつも耳障りで、不安の電気ショックのように突き刺さり、時にポリットの確固たるベースと会話するように自由に形をなすアップの野放図なさえずりを倍に膨らませる。バビロンから逃げるように息を切らしながら、アップは自分自身の衝動に対する魅惑的な恐怖の渦に巻き込まれていく。コーラスに入ると彼女の声は内緒話のように低くなって、まるでジャンキーが見知らぬ町でバーにいる誰かにどこならえるかを尋ねるようだ。

あたしは買いたい
（魅せられた？）
慰めが必要
（中毒かも）
新しいものが必要……
この空っぽの気持ちを満足させたいの

「あれはすごく貧乏でいること、外から中を覗くアウトサイダーでいることについての曲でもある。ドン・レッツが作ったビデオには、かつて私が窓の内側を眺めて他の人々がどんな暮しをしているのかを学ぼうとしていたことが反映されています。それは別世界でした」。アルバーティンは振り返る。「とりわけ私には、彼らがカーテンを閉めていないこと、つまり何をして、何を着て、どんな風にふるまっているのか外の通行人に見えてしまってもまるで平気でいるのが信じられなかった。私の家族は人に見せるにはあまりにも暴力的かつ貧乏すぎだったから」
アルバーティンの育ちはアリ・アップのそれとはだいぶ違っていた。アップは常にラガマフィンや苦しんでいる人々の側についていたとはいえ、裕福なドイツ出版業界の大物の家庭を飛び出した人物の二世だった。彼女のスタイリッシュなドイツ生まれの母親ノラは、短期間だがジミ・ヘンドリックスのプロモーションをしていたこともあり、複数の世代を横断するロンドンのポップシーンの〝顔〟だった（彼女は後にジョン・ライドンと結婚し、したがってセックス・ピストルズとパブリック・イメージ・リミテッドの創設者はアップの継父になった）。

ネナ・チェリーは一九七〇年代末にスリッツに参加したパンク的ヒップホップ・エレクトロ・ジャズ・アーティストで、彼女の育てられ方は、まるでオーネット・コールマンと共演したトランペッターの継父、ドン・チェリーが切り拓いた自由に流れるようなスタイル、ハーモロディックのようだった。ネナとアリ・アップは即**シストレン**（ジャマイカの仲間内の言葉で〝シスターフレンド〟）になり、どちらもすごく若いうちから人前でパフォーマンスして――そして子供を産んで――いた。ネナは言う。「今になってみて、自分があれを前よりもっと深い部分で聴けていると思います。スリッツはアヴァンギャルドだったから。彼女たちの音楽には私自身がどう育ってきたかを感じられます。彼女たちは私の人生の旅の大きな一部分でした」

アップの場合、人生の航海には常に嵐が吹き荒れていた。二〇〇九年、最後のアルバムとなった『トラップド・アニマル』のリリースに合わせて私がインタビューした時、アリは激しい口調で「あたしは人生ずっと囚われているように感じてきたし、自由のために闘ってきた」と語った。

青い目を大きく開き、ドレッドヘアをパイナップル状にまとめ、バビロンと社会のしきたりの〝罠〟から身を躲し続けてきたアップは、熱っぽくカリスマ性に溢れていた。一九七〇年代、ジャー・シャカの雷のようなダブ・レゲエ・サウンドシステムのダンス・パーティでは、本気のドレッドたちはみんなアップの重く勇ましい〝ステッピング〟に目を見張っていた。当時の運動能力を要するカポエイラ型のダンスだ。彼女は並外れた人生の道のりを行き、一時期はベリーズのジャングルで子供たちと暮らしたり（「あそこの素晴らしい、自由な精神の人々」と彼女は語った）、キングストンの最先端の倉庫エリアでダンスホール・クイーンとして〝メデューサ〟と呼ばれたりした。ポリー・スタイリンが乳がんで亡くなってから一年も経っていなかった二〇一〇年、アリ・アップも同じ病に倒れた。女パンク・ムーヴメントにとっては二重の打撃だった。

スリッツの結成は、アリにとって初の罠からの脱出の試みだった。ノラはバンドにとって初期のアジトの主だった。テッサ・ポリットは一八歳で、スクウォットを転々としていた。あるところでは配管設備がなかったので、彼女は「開いていたら隣のパブを使う、それかあんまり食べない」ようにしていた。彼女は言う。「すごくおなかがすいている時は早起きして、ドアの前に牛乳瓶が一本より多く置いてある家を見つけて、まあ一本ぐらい消えていても気にしないだろうって——たぶん牛乳配達が運び忘れたんだなと思うでしょ！ 時には一パイントの牛乳がステーキと同じ食事になるわけ！」

アップはまだ実家暮らしで、ポリットはよくそこに身を寄せていた。ノラはポリットに食事を与え、彼女にとって最初の一本となるベースをセックス・ピストルズのギタリスト、スティーヴ・ジョーンズから譲り受けてきた。ポリットはスクウォットでパーモリーヴとの同居も楽しんだ。スリッツの最初のドラマーで歌詞も担当したスペインの女の子だ。彼女はちょっと前までシェパーズブッシュにあった別のスクウォットに、後のクラッシュであり当時ウッディと呼ばれていたボーイフレンドのジョー・ストラマーと住んでいた。

「わたしの世代の人の多くは若いうちに実家を出たし、それなりの期間、仮住まいできる使われていない物件を見つけるのも難しくなかった。近頃はそんなに簡単じゃなくなって、ホームレスの数も増えています」と、ポリットは述べる。

当時も今と同様、大多数の人々にとっては、貧困と負債のサイクルから抜け出すことはほとんど不可能に思われていたかもしれない——とはいえ希望は常にそこにあって、人々を生きさせていた。脱獄路を見つけた者たちは、たとえそのおこないが犯罪まがいであっても、ずっと同じ古い車輪に囚われ取り残されている人々の一部から嫉妬と羨望のまなざしを浴びることになった。だから後期セックス・ピストルズはブラジルで、悪名高き大列車強盗こと異国に逃亡したお尋ね者のロニー・ビッグスとつるんだのだ。そして、それとはだいぶ違うものの、ヴィヴ・アルバーティンもある上の世代のブロンド女性に魅了された。彼女は一瞬システムを打倒したかのように見えたけれど、じきに全部を台無しにしてしまう。アルバーティンのお気に入りのヴィヴことヴィヴ・ニコルソンは、一九六一年に二番目の夫がサッカー賭博で一五万二三一九ポンドを勝ち取った時点で四人の子持ちだった。

小切手を受け取りに行く道すがら、ヴィヴ・ニコルソンはレポーターたちに向かって、ヴィヴ・アルバーティンが曲のタイトルに拝借することになる名言を口にした。これから湯水《スペンド、》のように金を《スペンド、》遣って《スペンド》やると自慢しながらニコルソンが履いていたストッキングは、仕方なく妹から借りたものだった。まるで病気の家族の面倒を見ることに費やされたニコルソンの貧しく飢えた子供時代の埋め合わせをするかのように、この夫婦は後先考えずに金を遣いまくり、それは全国的に注目を集めるスキャンダルとなって嫉妬を引き起こした。しかしギリシャ神話のイカロスのようにすべては崩れ落ち、ニコルソンの叶えられた夢は彼女を壊した。大当たりを引いてまもなく彼女の夫は事故で死亡した。そこに至ってもなおニコルソンは満足しなかった。残った現金を溶かし尽くし、気づけば彼女はすっからかんになっていた。間違いだらけの教訓的な話ではあるが、アルバーティンがあの曲を書いたのは名前の偶然の一致だけが理由ではない。

ヴィヴは言う。「あれが起こった時、私は一二歳ぐらいでした。彼女は一五分間だけ有名だったけど、私には強烈な印象を残しました。たいした威勢とすばやいウィット。新聞では彼女は不埒で衝撃的とされていました。すごく率直に物を言って、軽薄で、『母に家を買ってあげますわ』みたいなことを言わなかったから。あの頃はロールモデルも刺激的で不適切な女性も見つけるのがとても難しかった。私は**フッパー**〔厚かましさ、大胆不敵。イディッシュ語から〕ってやつを見せてくれる人なら誰だろうと飛びついたんです」

「最初のうち、お金を遣うこと、物を買うことは、私にとって自分自身をなだめる手段（自己鎮静化）になりました。でも同時に私はそのことと資本主義の貪欲な性質全体を恥じるようになった。私がこの曲で半ばからかいつつ強調しているのは、そういうこと」。彼女は続ける「〝スペンド、スペンド、スペンド〟が書かれた一九七〇年代後半の中頃、資本主義はUKの労働者階級にとってはまだ新しめの概念だった。サッチャーは一九七九年に権力の座に就こうとしていて、私たちが今もなお身を捧げてしまっている感じの道を、人々に歩ませようとしているところでした」

＊＊＊

ヴィヴ・アルバーティンは社会の転換点について説明している。ダビデがゴリアテの武器を変えさせるように、社会の政治意識の振り子は左から右、そしてまた左へと非対称に循環しながら休むことなく動き続けている。自らの尾を食う古代の神話の偉大なる蛇ウロボロスのように、本来は別々の「極」であるはずの両極どうしが、たいていは出会う。まるで地球が本当は平らだったかのように。スリッツの音楽は次のアルバム『アースビート』で、さらにダビーでスペーシーなものとなっていく。その後、彼女たちはしばらくばらばらになって、アリは何よりもまず一九八〇年代の物質主義への抵抗としてベリーズへ向かった。不満をそこまで徹底的に表明することができない者たちは、気づけば**スタッフ**の所有によって適応しろという新たな圧力に慣れていった——会社持ちの経費にファイロファックスにパワー・ドレッシング〔*〕、電話帳サイズの携帯電話、住宅ローンにデザイナーズブランド。こうしたものが突如として自分の価値を見積もるにあたっての指標となったのだが、つい最近になってそれは軽蔑の対象に変わった（大型の携帯電話に関して言えば存在しなくなった）。右傾化を押し進めたのはレーガンとサッチャーだけではない。ゴルバチョフのグラスノスチはロシアの連邦構成国間の結びつきを緩め、一九八〇年代末には伝統的共産主義は崩壊に至った。そのすぐ後には中国でも、長きにわたって禁じられてきた資本主義の果実と贅沢品への熱狂的な欲望が放たれたのだった。

「私は貨幣に反対しています。それは存在するべきではありません」と、モスクワのプッシー・ライオット・コレクティヴの作曲家兼キーボード奏者、ナスチャ・ミネラロワは言う。「だから私は妥協しなければなりません。私にとって音楽は、お金とはまったく無縁の領域です。私はその創造性と共同体的な側面を高く評価しています。それをするのは自分が本当にやりたいからであって、自分の時間を、たとえばチョコレートと交換したいからやるわけではありません」と、彼女は続ける。「私にとってこれは幼かった頃からの人生の鍵となる考え方です。できる限り、自分の心をあらゆる影響から自由にして、そこで自分が達成したいのは何なのか

* 八〇年代にキャリアウーマンの装いとして流行したファッション。肩パッドの入ったスーツなど。

Pussy Riot
Убей сексиста
(Self-released) 2012

を把握し、それを実行する。それこそがまだ誰もやったことのない新しいことをするための唯一の方法だと私は信じています」

彼女はゴルバチョフによる消費者主義的改革からの連鎖反応が、二〇年にわたってプーチン政権下の社会にも影響を及ぼしたことを憶えている。「二〇〇〇年代に入ると、ロシアでもアメリカのような巨大な給与に巨大なスーパーマーケットが見られるようになりました。休暇には熱心にマイアミやプロヴァンスに行き、外国料理を食べ、パコ・ラバンヌを身につけ、アメリカンアパレルを着ていました」。彼女は言う。「しかし、世の流れが愛国心と宗教——ロシア正教会——に向かった途端、誰もが自分たちのフォルクスワーゲンやメルセデスに〝ベルリンからのトロフィー〟と書きはじめました……まるで高価な新しい車が一九四五年に赤軍がベルリンを征服した際の戦利品であるかのように」

新世紀の訪れと共にプーチンのロシア支配がはじまった時、彼の使命はそれまでの腐敗したオリガルヒたちを一掃することに加え、グラスノスチを後退させて、じわじわとロシアへの再統合に向かわせることだった。彼の戦略には、共産主義の下では禁じられていた教会と国家との結びつきを強化することによって、いにしえのロシアの国粋主義者の魂を召喚することも含まれていた。そのうちロシア正教会は再び警官隊としての姿をあらわし、それに伴って、女性のリプロダクティヴ・ライツ〔生殖に関する権利〕は豊かな国々の進歩的な人々にとっては野蛮に見えるほどに制限されていった。プッシー・ライオットのメンバーのような自由思想の女性たちにとって、プーチンとモスクワおよびロシア全土の教会の指導者であるキリル総主教の親しい関係は、まさに汚れた同盟だった。

モスクワの大聖堂が、プッシー・ライオットが国際的な注目を浴びるきっかけとなったアクションの舞台となった。すなわち二〇一二年、見事に実行された〝ア・パンク・プレイヤー〟の、ゲリラ・フラッシュ・パフォーマンスだ。プッシー・ライオットのメンバーのうち、ナージャ・トロコンニコワとマリア・〝マーシャ〟・アリョーヒナのふたりは、遠く離れた地の残忍な刑務所へと送られた。この衝撃的な投獄以前からモスクワの他のゲリラ・アート・ムーヴメントに関わっていた彼女たちは、シチュエーショニストの精神に則って、クラブだけに限らず、自分たちが反対しているものの決まった流れを乱すことができる場所ならばどこであろうとアート・アクションを起こしていた。その標的は〝ア・パンク・プレイヤー〟の時のように宗教だったり、〝クロポトキン・ウォッカ〟のビデオで示されているように共産主義の後にロシアのエリートたちを動かしてきた偽善と消費者主義の積極的容認だったりする。そしてこの神話的なウォッカの役割は、新たなる革命を起こすよう人々を促すことだ。

キッチンのフライパンで街を占拠
掃除機を手に遊び、ずらかる

警察乙女部隊を誘惑
裸の警官たちは新たな改革を喜ぶ
性差別的体制順応者に終わりを!
性差別的プーチン支持者に終わりを!

収監の試練を経験し、続いて国際的にニュースの見出しを飾った後、アリョーヒナは『革命』と題した演劇作品を制作した。これはミュージカルというよりはむしろオーディオ・ヴィジュアル・マルチメディア・ナラティヴ・ミュージカル・パフォーマンスである。少人数の出演者にはAWOTTというバンドのメンバーふたりが含まれていて、そのキーボード奏者ナスチャ・ミネラロワはプッシー・ライオットにも参加していた。このバンドの古くからの関係者は、「実際の音作りに関してはナスチャに聞いて」と打ち明けた。複雑でエモーショナルな作品の舞台上で、彼女は強い存在感を示していた。

刺すように簡潔な言葉で語られる、背筋の寒くなるパフォーマンスは、このバンドがなぜ、またいかにしてフェミニストの怒りと抗議に焦点を絞るようになったのかを思い起こさせながら突進する。本書に登場するアーティストの大多数とは異なる経験として、ロシアや東欧のアーティストは、性差別と闘うというより、支配的なシステム全体を相手に男性も一緒に闘うことに時間を費やしている傾向がある。「ジェンダーで分けるのはつまらないと思います。プッシー・ライオットのメンバーは女性だけではありませんでしたし、誰もメンバー候補のジェンダーをチェックしません。プッシー・ライオットは正統的なフェミニストたちへのいたずらであり、よくあるようにふたりの人間の友情から生まれたものです。正直なところ、パンクは関係ないと思います。女性は自らの存在理由ないしはその中心となるものとして男性を必要としない時、自由なんです」。ロシアの女性たちは依然として数々の問題に直面しているものの、フェミニズムはよく知られており、女性たちは一九一七年の革命以降ずっと男性と肩を並べて働いてきたのだとミネラロワは説明する。「女性たちは子供を産んで数日後には職場復帰します。働いている場所が工場であろうと劇場であろうと」

二〇一三年のプッシー・ライオット・ドキュメンタリー『ア・パンク・プレイヤー』のアソシエイト・プロデューサーでもあるロシアのジャーナリスト、ゼニア・グラブシュテインは、私がこのバンド（およびコロンビアのフェルティィル・ミゼリア）と連絡を取るのに協力してくれた。彼女は述べる。「私たちはこの厳しい時代にあって、よくよく注意しなければなりません。なぜなら人々は家父長制がその方針を推し進めるのに利用されてきたのと同時に、誰もがしょっちゅう内輪もめを起こしているから。けれど私の経験では、女たちと男たちはより大きな邪悪に直面した時、それぞれの違いをひとまず置いて団結します。目指しているのは闘って勝つことですから」。彼女は続ける。「個人的には、私は幼い頃から自分が特定のジェンダー・アイデンティティを引き受けることにある種の混乱を感じていました。なぜなら私は自分のことを、何よりもまず自分なりの野望と大志を持ったひとりの人間だと感じていましたから」

ミネラロワも同じだ。「私は自分自身のことを女性としてはあまり考えていません。私は母と育って、父も継父もいませんでした。女ー男の行動パターンに馴染みがないんです。かつてはそのことが自分が進む道の妨げになっていると思っていたけど、ある時わかったんです。あらゆるステレオタイプが不在だということが、私を自由にさせていました」と、彼女は語る。

一九九〇年代の商業的で強欲な男性プロデューサーたちの偽りの最前線部隊を務めていたということでスパイス・ガールズを叩くのはよしておこう。キャスリーン・ハナとライオット・ガールたちからパクった彼女たちの偽造「ガール・パワー！」スローガンは、皮肉抜きでロシアのミネラロワたちの世代の心を動かした。最初にビートルズが彼女を感動させ、次にスパイス・ガールズ、そしてソニック・ユースとピクシーズがミネラロワの音楽的故郷となった。彼女はキーボードの前には、ソニック・ユースのキム・ゴードンとピクシーズのキム・ディールに感化されてベースを弾いていた。エモーショナルなフリージャズのキーボード奏者、アネット・ピーコックについて、ミネラロワは語る。「LP『バック・トゥ・ザ・ビギニング』のジャケットでの彼女の嫌そうな笑顔を見て、女性にはシャイでいる権利があることを理解したんです」

作詞作曲を担当するナージャ・トロコンニコワとカーチャ・サムセトヴィッチは、ポパイがほうれんそうを呑み込んでパワーアップする如く、変化のために闘う力を弱き者たちに授けよと祈り、ピョートル・クロポトキン（一八四二―一九二一）にちなんで名付けられた神話的な酒を持ち出す。貴族の家からも軍からもドロップアウトして競争より協働を選んだ彼は、アナキズムの創始者のひとりであり、クラスのヴィ・サブヴァーサを感化した人物でもある。「クロポトキン・ウォッカは抗い、燃やし、破壊せよと人々を焚きつける酒」と、ミネラロワは言う。

彼女は正式の音楽教育を受けていなかったが、ミネラロワの才能はクロポトキン・ウォッカが手に入ろうとなかろうとお構いなしにそこにあった。この猛烈な曲は最初からざわざわしたギターとドラムの大きな顎でリスナーを摑まえ、揺さぶる。匿名のヴォーカリスト――理念としてはだが、プッシー・ライオット構成員は全員無名のままで、そのためにあの有名なバラクラバ帽で顔を隠している――は、バビロンの顔をひっぱたくように歌詞を叫ぶ。サイレンが鳴り響き、曲はユニゾンで叫ばれるクライマックスへと向かう。この激しい曲はたとえ途中で突然止められたとしても意味が伝わるように構成されている――たとえばこのビデオの中で起こっているように警察によって解散させられるとか。曲の構成はこれがうっすらと似ているサーフロックの45回転盤のように歯切れよくタイトだけれど、大量のリタリンを食っている。

「二〇一二年に〝クロポトキン・ウォッカ〟を制作した時点で、私とAWOTTのマキシム・イオノフは既に六年ほど一緒に音楽活動をしていました。私はコルグのシンセサイザーでクールなビートを作ってベースを加えました。マキシムはキーボードで協力してくれました――

軽やかで、はっとするようなメロディー。彼には感謝しています。私はクールな曲を作る方法をほとんど知らなかったし、作りたいとも思っていなかったから」と、ミネラロワは言う。「二〇〇〇年代から二〇一〇年代のロシア人にとって、パンクはまだエキゾチックで人工的なもの、ステレオタイプの集合体でした。でも、あなたたちのいる欧米でもアーティストが演奏しようとなったら同じことになるのでは？　ナージャとカーチャはもっと年代物の雰囲気を求めていて、ギターが必要だった。私はアタリ・ティーンエイジ・ライオットが好きでした。彼らは最もクールで、最もラウドで、最も反抗的なサウンドを最小限の楽器で出していました。たくさんの歌詞、ラウドなビート、耳をつんざくシンセサイザー。声とサンプラー。私は思いました。これこそプッシー・ライオットが路上でパフォーマンスするにあたって進むべきミニマリズムの方向性だと」

ミネラロワによるプッシー・ライオットのサウンドのレシピは試験使用を経て、〝クロポトキン・ウォッカ〟の街頭アクションで見事に成功を収めている。その映像は熱心なアクティヴィストたちによって撮影された。「何も準備されていなかったし、撮影用のセットもなかった」と、ミネラロワは言う。「ギターをどうやって弾くのかも誰ひとりわかっていなかった」。プッシー・ライオットは彼女たちの目印となる原色の衣装と明るい色のバラクラバ帽を身に着け、曲を一発くらわせると盛り上がる観衆にスプレー消化器を浴びせ、できる限りの即興芸をやり、当然の成り行きでこのサプライズ・イベントが強制的に止められるまで、すべての瞬間を掌握した。この暴動的アジット・ギグには、派手かつ逃走しやすい服を着たバラクラバ帽の女たちが、高価なハンドバッグでいっぱいの白と金を基調としたお上品な高級ブティック――それは旧来の指導者たちに代わって力を握ったロシアのエリートたちにとっての新たな贅沢の神々だ――でポゴダンスを踊り、消費者主義に襲いかかる映像も挿入される。

「私は女性を特別な人間のカテゴリーに入れませんし、パンクを一般的な音楽と分けもしません。現在の区分けは時代遅れです。そう思いませんか?」。ミネラロワは以下のように締めくくる。「私たちはすべてをひとつに融合して、それからもっと現代的な新しい存在として分けていくべきだと思うのです――音楽のスタイルも、ジェンダーも、あらゆるかたちのアートも、宗教も、そしてこの世界のすべてのお金も。ショッピングは自分たちの生きる喜びの欠如を埋めようとして、ある程度のお金を持っている時にすることです。私はパンクとして極限までいきたい。それは私たちの愛からではなく、退屈から生じているのです」

＊＊＊

ポスト共産主義のロシアでも、ポスト・パンクのニューヨークでも、イングランドの風光明媚な南岸にある比較的落ち着いたヘイスティングスでさえも、ローマのストア派哲学者ルシウス・セネカが**テディウム**と呼んだ死に至る気持ち――すなわちミネラロワが退屈と呼んだ倦怠

Maid Of Ace
Maid In England
(Self-released) 2016

感と無関心——は、パンクの受動的エンジンとして宣伝されてきた。しかし、これはシングル盤の裏面であり、表も同じ一枚のレコードには変わりない。この言葉の先に耳を傾けてみよう。プッシー・ライオットと、メイド・オブ・エース（Maid Of Ace）が二〇一六年に発表した〝メイド・イン・イングランド（Made In England）〟の両方から湧き上がってくるのは退屈の反対だ。後者の鋭く響くギターが上昇するリフには、「オプティミズム！ 明日！」の叫びが聴こえる——すなわち地域の権限や自律的な国益さえも覆そうとしている、企業化される一方のグローバルエリートたちへの反抗的嘲りである。

これについては、パンクには批判する理由がたくさんある。

メイド・オブ・エースは、全員がACEの頭文字で揃えた姉妹たちだ。シンガーでソングライターのアリソン・〝アリ〟・カラ、ギタリストのアンナ・コーラル、ドラマーのアビー・シャーロット、ベーシストのエイミー・キャサリン——エリオット姉妹たちは遺伝子上の四人組《ギャング・オブ・フォー》である。

熱に浮かされて突進する〝メイド・イン・イングランド〟は、サッカースタジアムでアンセムになっていてもおかしくない元気で率直な曲だが、これはデイム・ヴェラ・リンの戦時中のヒット曲〝ホワイト・クリフ・オブ・ドーバー〟と同じぐらいノスタルジックな曲でもある。二〇一五年にロサンゼルスのパンクバンド、ア・プリティ・メスのヴォーカルと結婚した後、アリはヘイスティングスと彼の家を行き来するようになった。この英国性への賛歌はロサンゼルスで作られたのだ。

「この曲はホームシックからはじまって、旅に出たい気持ちも関わってる。自分のクソみたいな街で身動きができず、ただただ脱出したい――そして外に出てみると故郷に帰りたくなる。ちょっと苦いひと回り！」と、アリは笑う。彼女たちはファースト・アルバム『メイド・イン・イングランド（Maid In England）』（二〇一六年）のタイトル曲のビデオで、同世代のスキニー・ガール・ダイエット同様、自転車で自分たちの「領地《マナー》」（近所）を走っている。しかし、SGDがPVCを身に纏ったスーパーガール・アヴェンジャーズとして取り乱した女性を忌むべき運命から救うのに対し、ポピュリスト上等のメイド・オブ・エースは、地元のパブに繰り出し、仲間とつるんでビールを飲み、海辺でマリファナを吸い、遊び場のブランコで缶ビールやサイダー〔りんご酒〕の瓶を飲みながら風に吹かれている。彼女たちの実際の〝地元〟で撮影されたこのビデオは、ヘイスティングスの善良な市民たちが、ギィ・ドゥボールが設定したシチュエーショニスト的課題にどのように対応しているかを示唆している。ドゥボールは人々が魂を破壊するような労働に時間を費やすことの妥当性に疑問を呈したが、どのみちメイド・オブ・エースの世代はそんな職に就くことすらできていない。

「うちらも友達のほとんどもパブで働いているかドール（生活保護）を受けてる！　それがヘイスティングスの標準的生活！　いつも仕事があったりなかったり。たぶんうちらはあの街のパブの半分で働いてきたんじゃないかな！」と、アリは言う。

興味深いことに、メイド・オブ・エースが音楽活動と並行して就くことが想像できる仕事は万能薬の類に関わるもの、とりわけミネラロワが言うところの〝退屈〟を鎮めたり和らげたりする酒にまつわるものだけである。しかし、パブにいるあらゆる年齢層の人々――歯列矯正済みのハリウッド人種みたいな人はひとりもいない――から伝わるのは、彼らが（少なくともその瞬間は）人生を楽しんでいるということだ。疎外されたデジタルエリートたちには信じがたいかもしれないが、メイド・オブ・エースのビデオに登場している、プロのアクターではない、バンドの現実の友人たちは、自分たちのヴァーチャルではないコミュニティにおけるお互いの顔が見える親密さを本当に大切にしている。そして、この何の代償も要らない――まあこの場合はビール一杯、あるいは別の刺激物の介入もあるかもしれないが――地元の気取らないつながりこそが、〝普通の〟社会的支援が攻撃の対象となっている状況下で人を生きさせ、さらには幸せでいさせることすらできるかもしれないのだ。メイド・オブ・エースは英国について歌っているが、彼女たちの曲はどこにいる人にも通じるだろう。メイド・オブ・エースはその情熱的な声、うねるリズムのアタック、有機的で大衆的なコーラスでもって、私たちになんとかやっていく方法を示してくれる戦術家だ。

高度に組織化された競争的な職場環境に順応せよというプレッシャーは、アートに資するものとは限らない（何十年にも及ぶ伝説的英国音楽シーンは、美大生に創造的な時間が与えられていたからこそ生まれたのだ）。彼女たちはそれを知っている。お金についての曲はこれだけではない。アリは、ある魂を吸われる短期仕事に就いていた時に〝レイズ・ミニマム・ウェイジ（最低賃金を引き上げろ）〟を書いた。昇進してようやく最低賃金をもらえる仕事で、彼女は最低賃金が上がることを願った。歌い出し、アリが「毎日銀行に行く／同じことを言われる／（デジタル音声で）残金0ポンド0ペンス」と唸る部分をわが事のように感じる人はたくさんいるだろう。

「ヘイスティングスにはたくさんの芸術的・音楽的才能がいて、それはあそこの生活と関係があると思う。うちらはなんとか暮して〔ママ〕いける程度にしか働かない。九時から五時までの安定した仕事で高い給料をもらうよりも自分の好きなことをやる方が重要だから」と、彼女は言う。「そもそも、そういう仕事を見つける／やるのも難しくなってる。うちらが出てきたところには、あれこれ手を汚す場面が間違いなくたくさんあった。みんなどうやって生きていけてるのかわかんない。うちらも半分の時間はまだスクウォッティングしてるわけだし――ママの家でね！ハハ！」

母さんは職に就けと言い、
うちはパブでストロングボウ（サイダー）を飲んでる
にっちもさっちもいかないけど、諦めるもんか
世界を見てきたけど、もう十分

どこをうろつこうと、すべての道は家に通ず……
だってうちらは英国製、うちらは英国製……

このビデオでメイド・オブ・エースは、明らかにまだ無職のまま、笑いながら職業安定所の出口から駆け下りてくる——彼女たちはまだ実家で過ごせる。テッサ・ポリットがノラのところに滞在したように。「わたしたちは文無しでなんとかやっていた」と、ポリットは振り返る。「普通の仕事をどうやってやるのか知らなかったし、やりたくなかった。わたしたちは一〇〇パーセントの時間、エネルギー、そして熱意をスリッツに捧げたかった。わたしたちは任務に就いていた」。その日暮らしのスリッツが店の窓の外で商品をしきりに欲しがっていた頃、失業率は高く、ストライキが基本サービスを止めていて、社会全体の勤労意欲は減退し、極端な職不足だった。同じ頃、ホームレスのテントと焼け落ちた集合住宅が並ぶニューヨークは、もう救いようがないとして連邦政府に見捨てられ、クラックとＡＩＤＳの流行に沈もうとしていた。ブッシュ・テトラズのシンシア・スレイは、「誰も働いていなかった。誰もがただ音楽かアートか映画か演劇か何かクレイジーなことをやっていた。たくさんのアイデアを持ったたくさんの人たちが同時に発生していた。私は働いていた人を誰も知らなかった。今ではそんな状況はまったくない」と、『ガーディアン』に語った。別の言い方をすれば、ポリットとスレイの場合、まともな仕事はもし就けたとしてもしたくなかった。それでも、彼女たちは働いている人たちもいてほしいと思っていた。そうでないとお金を払う観客がいなくなってしまう。アーティストにとっては違うかもしれないが、ほとんどの人にとっては、従来型の仕事は収入と自尊心の象徴となる。

当時は英国でも米国でも、いつかは雇用が復活する見込みがあった。メイド・オブ・エースが代表する世代の状況は、高度なデジタル技術を持たない一般人向けの仕事が極めて少なく、今後もさらに減っていくことが予想されるという点で異なっている。自動化、デジタル化、企業化、グローバル化に加え、アマゾンやグーグルのような大企業――本物の政府を脅かしかねない事実上の国家のようなものだ――が、地元の小さな独立事業主たちを圧迫している。ほぼ全員が男性の一％が世界の富の半分を独占し、それ以外の私たちとのあいだに広がる仕組まれた格差は広がる一方で、まさに脅威的だ。そういうわけで、メイド・オブ・エースはツアーに出ていないときはパブで働いている。それは今よりでたらめで自由だった一九七〇年代にポリットやスレイがしていたようにはできないからだ。そして彼女たちがパブで働いているのは、何より、表通り《ハイストリート》の店の多くが潰れてしまった一方で、パブという享楽の宮殿はまだ残っているからでもある。ちなみにバンドはパブの二階で練習する。彼女たちはポスト労働世代の吟遊詩人であり、貧富の差があまりにも大きくなったために生まれた、教育を受けられないままなんとか生きていくことを余儀なくされているアンダークラスのために歌っている。そうした人々は嫌でもあれこれ手を汚すことになるだろう――そして退屈しないでいる方法を見つけることに。メイド・オブ・エースの曲の活力と持って生まれた抵抗の精神には、何らかの解決の糸口がある。

この章の執筆中、英BBCの女性たちは、ハリウッドの映画業界の女性たちと同じように、彼女たちと男性の同僚たちとのあいだの意図的に隠された賃金格差がかつてなく大きくなっていることに激しく抗議していた。私が独立系メディアの専門職の女友達にこの話をしたところ、彼女は「いつものことでしょ」と言った。女性の同一賃金の獲得は長年の課題であり、「より新しい」問題に比べて地味なものと見做されてしまうことがある。本書に登場するアーティストの中には、自身を「フェミニスト」と定義することを嫌う人もいた。しかしながら、女性の同一賃金を支持するかと尋ねると、彼女たちは必ず支持しているのだ――それは結局のところ彼女たちはフェミニストだということに他ならない。

常軌を逸して延長された女性の同一賃金を求める闘いは、単純に長い年月を重ねているゆえに見えづらくなっているのかもしれない――皮肉にも、これは多くの女性たちが恐れているのと同じ運命だ。ジェンダー間の賃金格差は、治るまで社会を不平等に保ち続ける傷である。二〇一〇年以降の文脈を踏まえて考えてみよう。ドローンや無人運転車の時代に、スペシャリストでない人ができる仕事が急に増えることはなさそうだ。こうした背景のもと、芸術分野の経済的な切り下げが筆者のようなつましい文化労働者のところでも起こっている。さらに言えば、一般に女性の意見が十分に評価されていないのも、その要因のひとつであり、パンク・ミュージックにおける女性の物語が粉々に砕け散っていることがそれを証明している。そして、これらのさまざまな要素が同じ巨大企業社会の中で混ぜ合わさることで、個人の居場所はますます狭く、ますます監視に晒されるようになり、この大きな成功／快適のピニャータ〔＊〕を割るチャンスはほとんどなくなってしまう。それは支配する一パーセントが握っている枝からぶら下がって私たちの頭上にあり、どんどん手が届かなくなりながら人々の欲望を煽っている。

しかしそれでもメイド・オブ・エースとパブの仲間たちは、自分たちは負け知らずなのだということを私たちに見せたがっている。彼女たちは今でも楽しい時間を過ごしている。なぜなら彼女たちは、その音楽に投射されているのと同じ陽気で挑戦的なエネルギーで燃えているから。あらゆる負け犬に幸運が訪れることを保証する血気盛んな生存主義者の心意気だ。幸福は強さを生む。不利な状況にあっても、エリオット姉妹は本気で「自分のやりたいように生き、遊ぶことで、男社会《ザ・マン》に立ち向かう方法を見つけてやる」と歌っているのだ。

勝ち目の薄い闘いをひっくり返した女性アーティストたちの堂々たる勇気は称賛に値する。この章に登場する女性たちは、**お金があろうとなかろうと**自分の持てる資源を組み合わせて可能性を追求し、自分の望むものを創作する道を見つけ出してみせた。そして、バビロンおよび

＊ メキシコの祝祭で使われる日本のくす玉のようなもの。中にお菓子などが入っているピニャータを、目隠しをした子供たちが棒で叩いて割るゲームが親しまれている。

／あるいは宇宙がその恵みの果実をあなたに惜しみなく与えてくれた時には、どうかすべて自分ひとりで呑み込んでしまうことのないように。したいことをするのに必要なお金は手元に置いておくこと——でも、それを周りに分け与えることも忘れないで。パティ・スミスがそうしたように。

LINEUP TRACK LISTING
ラインナップ＆トラックリスト

1. **Crass, "Smother Love" (UK, 1981)**
   このアナーコ・パンク集団の女性解放ＬＰ『ペニス・エンヴィー（ペニス羨望）』より。獰猛な結婚風刺に轟音ドラムを添えて。

2. **Cherry Vanilla, "The Punk"（US, 1977）**
   グラムなウォーホル／ボウイ周辺シーンの立役者であるチェリー・ヴァニラがUKパンクに捧げる真心の愛が輝く。

3. **Gia Wang/Hang on the Box, "Asshole, I'm Not Your Baby" (China, 2001).**
   中国初の全員女性パンク・バンドによる激しい非ラヴソング。彼女たちはボーイフレンドに支配されたくない。

4. **Goldman, "Launderette" (UK, 1981)**
   そう、本書の著者はかつてポスト・パンクのシンガーソングライターだったことがあり、数十年後の再評価を楽しんだ。これは愛でない出会いについての私の痛烈な見解。

5. **Chrissie Hynde, "Precious" (UK/US, 1979)**
   鋭い少女と不良少年のあいだに化学反応が起こる。はたして彼女は安全第一を選ぶだろうか？　時代を超える声を備えたパンク。

6. **Kartika Hahia/Tika & the Dissidents, "Tubuhku Otoritasku"（"My Body, My Choice"）(Indonesia, 2016)**
   抑圧的な政権に立ち向かっているパンクから勇敢にも発せられた性犯罪の告発および女性の権利の主張。

7. **7 Year Bitch, "M.I.A." (US, 1994)**
   このシアトルのバンドは、彼女たちの友人でありメンターだったシンガー、ミア・ザパタがレイプされ殺されたことへの怒りと痛みによって、腹の底から出る音楽を作ることになった。

8. **Rhoda Dakar with the Special AKA, “The Boiler” (UK, 1982)**
2トーン・スカ・ムーヴメントを先導したレディによる、映画的かつ恐ろしいデートレイプについての物語仕立ての曲。

9. **Alice Bag/the Bags, “Babylonian Gorgon” (US, 1990)**
彼女が蔑んでいるのは恋人それとも家父長制？　ＬＡのアリス・バッグは彼／それをこき下ろすのにさまざまな神話を混ぜ合わせて利用する。

10. **Grace Jones, "My Jamaican Guy" (Jamaica/US 1982)**
何人たりとも真似のできない、ジャンルを超越したグレイス・ジョーンズは、自らのルーツと折り合いをつけてこの催眠術のような愛／欲望の歌を歌う。

11. **Tribe 8, "Check Out Your Babe" (US, 1996)**
サンフランシスコの愉快だが刺激的なダイク・トライブは、ダンスフロアに新たな可能性を持ち込む。ボーイズ、君のガールフレンドを監禁しとけ！

12. **The Au Pairs, "It's Obvious" (UK, 1981)**
全力で、熱心に、だが皮肉っぽく、アクティヴィストのオー・ペアーズは、ジェンダー平等がお約束の恋愛ゲームを提示する。

13. **The Mo-Dettes, "White Mice" (UK, 1979)**
生意気なモ・デッツは女の子っぽい軽薄さを受け入れる。いついちゃつきたいと思うかは彼女たち次第——そこで幸運な男は誰なのか決めるのも。

14. **Neneh Cherry, "Buffalo Stance" (UK/Sweden, 1988)**
コスモポリタン・アヴァンギャルディストのネナ・チェリーによるこの曲は、ストリートの顔の誘惑を複雑に描写して、きらめきを放つ。

3

ラヴ《愛》／アンラヴ《非愛》

二元制を打倒する

「悼む」という言葉は他の感情にまつわる言葉に付随するものとされるかもしれない。たとえば怒り、憎しみ、愛など。ある感情を表すひとつの言葉を別の言葉に置き換えることによってナラティヴが生まれる。私たちの愛は私たちの嘆きの状態を作り出し、喪失が憎しみの状態となる、といった具合に。

サラ・アーメッド「感情の文化的政治学」、二〇〇四年

「あなたが『なぜ?』をどういう意味で言ってるかわからない。なぜって?」。英国のアナーコ・パンクの始祖クラス（CRASS）の共同創設者であり〝スマザー・ラヴ〟の作詞者であるアーティストのジー・ヴァウチャーは、この曲についての質問にこう答えている――つまり、「こ

のバンドはすべてを疑う」という、広く知られている神話が本物だということを証明しているのだ。この曲は結婚を喧伝する偽善的な戯言を徹底的に批判し、噴射するエネルギーと痛烈な詞は、まるで城塞の胸壁から注がれる煮立った油の如く家父長制に降り注ぐ。クラスは結婚を不公平な社会的支配の極小体系《マイクロシステム》であると捉え、それに向かって唾を吐いた。

常に黒い服に身を包んだ彼女たちは、英国エセックス州の田舎ダイアルハウスで共同生活を営んでいた。一六世紀に建てられたコテージは出入り自由で、非ヒエラルキー的な反キャメロット〔アーサー王伝説で宮廷があったとされるところ〕であるともいえる。ジャマイカのラスタたちは、資本主義／新保守主義または新自由主義の社会システムをバビロンと呼び、クラスもそうした搾取的な古いやり口はそろそろ崩壊に向かうべき時だという見解において彼らに同意している。どちらもその果実を忌み嫌い、拒絶する（デヴィッド・ボウイは女王からの叙勲を断り、それを誰にも言わなかった――そう、それはパンクだったのだ）。

それでは、なぜ愛なのか？　なぜ愛する／愛さないのか？　パンクは戦争や憎しみと結びつけられることが多い――しかしそれは一九六〇年代のヒッピーの理想が見たところ崩壊してしまった後のことだったからにすぎない。パンクは別の名前の仮面を被っていたものの、究極的に目指していたところは同じで、鏡文字で書かれているだけだった。何にせよ、一九七七年にクラスが結成されたとき、メンバーの何人かはつきあっていて、少なくともバンドが存続した七年間は関係を保っていた。つまり、消費者主義によって私たちに供給されるロマンティックな恋愛観からどれだけ距離を置き、それに対して冷笑的な態度でいようと、愛はしぶとく、堅固な心の鎧の亀裂に這い寄る。どうやら愛は空気や水と同じように思い通りにはいかないものらしい。二〇一〇年代には、みんなのおじさん的存在だったビル・コスビーの連続告発から、#MeToo運動の発端となった映画界の大物ハーヴェイ・ワインスタインの絶対的権力の頂点からの転落まで、高名な人物のスキャンダルが次々と噴出した。当然、これまで常に人を食い物にしてきた音楽業界でも、何人もの偶像たちがいきなり余剰人員となった。#MeToo以前の二〇一六年、パンク風シンガーのケシャがプロデューサーのドクター・ルークに対してセクシュアル・ハラスメント訴訟を起こしたのをきっかけに、まるで水門が開かれたかのように男性特権虐待の恥辱の奔流がやってきて、大物たちの評判を水没させた。プロデューサー／業界の巨人L.A.リードだけでなく、ラディカルな禅ヒップホップの導師ラッセル・シモンズさえもだ。かなり年上のプロデューサーと寝てレコード契約を獲得するといういにしえの雑誌『コスモポリタン』流の手法は本当にパンクでない（もちろん、あなたが本当に本当に心から彼とやりたい場合を除いて。それはまた別の話）。とはいえ、人は自分がすべきことをするために、時には何も持たずに進むことを選ぶかもしれないし、危険を避けるためにロマンスという道具を持ち出すこともあるかもしれない。それは何が起こるかわからないところでの、その人なりの正しさ。そして、パンク・ラヴはしばしば、茫洋とした目的地へと向かう道のりで起こした間違いのようでもある。パンクの向こう見ずな自暴自棄は予測不可能な情熱につながることもままあり、傷つきやすい女の子たちの場合、健やかな自己愛がビートの中で迷子になってしまいかねない。だがそれと同じ程度に、やんちゃな時代は未来の懐かしい回想のいい燃料となるかもしれない。

　何にせよ、パンクがはじまった一九七〇年代半ばは、セクシュアリティの面に関して活気づきつつ混乱した時代だった。カウンターカルチャーにおいては、ラヴソングはちょっと貧弱で湿っぽいと認識されていた。非ラヴソングこそ正解だったのだ。一九七〇年、当時のカリフォルニア州知事ロナルド・レーガンは、米国初の無過失離婚法〔＊〕を施行させた。国勢調査局の二〇一一年の報告書によると、その後、離婚率は着実に上昇し続け、一九九〇年代前半に急増した。ちょうどライオット・ガールと重なる時期だ。ごくわずかな間だが、ペニシリンとピルの到来によって奔放なセクシュアリティへの窓が開かれ、それは多くの人々にとって輝かしいもので、英国やニューヨークでは極めて非ピューリタン的な展開を見せた。同性愛は英国で一九六七年に合法化されていた。一九九〇年代に米国の太平洋岸北西部でライオット・ガールが闘っていた「アバズレ《スラット》」と呼ばれることの恐怖は、英国では問題にすらなっていなかった。英国では、すべてのパンクスは男だろうと女だろうとスラットであり、それを喜んでいると思われていたのだから。

　それでは、なぜ、その裏返し――アンラヴ（愛さない／愛に非ず）なのか？　とはいえ、サンフランシスコのトライブ8のようなバンドがステージ上でしょっちゅう演じていたように、より遠く離れた愛の岸辺――つまり〝ヴァニラ〟〔同性愛でない、面白みのない〕の人々がすすんで過激なセックスと見做しているサドマゾヒズムやフェティッシュ――は、当然ながら試された。規範は破られるためにあるように見えるが、無邪気なパンクスたちは決して破ってはいけないタブーがあることを発見した。すなわち、悲劇的なことに、ペドフィリア〔小児性愛〕までがパンク伝説の一部だったのだ。元セックス・ピストルズのマネージャー、マルコム・マクラレンが仕掛けた、彼が招集したバンド、バウ・ワウ・ワウのシンガーで未成年だったアナベラ・ルウィンのヌード写真も、その気配を伝えていた。マクラレンが当時の妻だったデザイナーのヴィヴィアン・ウエストウッドと経営していたキングズ・ロードのブティックSEXで販売されていた思春期前の裸の少年たちのTシャツは、今日ではあまり〝クール〟とは見做されないだろう。小児性愛者のスキャンダルの続出によって、かつてほとんどの人がそんなことがあるわけないと信じていたような関係の虐待的行動パターンに対し、今日ではより毅然とした対処が取られるようになっている。あの由緒あるBBC（当時、事実上唯一の英国の放送局だった）も、パンクがはじまった時にはびこっていた性差別と小児性愛の両方に動揺させられることになった。悲劇的だが、女性のアンラヴ物語は古いしきたりを揺るがすだけでは済まされない。

ギィ・ドゥボールのシチュエーショニスト哲学のいたずらっぽく挑発的な精神が、〝スマザー・ラヴ〟収録のアルバム『ペニス・エンヴィー』（このタイトルは一九〇八年のジークムント・フロ

＊　浮気などの相手方の過失を証明せずとも不和などを理由に離婚できるようにした法律。

Crass
Penis Envy
Crass 1981

イトの著作から取られている）周辺で起こった出来事の数々の基盤となっていた。クラスのメンバーのあいだでは、フロイトの理論は、そのセックスさらにはジェンダー関係についての正常位的視点ゆえに、嘲笑とまではいかなくとも懐疑の目で見られていた。ひょっとしたらフロイトは、こっそりと、乳房に憧れていたのではないだろうか？　ものは試しで。そうした不平等の解体を目指した『ペニス・エンヴィー』は、クラスにとって前年の『ザ・フィーディング・オブ・ザ・５０００』（５０００人に食糧を）に続く作品だった。マーガレット・サッチャー首相の自己満足的なフォークランド紛争に対する彼らのコメントは、この紛争への介入が反植民地闘争の末に追い詰められたフォークランド島民の利益を守るというより、どれだけ命が失われようとも彼女の政権を維持しようという狙いなのだという、広く共有されていた感覚を明確に表現していた。クラスのトリックスターたちは、ヴォーカリストのイヴ・リバティーンが澄んだ上位中流階級《アッパーミドルクラス》らしいアクセントでマーガレット・サッチャーのモノマネをする声を、どこかから持ってきたロナルド・レーガンの音声に挿入し、両首脳が共謀してフォークランド紛争を企んでいることをほのめかす一九八一年の偽テープをでっちあげた。オランダ経由で広まった偽造テープはこれ以上ない狂乱状態を引き起こすのに十分なだけの数の人々を騙した——両政府がクレムリンの乱心を恐れるほどに。悪名はセールスを押し上げ、サッチャー／レーガンへのコメントと同じぐらい重大な次回作が求められることになった。もしくは、いずれにせよこの時点でクラスが関心を寄せていた問題は性差別だったのだ。

このコレクティヴの次のプロジェクト『ペニス・エンヴィー』は、発禁処分を受け、マンチェスターのインディー・レコード店イースタン・ブロックにて「猥褻商用出版物」として差し押さえられるという形の承認を得た。加えて、ロマンスの戯言を広めるティーン雑誌『ラヴィング』の編集者と読者たちは、付録の白いソノシート盤に収録された穏やかなバラード〝アワ・ウェディング〟への反響にびっくりさせられることになった――この音源は、クリエイティヴ・レコーディング・アンド・サウンド・サービス（Creative Recording and Sound Services）という団体（おわかり？）から編集部に無料で提供されていたのだ。実のところこの曲は、「男性の優越性を奴隷のように黙認してきたことが、結婚制度をこれほどまでに長いあいだ存続させてきた」と叫んだアナキストのエマ・ゴールドマン（一八六九〜一九四〇）と同じぐらい激しく結婚を非難している。後世の人々が言うように、『ラヴィング』誌は「パンクされた」のだ。

もし実際に思春期の少女たちがこの無料プレゼントに誘われてさらにこの件を掘り下げてみたならば、これまで『ラヴィング』が売りつけようとしてきたけれど、クラスとしては腐敗した制度の腐った死骸と見做しているもの、すなわち結婚の光り輝くはらわたを聴くことになったはずだ。〝スマザー・ラヴ〟は砂糖入りのソーダで若者を誘い、それから生の青汁に取り替えるようなものだった。一九七〇年代のフェミニスト知識人デール・スペンダーは、著書『ことばは男が支配する――言語と性差』で、最も簡潔でカラフルな言語のひとつである英語が、なぜペニスを持った人間寄りに偏った精神構造を形成してしまうのか分析した。このような発想は、よく売れることでアナキズムに対する従来通りの期待を裏切り、自身にすら反していたようなクラスにも失われていなかった。

「私たちは『ザ・フィーディング・オブ・ザ・5000』をリリースしたばかりで、次のプロジェクトを探っていました。『フィーディング』は意外にも成功を収めて、オーディエンスは次も同じようなものを期待していましたが、私たちはそういうやり方はしません。バンドの女性たちはセクシズムや、人を抑圧し分断を助長するその他の〝イズム〟についてもっと言いたいことがありました。そこで私たちは新しい曲を書き始めたんです」と、ジー・ヴァウチャーは説明する。「アイデアは浸透していくものです。十分な数の曲が書けたところで、レコーディングを始めました。必要なだけ時間をかけました。締切のプレッシャーはありませんでした」

イヴ・リバティーンの上流階級的な明瞭さと歯切れの良さを伴う早口でぶつけられる言葉はまるでデモ現場の煉瓦のようで、日曜の午後のお茶の時間に公園で演奏する軍楽隊とトライバルなドラムの中間に位置するリズムの上で軽快なフレーズを鳴らすギターと、あざやかな対比を描く。猛烈な勢いのフェミニストの一分半だ。

私はあなたのすべてと言って、一緒に家を建てましょう
私たちはふたりの家を建てられる、小さな子も加わる
私たちの正常の証明は明日を正当化する
ロマンス、ロマンス……
愛はもうひとつの肌の罠、もうひとつの社会的武器
これもまた男たちを奴隷化し女たちを彼らに従わせる手段

リバティーンの舌から流れ出る流暢かつ明瞭な言葉は、このドラマ全体を喚起し、愛撫のような大急ぎのシラブルのひとつひとつから皮肉が酸混りの蜂蜜を滴らせる。この曲は、彼女たちが周囲の結婚の多くから読み取った憂鬱な力学の恐怖や、支配的な社会が押し付けてくる結婚の圧力、承認され受け入れられるために従わなければならないルールの数々を、まるでカーニヴァルのお化け屋敷のように通り抜けてみせるのだ。

＊＊＊

パンクとは従来の基準でアウトサイダーと見做されたさまざまな人々の緩やかな共同体であり――その基準は強風に晒された氷山のあいだに架けられたロープの橋のように揺れ動くもの

Cherry Vanilla
The Punk
RCA 1977

ではあるが——ある程度疎外されていることはパンク・ラヴの初期設定だ。普通のラヴソングは通例パンクの領分ではないということを証明するのに十分な数の曲が存在している。たとえばシアトルのバンド、L7の〝ティル・ザ・ホイールズ・フォール・オフ〟、ブラットモービルの女王様っぽい〝カム・ヒザー〟、ランナウェイズの〝ユー・ドライヴ・ミー・ワイルド〟。他にもあることは疑いの余地がないが、とにかく期待せずにはじめることがパンク・ラヴでは推奨されるのだ——どんな愛でもそうかもしれないが。ちゃんとした生活を送っている人は、パンクの無法に惹き付けられる可能性は低いだろう。それが心の奥底にしまわれた原初的な何かに触れた場合は別だけれど。

臆面もないパンクのラヴソングというかなり狭いフィールドにおいて、おそらく最も純な一曲は、マーケッターで作家で女優、そして当時はミュージシャンでもあったチェリー・ヴァニラの〝ザ・パンク〟だろう。二〇世紀半ばから後半にかけてのアメリカ文化の大きな部分がアンディ・ウォーホルの巨大な存在感によって形作られており、彼のトランスヴェスタイトへの愛着によって、キャンディ・ダーリング〔*〕のような人物がスターになり、ニューヨークのアート・シーンのサイクルが注目を集めることになった。ヴェルヴェット・アンダーグラウンドは彼のお抱えバンドだったのだ。当然ながら、彼は一九七〇年代半ばの英国が生んだ、バイセクシュアルを美徳とする、いたずらっぽく両性的なグラム・ミュージックを好んでいた。そしてウォーホルとグラム王デヴィッド・ボウイを結びつけた侍者たちの中に、チェリー・ヴァニラがいた。この曲は一九七七年にリリースされた彼女のLP『バッド・ガールズ』に収録されている。ボウイの信任を得た広報担当者でもあった彼女はここでマニックパニックのカラーチャートを頼りに染めたものと思われる鶏のとさかのような頭をして、まるでジギー・スターダストの愉快な従姉妹のように見える。

「そうね、あたしたちは自分たちがパンク・バンドだとは決して思っていなかったけど、UKのパンク・ムーヴメントにはすごく興味を持って、動向を追っていました……加えてラモーンズがUS代表だった。だから、あれはUKパンク（彼らに祝福あれ）とラモーンズ、それにあたしの当時のボーイフレンドで共作者でもあったルイ・ルポアについての曲です」と、チェリー・ヴァニラは振り返る。「あたしたちはあの曲がキャッチーでラジオで流せる素敵なポップソングだと思っていて、大ヒットすることを願ってたの！　でも、そうはならなかった。とはいえ、今ではどうやら新たな命が宿ったみたい。ドイツとイタリアの若いバンドがこの曲のライヴ・ヴァージョンをやっていて、それがとってもスリリングなのよ。曲は生きている」

すごく若い頃のジギーがギターを弾きたいと願っていたかもしれないストレートな感じのロックンロール・バンドがチェリー・ヴァニラのジャージー・ガール風なヴォーカルの周りで暴

＊　ウォーホルが映画などの作品で起用し〝スーパースター〟と呼んだ若者たちのひとりでトランスジェンダーの女優。

れまわり、彼女はその舌で色っぽく言葉を転がす。

黒いレザージャケットにサイクル・スラット
でっかいサングラスにでっかいヘアカット
彼の色褪せたジーンズには上から下までスタッズ
彼はシティから来たけどクイーンズ出身だって
ホットピンクのギターと色褪せたアンプ
チャンプみたいにステージを歩く……

〝ザ・パンク〟は、ワイルドサイドを歩くとはいかなくとも、少なくとも一度は見て回ってみたい郊外のティーンの熱望と通じ合う。このわかりやすいステージ上の不良少年崇拝は、ファンダムの憧れの最深層と結びつく。これはパンクの最も無垢なラヴソングと言えそうだ――パンクそれ自体への。

＊＊＊

パンクにはラヴソングよりも非ラヴソングが多い。家父長制のタコ脚と格闘するアウトサイダーたちが作っているのだから、そうでないわけがあるだろうか？　それは古い壁を崩す狙いで出されたでかい音である（そしてその音は、一九五〇年代の男女交際の慣習だけに限らず、ジェンダーにも差し向けられるようになった）。一九七〇年代にパンクがはじまって以来、常に既存のシステムはもはや崩壊しつつあると考えられてきた――そして多くの場合、それに伴って長続きする家庭生活というものへの期待も持てなくなった。

中国初の全員女性パンク・バンド、ハング・オン・ザ・ボックス（挂在盒子上楽隊）のアルバム『イエロー・バナナ』に収録された〝アスホール、アイム・ノット・ユア・ベイビー〟には、〝ザ・パンク〟全編にちらちらと光を放っている愛情は不在で、むしろ感傷的な消費主義者の戯言に対するクラスの軽蔑と通じ合っているようだ。

私を誘惑してくる
男はもう要らない
嘘はつきたくない
連れて行ってくれる？
クソ野郎、私はおまえのベイビーじゃない！

＊＊＊

「私が言わなくちゃならないことをあなたは聞きたくないでしょ」と、二〇〇一年、一八歳の時にこのレコードを作った彼女たちのソングライター、ジア・ワンは唸る。「私は悪い女《バッド・ビッチ》だった。私は子供じみていて気まぐれだった。男のハートをずたずたに引き裂くのは一枚の紙を引き裂くのと同じぐらい簡単だった」。彼女は大口を叩く。

ワンは一三歳の時から聴きはじめた英国と米国のロックのレコードから自分の音を引き出し、学校でバンドを結成した。ロックとポップはまだ中国に届いておらず、海外のパンクは違法カセットで密輸されていた。アナーキーな試みが発生すると関与した学生や知識人が田舎に姿を消してしまっていた中華大革命と元祖四人組《ギャング・オブ・フォー》（リーズのバンドの名前になった）の時代をくぐり抜けてきたこの国は、一九九〇年代初頭、音楽はフォークと文化大革命の愛国歌しか認められていなかった二五年にわたる孤立状態から抜け出して浮上しようとしているところだった。

そこでトラウマと疎外感が生じるのは避けられず、「中国の特徴ある社会主義」として知られる新体制のもと、己を確立しようと闘うヤオグンと呼ばれる熱狂的なパンクのサブカルチャーが成長した。管理の規則は厳しいが、必ずしも遂行されるわけではない。理論上は、ミュージシャンは許可なしに演奏することはできず、時にはライヴ禁止の憂き目に遭いもする。つまりあらゆるロックの箱は定義上は非合法だった。北京のパンク・ロック・シーンは一九八〇年代後半、ツイ・ジェンというミュージシャンをきっかけにはじまり、彼の〝ナッシング・トゥ

・マイ・ネーム〟(後に天安門広場のデモ参加者たちのアンセムになる) はヤオグンを駆り立てた。
この先進的なアンダーグラウンド・シーンに女性はわずかしかおらず、ワンやハング・オン・ザ・ボックスのような北京の女パンクスがバンドを結成し、長寿バンドとなるコブラが後に続くまでにはその後一〇年以上の時が必要だった。

「あの頃は私たちが中国で音楽活動をするのは簡単ではなく、中国の市場にも歓迎されませんでした。幸運にも、ある日本のレコード会社が私たちと契約を結んで助けてくれました」とワンは言う。「でなければ、私はデザイナーのキャリアを続けるしかなかったでしょう」

『レッド・ロック──中国ロックンロールの長く奇妙な行進』の著者ジョナサン・キャンベルは以下のように記している。「一九九八年当時、男性であろうと女性であろうと、バンド活動を選ぶのはとんでもないことだった。社会はそういった形で音楽を追求するという発想を理解しようがなかったし、それは今日でも似たようなものだと言えそうだ〔原書は二〇一一年〕。ジアは一九九〇年代後半から二〇〇〇年代にかけての重要な声だった。HOTBは若い中国の女性たちにとって──そして、率直に言って男性たちにとっても──見るべき存在だった。彼女たちは〝こうあるべき〟女性ではなかった。天空の半分を支えているのは女性であるという共産主義の観念が語られていたにもかかわらず、彼女たちはぞっとするような扱いを受けていた(そして、個人的には現在でもそれは変わらないと思う)」

意に添わぬ就職の一時延期が叶ったワンは、〝アスホール、アイム・ノット・ユア・ベイビ

Hang On The Box = 挂在盒子上
Yellow Banana = 黄色香蕉
Benten / Scream / JingWen 2001

ー〟のスピーディーな展開に乗ってセラピー的な原初の叫びをあげる。ピッチは不安定なものの、それでもなお力強くメロディーは豊かだ。「準備はいい?」サビのフックは一九六〇年代のサーフ・ポップのように原始的。彼女の声は、エフェクトのかかったギターの壁を叩き、元気いっぱいのベースに響く。その後、四分の四拍子の高速道路はスピードダウンして締めのコーラスへと向かう。意外なことにブルースっぽいアウトロでぶつくさ言っている時ですら、彼女は愉快そうに聴こえる。

　北京の有名な〈スクリーム・クラブ〉での初めての大きなライヴで、ワンは颯爽とした英国人学生と出会い、自然の成り行きに任せた。しかし、ビザが切れた彼は一年間の帰国を余儀なくされた。ワンは携帯電話を持つようになったが、インターネットが普及していなかった当時、連絡は途切れなかったとはいえ限られていた。そしてロマンスをふたたび生きるべき時が訪れた。「北京の空港で彼を待っていて、彼を見た時、思ったの――おやおや、これが私のBFなんだ。私は彼を愛していると思うけど、わかんない。愛って何?と」。そう問いかけるワンは、無意識のうちにジー・ヴァウチャーのアナキスト的な応答をこだまさせている。ワンはこの実存的な問いを自分自身に投げかけ、伝統的な良い子のふりを一切捨て去った。

　ワンはクラスのヴァウチャーのように問いかけるが、それは逆の論理のルートを辿り、正反対の結論にたどり着いた。ワンはほとんど痛ましい調子で、自分はトランプ支持派だと主張する。トランプがこの好意に報いるかは疑わしい。というのも、彼が代表している右翼は、それがいくらカタルシスをもたらすものであろうとも、罵声を浴びせる女性パンクスをたいていは嫌うものだから。

逆張りのワンはアウトサイダーの中のアウトサイダーであり、唯一の――本書だけでなく、私が知る限りこのジャンルで――はっきりと自身を超保守派に位置づけるアーティストだ。一般にパンクの自由な精神は、市民が自分の体をどうするかまで管理しようとする専制とは相性が悪い。事実、彼女はあらゆるステレオタイプにあてはまらない。〝従順なアジア人女性〟ではないだけでなく、妊娠中絶に反対することで女パンクのステレオタイプも打ち破っているのだ。彼女には〝ギル・ユア・ベリー〟という曲がある。彼女の立場は中国で一九七九年から二〇一五年まで続いたひとりっ子政策のもとでの産児制限を理由とした中絶の強制に影響を受けているのだろうか？　メールの文面でだが、ワンはパンクの流儀で吐き捨てる。「中国に来てもいない、知りもしないのに目をつぶったまま想像で言わないで。この（私の）意見は私の国籍とは関係ない。（中絶を）承認する人たちは霊と神について何も知らない。この自由ってやつとフェミニズムは特にくだらない」

ワンの応答は、彼女の芸術上の選択からすれば本書の中で最も驚かされるものであるし、衝撃的ですらあるが、私たちはみんな、とりわけパンクにおいては、自分の視点を持つ権利がある。オーウェル的な二重思考を利用した「自由」という言葉の吸収、転覆、退化は、確かに議論すべき問題だ。「フェミニズム」も同様——よく考えてみれば、全国に衝撃を与えた若きワンの〝アスホール、アイム・ノット・ユア・ベイビー〟だって、一九五〇年代の郊外の慣習的なモラルに根ざしているということにもなり得る。

　もうすぐ〝元〟になる彼からの予想される否定的反応から彼女自身を守るため、ワンは古典的な小悪党の動きに出た——裏切り者が自身の罪悪感を被害者にぶつけてしまうのだ。受動的攻撃性基本編。しかし、これはいくらかメタな話で、〝バッド・ビッチ〟ワンは、彼女の中の〝良い子《グッド・ガール》〟の原理を説明する。「私は自分に好意を寄せている他の男の子たちとつきあうつもりはなかった。けど、つきあってしまった。そして、彼に罪悪感を抱かせた。だけど彼はクソ野郎じゃなかった。私がそうだった」

　彼女の場合、その男性に向けたぶっきらぼうな敵意は彼女が自らの「不品行」に抱いていた恥の意識の裏返しだったのだ。しかし、世界の反対側にボーイフレンドのいる一九歳のパンク少女が他にどうすればよかったのだろう?

　一九九〇年代前半にセンセーションを巻き起こしたワンは、その後しばらくシーンから姿を消し、本書の多くの女性たちと同じように、二〇一〇年代半ばにレコーディングを再開している。

＊＊＊

ジア・ワンが彼女の非ラヴソングで示した激しい情熱とは異なり、英国のアーティストたちは、愛の対象に憎しみでも至福の敬愛でもなく、不機嫌な疑いの目を向ける傾向がある。ギャング・オブ・フォーの官能的な〝ラヴ・イズ・ライク・アンスラックス〟などの場合、まるで市場に出回るメロンがどれだけ熟しているかを確かめるように自分の気持ちをつついてみせる。ボーイ・ジョージがBBCにセックスするよりお茶を飲むほうがいいと語ったのは有名な話だ。性交を指すUKのスラングのうち穏やかな方の「シャギング」（Shagging）でも、もっととげとげしい方の語でもなく、セックスのパンク語は「スクウェルチング」（Squelching）だった――水たまりでジャンプしていてウェリーズ〔ウェリントンブーツ。ゴム長靴〕の中がびしょぬれになる感じで、そこには遊び場の響きがあった。

　筆者のたびたび再発されている曲〝ランドレット〟はこの時代の心理的葛藤を捉えている。これは多くの人の心に――たとえみんなにとってではなくとも、ガール・パンクスにとっては――長年心に残り続ける類の、はかない、つかの間の出会いを描写している。

　乾燥機用の十ペンスが欲しかった
　そう、私たちはそうやって出会ったの

私のランドリーバッグは壊れてた
私の服はびしょぬれ
私はハグされたい気分だった
あなたは食事と宿が必要だった

音数の少ないサウンドには私が大好きだったダブとパンクっぽいレゲエの調子の狂った興奮が吹き込まれている——この曲は英国レゲエ・バンドの代表アスワドのベース奏者、ジョージ・オーバンと共作・録音されている。本書に登場するすごくたくさんの女性たち同様、私もこの曲の制作過程においていくらかの衝突を経験した。綺羅星のようなミュージシャンたちのせいではない——スリッツのメンバー、レインコーツ、ロバート・ワイアット、そして私がこれの前に参加した楽団フライング・リザーズ、私の共同プロデューサーであるパブリック・イメージ・リミテッドのキース・レヴィンと元セックス・ピストルのジョン・ライドンが、初めてそしてこれ一度きり、私のために揃って演奏してくれるという名誉に授かった。あの午後のソーホーの地下にあったレゲエのレコーディング・スタジオは、わくわくする実験と私の音楽的シ／ヒーローたちが集うという滅多にない事態で、私にとっては大興奮の夢の成就だった。ああ、なんで私はカメラを持っていかなかったんだろう？

しかし私は〝ランドレット〟のヴォーカルを、パブリック・イメージ・リミテッドによる一

Vivien Goldman
Launderette
Window 1981

九八一年のアルバム『フラワーズ・オブ・ロマンス』のレコーディングの「ダウンタイム」（スタジオが予約されているけれどそのアーティストには利用されていない時間）に歌った。なぜだか来ていたオックスフォードシャーにあるヴァージン・レコードのマナー・スタジオ所属のエンジニアたちは、非常にエリート的な仕事ぶりではあるが、一流パンクのライドンでなく無名の私を録音しなければならないのが不満な様子で、私の共同プロデューサーたちはまだ寝ていた。にもかかわらず、私はなんとかしがみつき、苦闘のファーストテイクが結局レコードで使われることになるとは思わないままモゴモゴやりきったのだった。しかしパンクは自分こそが法である。この曲は批評家にも一般市民にも好評を博し、数多くのコンピレーションに収録されている。何十年かして、〝ランドレット〟はラッパーのマッドリブにサンプリングされ、それは〝フィルシー〟と名付けられた。

あの曲を聴いてほっとしたと何人もの女性が私に言ってきた。さらに、ほとんど偶然に事実上の他人とつかの間の関係を持ち、わずかなあいだ夢のような時間を過ごす経験をしたことがあるのは彼女たちだけではないということがわかった。その後には別れのプロセスが訪れ、時にはぶざまだけれど常にそうというわけではなく、双方が親密性の実験からあてどなく去っていく。しかし、あの一九七〇年代半ばは、かなりの部分が音楽と同じ程度に生き方そのものの実験のように感じられていた／事実そうだったわけで、普通の求愛の儀式はこの無軌道な時代にそぐわない不適切なものに見えていたのだった。

＊＊＊

こうした人を鼓舞する時代の空気が吹かせた変化の風は、ポイズン・ガールズのヴィ・サブヴァーサのような型破りな女性たちにステージにつながる扉を開いた。彼女はミュージシャンとして活動をはじめた時、四〇歳でふたりの子持ちだった。また、デビー・ハリーやクリッシー・ハインドのような人々もパンクに（あるいは、彼女たちならどんなポップにも）準備万端だった。「パンクはもうずっと前に通過したことだし、それについて聞かれるのは好きじゃない」と、ハインドは言う。「六ヶ月しか続かなかった。私は次に進んだ」。しかし、ロンドンのパンク・シーンは、六ヶ月は言い過ぎとして一八ヶ月は、自分のバンドを持ちたいというこの若きアメリカ人女性の夢を叶える糧となったのだ。

身軽な旅人ハインドは、オハイオ州のアクロンからパリを経由してやって来て、ちょうどパンクの勃興に間に合った。彼女はザ・プリテンダーズで有名になる前から、未来のセックス・ピストルズ、シド・ヴィシャスを含むミュージシャンたちと、さまざまなバンドのようなもので演奏していた。ハインドは簡易宿泊所やスクウォットを転々とし、人の家のソファで（彼女が回想録で明かしていた通り、時には私のところのソファで）眠って、さまざまなパンクの流派と効率よく接触するホームレス生活を送っていた。キッチンで自分の曲を練習している彼女に耳を傾けるのは素晴らしい時間で、そこには明らかに無視できない才能があった。状況が整うと、彼女は止められないと噂が広がった。そしてその通りだった。彼女の細く中性的な見た目のよさは、当時彼女が好んでいた六〇年代ボーイ・グループ風の洒落たスタイルにも、普段のバイカー／ロッカー風の路線にも合っていた。彼女の声はなめらかで、しっかりしていて、ガツンと一撃かますことだってできる。彼女はサブとドム両方のカルチャー〔*〕の完全パッケージだった。したがってハインドはパンクにぴったりで、それはよろよろと両腕を広げて彼女の方に向かっていったのだった。まるでフランケンシュタインの花嫁の物語。

君が道を横切るところが好き
だって君は大切
クリーヴランドの熱気をくぐり抜け……
夜のお楽しみは君のもの……
だけどあたしは参ってる
だってあたしは大切だから

＊　サブカルチャーと主要なカルチャー、あるいはＢＤＳＭ文化のサブミッション（服従）とドミネーション（支配）。

Pretenders
Pretenders
Real 1980

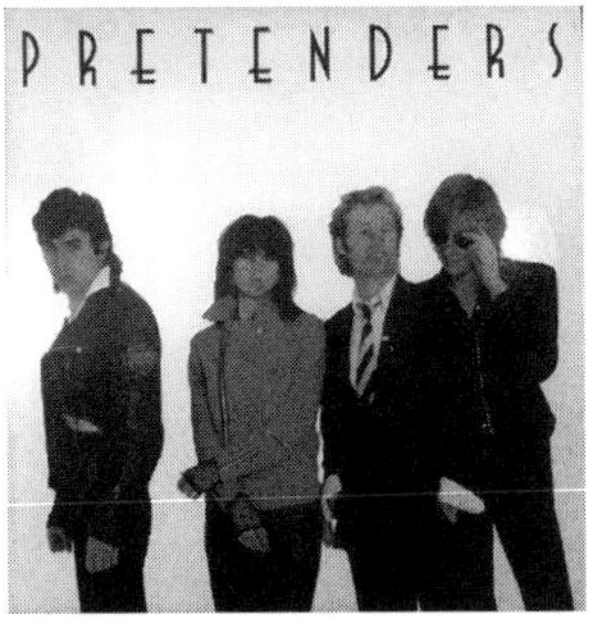

ハインドは言う。「そうね、曲がどういう意味を持つかは聴く人によって違うのは確か。だからこそ、自分にとっての意味を伝えてパーティを台無しにしたくない」。アルフレッド・ヒッチコックはかつて「アーティストを信じるな、お話を信じろ」と言っていたものだが、ハインドは〝プレシャス〟の三分間でじれったい物語を描いている。路上で少女と男がお互いを値踏みする時、化学反応が起こる。彼女は彼が浮気相手としてリスクが高いかもしれないとわかっているけれど、欲望の熱が彼女の脳を焼き、もう少しで彼の炎の中で燃え尽きようとしている。しかし、一刺しの警戒心と共に彼女は気づく。大切なのはこの男だけではなく、自分だってそうなのだと。己の自尊心が熱っぽい感情のうちに蒸発してしまう前に、それにしがみつくのだ。この一瞬の留保が、ハインドの賢さ、ヴォーカルのコントロール、音域の広さによって強調されている。彼女は持続する丸みを帯びた声で、親密な興奮からなめらかに上昇する感情的な叫びへと移るポイントを押さえている。一緒に演っているのは、彼女にとって最初のちゃんとしたロック・バンドであるプリテンダーズで、当然ながら彼女はこれをたいへん誇りに思っていた。そのうちのふたり、ブロンドのギタリストことジェームズ・ハニーマン＝スコットとひょろっとしたベーシストことピート・ファーンドンが、ドラッグにまつわる事情で若くして亡くなった時の喪失感は言葉にできないほどだった。頑強な

ドラマーのマーティン・チェンバースは現在も彼女と一緒に演奏している。

また、〝プレシャス〟を特別なものにしているのは、ガール・パンクには珍しく、セックスが実体のある持続的な人間の存在を生み出すかもしれない——そして、それは全部ひっくるめて悪いこととは限らないのかもしれない、という意識があることだ。この曲の威勢の良さの只中で、ハインドは興味深そうに「もしかしたら／赤ちゃんができるかも」とつぶやく。自分に近づいてくる魅力的な不良少年の品定めをする一瞬に、起こり得る結果が少女の脳内をかすめる。この曲はじれったいドラマを緊張の張り詰めた一時停止で終わらせる。しかしそこで示唆されているのは、彼女がそのバイクのうしろに乗るかもしれないこと、あるいはそのトラックの荷台に乗り込んでスリップストリームの風に吹かれ危険を冒しているかもしれないことだ。

「どうして〝プレシャス〟が私を強くしてくれたかというと、自分がある出来事について曲を書いて、かなり嫌だった経験からも実際に利益を得ることができるとわかったから。私は男絡みのあらゆる経験から常に何かポジティヴなものを得ようと決めているの。たとえそれが私を殺すようなことであっても」と、ハインドは締めくくる。

スリーター・キニーのキャリー・ブラウンスタインやソニック・ユースの立ち上げメンバーでベース奏者のキム・ゴードン（彼女自身がアート寄りパンク界隈のパワフルでヤバい女ボスだ）、スリッツのヴィヴィアン・アルバーティン、バッグスのアリシア・ヴェラスケスといった先駆者たちによるパンク・ガール回想録が次々と出版される中、そこに当初ロック記者だったけれど自らをミュージシャンとして位置づけようと努力してきたクリッシー・ハインドが加わるのは至極当然のことだった。だが二〇一五年の著作『向こう見ず──あるプリテンダーとしてのわが人生』の宣伝活動中、彼女はデートレイプについての見解をめぐって、フェミニストのうちいくつかの流派の人々から非難されることになった。

一部のフェミニストたちには、ハインドは正直に彼女自身の経験を伝えているのであって、たくさんのことをくぐり抜けてきた女性としてやんちゃだった時代を遠くから振り返っているのだということを理解するのは難しいようだった。「私は若い頃ちょっと乱暴にされたことがあった。個人的には男たちと喧嘩していなかった頃の話」と、ハインドは言う。「だけどそれは私が招いたこと、正直なところ（大量のドラッグが冷静な判断力を失わせていたのも相まって）」

＊＊＊

その通り、すべての女性にはいつであろうと着たい服を着て外を歩く権利があって然るべきだ。このことを繰り返し確認しなければいけないたったひとつの理由は、これが二一世紀初頭の今あたりまえの現実になってないからであり、これまでそうだったこともないからである。だからこそ、あらゆる段階において女性の主体性のために必要不可欠な闘いがある──次の曲が証明しているように。挑発的な服を身につける時、それが実際のところ何らかの反応を引き起こす可能性があるのを意識しないのは愚かだろう。その反応は肯定的かもしれないし否定的かもしれない。スキニー・ガール・ダイエットは、〝シルヴァー・スプーンズ〟のビデオで、このシナリオをあざやかに描写してみせる。PVC素材の服を着たクラバーがひとりで徒歩帰宅しているところに警察官があらわれ、彼女を撫で回そうとするが、彼は復讐の天使たちスキニー・ガール・ダイエットにボコボコにされてしまう。こうした救世主の数は不足しているため、攻めてる格好をしたい人々は、公正を求めて闘う一方で、常にこの狂った世界で起こりうる事態に備えていなければならない（もしくはクラブからの帰り道には体を覆い隠すとか）。いずれにせよ、素早く逃げるためにフラットシューズが推奨されている（もしくは、蹴っ飛ばして反撃したい場合ドクター・マーチンが）。私たちの都市がますます緊迫するのに伴って、この助言は女性だけに限らずあらゆる人に適用されるようになった。

ジャカルタ生まれのカルティカ・ヤヒヤは、自身のバンドであるザ・ディシデンツを率いて直接この問題に取り組んでいる。すなわち、「私は着たいものを着る！」だ。彼女にとってブレイクスルーとなった二〇一六年の〝トゥブーク・オトリタス〟（〝私の体、私の選択〟）のビデオには、彼女自身に加え、こうした解放宣言の数々を身体に殴り書きした多種多様なタイプの生気あふれる女性たちの映像が挿入される。ヤヒヤは自発的に、キャスリーン・ハナが何十年か前にシアトルで「アバズレ（Slut）」と胸に書いてパフォーマンスしたのと同じ〝自分にとって手近なものでやる〟DIYの泉からこれを引き出したのだ。

たくさんのパンク・ガールたちが、女性に対する暴力について書くよう駆り立てられた。ライオット・ガールのムーヴメントはキャスリーン・ハナのルームメイトが家宅侵入の末レイプされたことをきっかけにはじまった。男性が社会における自分の立ち位置にかつてなく確信を持てなくなってきたのと同時に、女性に対する暴力は増加の一途を辿っており、したがってこの過酷なアンラヴのサブジャンルも活気づく。他の例としては、二〇〇二年にリリースされたブラットモービルの〝ジャャット・ユア・フェイス〟における叫びのようなコーラスがある（「それが女の子の問題か聞いてみな／そうなぜなら女の子たちは死んでいる」）。そしてビキニ・キルの神経に障る〝ホワイト・ボーイ〟では、緊急呼び出し電話を挿入するクラス的なアジット・ポップのテクニックが、曲をひとつのドラマにしている。ヤヒヤの場合、彼女がくぐり抜けてきたトラウマがこの曲を生み、それをきっかけに彼女の生まれ故郷のインドネシアでいくつかの大きな草の根運動がはじまった。

「ジャカルタでは音楽が生活の一部になっていて、街角のあらゆるところにアコースティックギターを持った男たちがたむろして音楽を奏でているのを目にします。ただし、男たちという言葉の下に線を引いてください」と、ヤヒヤは強調する。「音楽を演奏する女性に対する否定的な社会的スティグマが未だにたくさん残っているんです。インドネシアでは、ミュージシャンの女性の多くが結婚や出産を機に自分のキャリアを諦めてしまいます」

ヤヒヤは対抗的な歌詞と半分剃った頭でパンクを斜めから踏襲しつつ、地元の伝統を受け継いで活動している。一九九〇年代初頭のグリーン・デイのツアーに火を着けられて以来、インドネシアではタフなパンクのアンダーグラウンド文化が発展してきた。一九九八年まで三二年間にわたって続いたスハルト将軍の抑圧的な政権下で、それはますます勢いづいた。その後、二〇一一年にバンダ・アチェで、男女問わず多くのパンクスが丸刈りにさせられたのは有名な話だ〔イスラム文化が優勢な同州でイスラム法に反するとしてパンクスが標的にされた〕。その一部は、生きるための命綱としてパンクに引き寄せられたホームレスのストリートキッズだった。モホーク（モヒカン）刈りは強制的に刈り取られ、パンクスは〝再教育キャンプ〟に送られた。一年後、ヤヒヤは英国のヴァイス社の撮影隊と共に被害者たちを訪ねた。「多くの人が『改宗した』と言っていましたが、それでもパンクのままの人もいて、モホークにしてスパイクをつけていました」と、彼女は振り返る。

そうした一貫性は、ヤヒヤの歩みの特徴でもある。彼女はさまざまなスタイルを試してきたが、どんな変化をしようと彼女のパンクの理念は、そのヴィヴラートのかかったヴェルヴェットのようなアルトの歌声と同じように揺るぎない。

「この国の音楽業界で最も尊敬されている有名人たちともコラボレーションしてきました。小さなカフェから大きなサッカースタジアムまで。でも、何をどこで歌おうと、あのパンクの視点と姿勢は常に私と共にあると思います」と、ヤヒヤは言う。

彼女とディシデンツは、一九七〇年代のファルフィッサのオルガンのサウンドに彩られたファンキーな南部R&B風レトロ・グルーヴに落ち着き、それは彼女のなめらかな歌声をよく引き立てている。若い頃はどちらかというとジャズやソウルのファンで、ニーナ・シモンを聴き込んでいたヤヒヤだが、気づけばパンクによって解放されていた──彼女が最初に「フェミニズム」という言葉を耳にしたのはカート・コベインの発言からだった。そして彼女は一九九〇年代前半に歌いはじめた。

「パンクに関しては、あのコミュニティの感覚が自分にもわかると思ったんです。それはアナキズムやDIY精神など私が今も実践している価値観と共に、政治的にも私に影響を与え続けています。ジンを作って交換することは、いろいろなことに対する私の視点を本当に変えたんです。ライオット・ガールのジンも手に入れることができて」と、ヤヒヤは語る。「いいですか、スハルト政権の時代の話です。もし政府にラディカルすぎると思われたら、消されてしまいかねない時代でした。彼らは左派の文献を押収したり、キャンパスでの議論に急襲をかけたりしていましたが、ジンは盲点でした。なぜかというと、彼らはジンが何なのか知らなかったから。だから私たちはジンで自由にラディカルなアイデアを書いたり、ただ伝えたいことを伝えたりすることができたんです。検閲の目をかいくぐるすごい方法だった」

彼女が嘘偽りのない真の自分を表現し、大きな注目を集めるきっかけとなったブルース・ロック曲〝トゥブーク・オトリタス〟は、それまで抑え込まれていた悲劇から生まれた。

これが私の声、私の体は私の力

私の選択のために叫んでる
これはあなたのため、親友よ
私が許さなければ誰も私のテリトリーには入らない

私の名誉は私の名誉から生まれる

ヤヒヤは述べる。「私がそれまでやっていた音楽とはだいぶ違います。ここで私は初めて、自分の言いたいことをすごくはっきり言ったんです——隠喩なし、たとえ話もなし。そう、私は子供の頃にレイプを経験した。そして三〇代になるまで沈黙を守っていた」

言葉による嫌がらせから虐待やレイプまで、あらゆることがしばしば女性の身体のせいにされてしまうものなのだと、私は身の回りのあらゆることから学びました——私がレイプされたのは私が悪かったのだ、という風に。もし私が話したとして、おそらく信じてもらえなかったでしょう。そして私の家族はレイプされた娘がいるという恥に耐えさせられるはめになってしまう。さらに私が処女性や女性の純潔性に執着する文化に囲まれて暮していたことも、状況をますます悪くさせました。だから私は黙っていました。あのレイプ事件が自分が育つ過程で自分にどれほど影響を与えていたのか、私は気づいていませんで

Tika & the Dissidents
Merah
2016

した。私の自尊心、セクシュアリティ、そして人生観はあれによって変えられました。

その余波によってヤヒヤは感情の起伏が激しくなり、しばしば自殺を考えるようになった。自己治療の道を探ったが、二〇代の大半を薬物中毒者として過ごすことになった。「ここにはちゃんとしたメンタルヘルスや依存症の治療施設はほとんどありません。なぜならそれは〝西洋の反宗教的な病気〟と考えられているから」。うまくやっていく道を見つけたサヴァイヴァー、シェラ・リンドラとの出会いがヤヒヤを奮い立たせた。「彼女はもう私のように恥や自責の念に苛まれることなく生きていました」と、ヤヒヤは言う。「それが私のターニングポイントで、回復の始まりでした」（リンドラは後に彼女のマネージャーになった）。

レコードと新聞記事が出ると、初めて虐待経験を語ろうとする女性が大勢ヤヒヤのもとに押し寄せた。ヤヒヤは言う。「彼女たちは自分のことを非難することなく理解してくれそうと思える人物をやっと見つけたんです」。ヤヒヤは圧倒され、音楽活動を二年間休んで、ジェンダーに基づく暴力とそれによって引き起こされるトラウマを癒す方法について学んだ。二〇一五年、彼女はアートを用いたジェンダーとセクシュアリティについての教育を目的とする団体「ヤヤサン・バーサマ・プロジェクト」を立ち上げ、さまざまな女性団体と協力して活動をおこなっている。

そうした団体のひとつ、コレクティフ・ベティィナと一緒に自宅のバスルームで制作した短い動画は、ハッシュタグと共に拡散されて、小さなスマトラ島の村での政府にもメディアにも無視されてきた集団レイプ事件への関心を集めることになった。女性たちのはたらきによって引き起こされた世論の盛り上がりを受けて、政府は新しい性暴力防止法を可決した——罰則には去勢が含まれている。ヤヒヤは「複雑な問題に対してバカバカしい解決策だと思いました」と述べる。「政府はとりあえず騒ぎを鎮めようとしただけ」

しかし、曲と記事をきっかけに集まった注目によって、ヤヒヤはアーティストでいることとアクティヴィストでいることとの危険な交差点に立たされることになった。ふたつのバランスを取ることは私生活と家族を公の顔と結びつけることでもあり、非常に難しいことがわかった。企業スポンサーたちはヤヒヤを広告塔として利用しようとした——〝ケアする声〟とかなんとか。そして政府機関も「彼らのアジェンダのために私を利用しようとしたの」。彼女は明快に説明する。「めちゃくちゃだった！　それで私は、自分のやりたいアクティヴィズムはアドヴォカシーや政策転換を必要とするものとか、政治家が絡んでくるようなものじゃないって悟ったんです。私はもっと直接に現場に携わって、ケアを与える人でいるかジェンダー平等についての公共教育をするかしたいし、同時にステージで思い切り叫んでいたいんです」

＊＊＊

学校での銃乱射事件の流れはアメリカで生まれたが、ヤヒヤがインドネシアで闘ってきた類の集団レイプおよび虐殺の類はそこまで一般的ではない。スハルトがついに辞任する直前のデモでは五〇〇人の学生たちが殺された。それでも、特にアメリカのパンク・ロック界隈の人々は、悲しいことにかねてより誰かが若くして死んでゆくことに慣れてしまっていた。そこが彼女たちの戦闘地帯であり、そこ特有の死亡率がある。深い不安に陥った人は故意に自分の命を奪いかねない。それからまた別の部類、麻薬絡みの不運な自殺があって、それはクリッシー・ハインドのプリテンダーズのメンバーふたりと、シアトルの7イヤー・ビッチのギタリスト、二四歳のステファニー・サージェントの命を奪った。一九九二年、同郷のバンドだったギッツのメンバーで、年下の世代にとってメンター的な存在だったミア・ザパタは、サージェントを悼む曲を書いた。一年後、悲劇は重なり、7イヤー・ビッチはふたたびそうした友人の死に捧げる曲〝M.I.A.〟を書いていた——しかも今度はザパタその人が殺されてしまったことで。彼女を捕まえたのは内なる悪魔ではなく、コンクリートジャングルだった。

ある特別な集団、自分が馴染める場所を見つけることは、アウトサイダーにとっては抗しがたい夢であり、現実になった時にはめくるめく経験になりもする。志を同じくする不適合者たちの繭に包まれ、多くの場合初めて、集団として通常の世界の価値基準を超越した安全な代替

7 Year Bitch
¡Viva Zapata!
C/Z Records 1994

避難所を作ることができたように感じるのは、心休まる経験だ。しかしシアトルのパンクの女性たちが共有していたコミュニティの感覚は、この町のより大きな問題の中にあっては脆弱なバブルだったことが判明してしまったのだ。『シアトル・タイムズ』が「殺人事件は増加している（略）一九九三年は殺人に関して記録的な年だ」と報じた通り。

この年の七月七日、ミア・ザパタはクラブに行った帰りの深夜、特に危険があるとは考えずひとりで家に歩いて帰った。はっきりした顔立ちで、茶色の目にあたたかい光を宿らせた快活なザパタは、一九九〇年代のシアトルのシーンにおいて周りを触発するリーダー的な存在だった。彼女のパンクとしては珍しい渇いたブルージーな声は、もしR&Bバンドにいてもジャニス・ジョプリンを引き合いに出されて評価されただろう。彼女は明らかに本物で、その協力的な姿勢と目的意識によって7イヤー・ビッチを含むクリエイティヴな人々の群れの要となっていた。

「八〇年代後半のシアトルは、音楽を演奏するにもアートを作るにも、非常に協力的で刺激的な場所でした。あらゆる種類のそれはたくさんのバンドがいて、その多くが有名な大物になり、もっと多くがそうはなりませんでしたが、当時は誰も得点記録をつけてないみたいでした。たくさんの女性が音楽をやっていて、まあ今とは比べ物にならないとはいえ、私の地元のパンク・シーンで八〇年代後半に起こっていたことに比べればすごくたくさんの女性たちが、書いて、ロックして、ステージやスタジオで演奏していたんです」。7イヤー・ビッチのドラマー、ヴァレリー・アグニューは回想する。「もちろん業界にも局所的にも性差別があったけど、にもかかわらずたくさんの機会が生まれて、毎日新しい道が女性たちによって築かれていました」

シアトルの音楽コミュニティ全体が結束して、犯人が投獄されるまでザパタ事件を忘れさせないよう働きかけた。パール・ジャムをはじめ地元最大級のバンドたちもアンダーグラウンドの人々に協力し、路上の暴力の問題について意識の向上を呼びかけ、それと闘う戦術を広めることを目的としたホーム・アライヴという団体が立ち上げられた。この活動は数年間にわたって、ソニーからリリースされたコンピレーションアルバム『ジ・アート・オブ・セルフ・ディフェンス』の収益から資金提供を受けた。ザパタの死によってあふれ出した創造的な意志表明には、ランナウェイズのジョーン・ジェットとキャスリーン・ハナが共作した不穏な〝ゴー・ホーム〟もある。ストーカーが野放しになっている曲だ。7イヤー・ビッチは自分たちの怒りと苦悩を解き放そうとして〝M.I.A.〟を書いた。持ち曲が少なかった彼女たちにとって、その複雑なアレンジと演劇性は大きな芸術的飛躍であり、新機軸だった。それはまるで傷を負ったかのようなギターのディストーションからはじまる。シンガーのセレーネ・ヴィジルは情熱をもって言葉を叫び、その声は生々しく、音を外しながらもリズムに合わせて完璧なハーモロディック的不調和を生み出す。

あんたみたいな誰かがあんたをレイプして首を絞める?
あんたは自分自身をばらばらにする?
そして殺人者が残忍に殺されたって誰がそんなにショックを受ける?

あんたは何百もの人々に惜しまれる?
あんたが与えたインスピレーションとあんたの才能について話す?
いいえ。あんたの墓の前で悲しむ人間があんたの母親以外にいる?

このバンドのベース奏者エリザベス・デイヴィスは、〝M.I.A.〟について次のように語る。「自分たちの可能性を大きく広げて、変拍子を導入しバレーコードだけじゃない違ったギターの使い方をする準備ができていました。これは私たちにとっては野心的な曲でした。また、この時に初めて音楽がセレーナの詞に本当に合っているように感じられました。それぞれ互いに組み合わされるべくして書かれたように。歌詞はすごく苛烈で生々しく、すごく不幸なことについて歌っています。女たちと一緒に自分らにとってすごく大切な人についての曲を作ること、自分らの気持ちをこんなにもまとまって完全に反映した曲を作ることは、強烈な経験です」
ザパタが殺されたことで、それまではかなり理想主義的だった人々から無邪気さが失われた。

パンクスとして、女性として、敵意をはねのけようとするのはごく自然なふるまいで、必要なことですらある。しかし、身を切られるような喪失感とはまた別に、彼女たちは自分たちが若く創造的で強いにもかかわらず、そのクールな世界においてすら無敵ではないのだということを痛感させられてしまったのだ。シアトルのパンクスは永遠に変わってしまった。

「ミアはタフで世慣れた街の子《ストリート・スマート》だった。にもかかわらず、誰かが彼女にあんなことをできたというのは、本当に恐ろしいことでした」と、アグニューは震える。

＊＊＊

深夜の路上で女が安全でいられるところはどこかにあるだろうか？　かつてどこかでそうだったことが？　はたして私たちの歩き方が攻撃を招くのか、そしてそれへの「正しい」対処法はあるのか？　一九七〇年代半ば、アメリカでそうしたマーチが始まり、現在でも悲しいかな国際的な毎年恒例のイベントにならざるを得ない状況がある。テイク・バック・ザ・ナイト〔＊〕。リクレイム・ザ・ナイト〔＊＊〕。そうした活動のすべては路上での女性を狙ったレイプや殺人事件に駆り立てられたものだ。雑誌『モア』によれば、二一世紀初頭、日没後に街をひとりで歩いても安全だと感じる英国の女性はわずか五％だった。一九八二年に英国のローダ・ダカールがスペシャルAKAとリリースした〝ザ・ボイラー〟は、ポップスとしては異例のテーマの恐ろしい曲で、まるで加害者の喉を摑むようにリスナーの心を摑む。ともあれ、これが英国のポップチャートで三五位にランクインしたのは、この曲の素晴らしさだけが理由ではなく、多くのリスナーがこれを自分に関わることとして感じていたからというのもあるだろう。大衆に与えたインパクトは絶大だった。ダカールの記憶によれば、それはメディアがこの曲をレイプ魔と同じぐらい脅威に感じていたからだ。土曜日の朝のラジオでこの曲が流れるやいなや「大騒ぎがはじまった」と、彼女は言う。「不適切な内容」として主要ラジオ局で放送禁止となり、主要小売店の棚からも撤去された。

「そこで、ちょうど高等裁判所の判事が、デートレイプの罪で懲役刑を出されていたガードマンを、前途有望な青年の人生を台無しにしてしまうという理由で放免したのと合わせてこの曲がリリースされたという話が出たんです。私は事態を利用しているとして非難されました」。ダカールは言う。「私は自分の立場を守るためにラジオインタビューにまで出演したんです！もちろん、そういう人たちは、レコードが発売されるまでにどれだけの時間がかかるのかをわ

＊　夜を取り戻せ。路上の性暴力をなくすための国際的な運動。一九六〇年代にベルギーと英国で始まり、七〇年代には米国で盛り上がりを見せた。その後もさまざまな形で運動は継続し、二〇〇一年に米国で非営利団体テイク・バック・ザ・ナイト・ファウンデーションが設立されている。

＊＊　夜を取り戻せ。一九七五年に英国リーズの女性たちから始まった路上の性暴力をなくすための運動。二〇〇四年以降、ロンドンで毎年マーチがおこなわれている。

かっていませんでした。わかっても彼らは止まらないんです、それ以前も以後も！」

一九六〇年代初頭にジャマイカで生まれたスカは、弾むような曲調ですぐに好きになれる音楽だ。独特のキックが出入りする駆け足のスポーティなビートは、これをキングストンのスタジオ・ワンで最初に作り出したスカタライツが愛するジャズのソロ演奏用に残しておいたスペースによって、さらに興味深いものとなった。それから二〇年が過ぎ、ジャマイカの旧植民地支配者の故郷である英国では、2トーンと総称される人種混合グループの数々が作るアップデートされたスカが人気を博し、手っ取り早くオーディエンスを獲得するルートとなった。マッドネス、ザ・スペシャルズ、セレクターといったバンドがこのスタイルを取り入れた。自身の女の子スカ・バンド、ボディスナッチャーズと一緒に〝ザ・ボイラー〟を書いたシンガーのダカールは、こうした音楽を聴いて育ったわけではなかった。しかし、それはこの若き演劇学生にとってのパスポートとなった。すなわち彼女が借りてきた〝ブラックネス〟というアイデンティティを演じることができる、既にスポットライトで照らされたステージだったのだ。

「私は中学の頃ポップの大ファンでした。義務でボブ・マーリー・アンド・ザ・ウェイラーズの『ナッティ・ドレッド』（このジャマイカのバンドにとって2枚目の世界発売されたLP）を聴いていたけど、私はむしろデヴィッド・ボウイ、アリス・クーパー、ニューヨーク・ドールズ、ルー・リードに熱中してましたね」と、ダカールは説明する。

Rhoda With The Special A.K.A.
The Boiler
Two-Tone 1982

私は幼い頃に地元の路上でレコード店から流れてくるジャマイカの音楽を聴いていました。うちの近所のラム・ジャム・クラブが窓を開けている時に流れてくる音楽も。六九／七〇年の小学校で、私たちは運動場で初期のレゲエに合わせて踊って、当時のヒット曲を歌っていました。何人かのクールな男の子たちはベン・シャーマンのシャツ、リーヴァイス、サスペンダー、モンキーブーツを着用していました（スカを愛好するスキンヘッドのスタイル）。ミリーの〝マイ・ボーイ・ロリポップ〟――いとこのジャニスがブリクストンのレコード店、デズモンズ・ヒップ・シティに連れて行ってくれた時に買ったんです――彼女はナイジェリアのラゴスでミリーを生で観たことがあるとか――を除いては、私にとってスカは〝年寄りの音楽〟でした。いまも大ファンというわけではありません。

その一年後に二枚のシングルを残して解散したボディスナッチャーズは、スカの流行に乗っかった一瞬の花火として片付けられてしまうかもしれない。しかしこのバンドには本物の才能があり、ダカールにとっては正真正銘の発射台となった。その後、彼女はスペシャルズで歌うようになり、ライヴ活動とインディーでのリリースを続けている――本書に頻出する一定の休止期間を経て。

「全員女性の環境から音楽活動をはじめたことで、私にとってはそれが普通になったと思います。私にもバンドができるんだと思ったきっかけは、モ・デッツでした。ケイトとジューンは既に知り合いで、シンガーを探してるって聞いてたから。そこで出しゃばる厚かましさはなかったんだけど。女たちが女たちを感化するんです。時には仕方なくまぬけなことになってしまう場合もあります。私にはもうそんなことはありません。だって私が私の責任者だから」と、ダカールは言う。

〝ザ・ボイラー〟は、ボディスナッチャーズの最初の曲であり、最初のライヴで演奏した唯一のオリジナル曲だった。ダカールがこの曲をついに録音した時、彼女は2トーン・ムーヴメントの創始者であるスペシャルズとの活動を終え、このバンドを仕切っているジェリー・ダマーズの次のプロジェクトに参加する前にソロの可能性を試していた。サウンドはスペシャルズ時代のスカ、すなわちジョン・バリーによる一九六〇年代のジェームズ・ボンドのテーマのようなアレンジに染まったホーンセクションが特徴だ。特定の実話に基づいているわけではないが、痛々しく真に迫っているこの曲は、聴く者を不安にさせる。この曲が持つ力の一部は、通例なら陽気さを連想させるスカのサウンドと、デートレイプというぞっとする主題とのあいだに張り詰める緊張感から生じている。これまでに録音された中で最大級にドラマチックな曲のひとつであるこの曲の最も恐ろしい部分は、レイプそのものでも、そこに至るまでの緊張感ですらなく、名前のない主人公自身の地下二階的自己愛だ。男がこの女の子を手荒に扱いはじめると、彼女は彼を拒絶する。彼はジア・ワンが〝アスホール、アイム・ノット・ユア・ベイビー〟で使ったような、被害者を責める典型的なポン引きの手口で対抗する。彼は彼女を嘲笑い、そこから立ち去る。今回もその手口は通用したのだ。

「うちに来いよ、角を曲がったところに住んでるんだ
朝に帰ればばいいだろ？」
「うーん、気が進まないな、今日知りあったばかりだし、
ちょっと早すぎない？」
すると彼はいきなり激怒する
「おい聞けよ、俺はおまえが身に付けてるやつを買ってやったし、
ここの代金も持ったじゃないか……

くだけた会話形式からはじまって、ダカールはおとぎ話の王子様的な結末に向かう可能性も含まれたシンプルな人間ドラマのサスペンスを構築する。しかし、実際は……どうぞご自身の耳で確かめ、恐怖せよ。ダカールは演劇の客を相手にすることに慣れていた。「バンドをやる前は、オールド・ヴィック・ユース・シアターに所属していて、即興の経験もあったんです。〝ザ・ボイラー〟は音楽に合わせた即興劇でした。それまでバンドと曲を作ったことがなかったので、あれは私が参加者として知っている演劇と、観客として知っている音楽の中間的な作

品になったんです。時間が経つにつれ即興は固まってきて、あらかじめ録音されたバックトラックに合わせてテレビの生放送でやれるまでになりました」と、彼女は語る。

ティカ・ヤヒヤとキャスリーン・ハナが女性に対する暴力についての音楽を発表した際には、それまで隠されていた告白が彼女たちのもとに洪水のように押し寄せたが、ダカールの音楽的カタルシスはそれとはまったく異なる反応を招いた。「女性が自分の経験を話してくれた記憶はないですね。私のオーディエンスはほとんどが男性で、〝ザ・ボイラー〟を聴いた時、たいていはちょっとばかり愕然としていました」

＊＊＊

スカ、レゲエ、ダブなど、音楽大国ジャマイカから生まれた一連のスタイルは、ローダ・ダカールに彼女が〝ザ・ボイラー〟で試してみた音楽言語を与えた。ジャマイカの創造性のリヴァーブが響き渡っている範囲は、この国のサイズには比例していない。そのアイデンティティに含まれている何かがジャマイカの文化的影響力を、キューバを除く他のカリブ海の島々よりもずっと大きくしているのだ。

この島の革命的ラスタ運動は、比較的遠く離れたロサンゼルスの芝居がかった若きチカーナ・パンク、アリス・バッグことアリシア・ヴェラスケスにも活力を注いだ。バッグはラスタの精神性を用いて、彼女が〝バビロニアン・ゴルゴン〟で呼びかけている相手――それは個人かもしれないし、恋人かもしれないし、社会かもしれない――を罵り、神話的なメタファーを混ぜこぜにして、ラスタのコスモロジーにおける邪悪で強欲なシステムことバビロンの脅威を喚起する（この二一世紀初期においては、それをネオリベラリズムと呼んでもいいだろう）。当時のロサンゼルスのジャマイカ系コミュニティは比較的小さかったものの、ラスタの神秘は英国から伝わり、その情報はレゲエに夢中のフランス人クロード・ベッシーとその妻フィロメナ・ウィンスタンリーをはじめとする人々が共同で創刊したLAのパンク雑誌『スラッシュ』の誌面にも掲載されていた。

〝バビロニアン・ゴルゴン〟には多義性が揺れている。バッグは、どうやら脅威となる可能性のある男性（っぽい）人物――恋人？――と、家父長制の両方を同時に扱っているようだ。もしそれがこれから深まりそうな関係だとしたら、疑念を抱くバッグは求愛者を厳しいテストにかけていることになる。それはレイプ犯なのか、それとも攻撃的でおせっかいな隣人なのか？　怒りと恐怖が今にも爆発しそうな静脈のように、筋肉隆々の曲の下で脈打っている。

おまえらの私生活はいらない。
おまえらの業界の嘘もいらない。
おまえの政治家の夢も、

おまえの心理劇の企みも。
一歩間違えれば死んでしまう！
いざ行かん、バビロンのゴルゴン。〔＊〕我は沸き立つ。

さまざまなパンク・シーンの第一波のうち、ロサンゼルスは最も演劇的で、当時アメリカで最もきわどいランジェリーショップだったフレデリックス・オブ・ハリウッドから生まれたゴ《ト》ミクズ《ラッシュ》美学を備えていた。パンクの熱いニュースは、まずロンドン―ニューヨーク間でポゴし、それから大陸を跳び越えて最終的にハリウッドにたどり着く。ロサンゼルスの南のオレンジ・カウンティ周辺では、非常にマッチョなハードコアがパンクの同義語となっていた。ライオット・ガールに「女の子は前へ！」と呼びかけさせることになった、まるでラグビーのスクラムのようなテストステロンのモッシュピットだ。一方、ハリウッドのシーンは、口がうまく、賢く、それでいて不吉なふたりの仲裁人によって、半分でっちあげられたような感じだった。すなわちランナウェイズを結成させたベテランのプロデューサー兼ソングライターのキム・フォーリーと、ラジオDJのロドニー・ビンゲンハイマーである。後者によるロドニーズ・イングリッシュ・ディスコは、地元の音楽好きの浮浪児たちの群れにとってパンクの中心地となった。このだいぶ年を食った男性ふたりの捕食性の好みゆえに、LAシーンの多くは、ザ・ゴーゴーズとランナウェイズの両方がそうだったように、公の場でほぼランジェリー姿になってロックする未成年に近い女の子たちを中心に回っている様子だった。英国の女パンクスのたくましい革命家精神やニューヨーカーたちに好まれたモノクロームの不透明性とは大違いである。イヴリン・マクドネルがランナウェイズについての本『ノイズの女王たち』で書いているように、この広大な地では単純にバンドを組むだけでも相当な覚悟が必要だった。とりわけ車を持たない低所得あるいは無収入のティーンにとっては、ロジスティクスの問題から事実上ほぼ無理だったのだ。ランナウェイズの軽佻浮薄なパンク・ロックの楽しさには独自のエネルギーがあり、彼女たちは最高に商業的な女パンクのひとつとなった。一部の部外者にはどちらのバンドも、そのロリータ的な魅惑からパンクとしてはちょっと信用ならないように見えてしまいそうだ――まるで彼女たちが年頃のステップフォードのパンケットたち〔アイラ・レヴィンの小説『ステップフォードの妻たち』を参照〕よろしく集められていて、フォーリーとその取り巻きたちの安っぽいファンタジーをなぞっているだけではないにしても、〝チェリー・ボム〟のような曲で彼らの手助けをしている、といった感じで。フォーリーには明らかに才能とカリスマがあり、彼が抱えていた悪魔は噂されてはいたが、完全に白日のもとに晒されたのは二〇一五年、彼が死んだ年だった。ジャッキー・フォックス（通称フォックス）は、あるパーティで、バンド・メンバーのジョーン・ジェットを含む人々が見守る中フォーリーにレイプされた、と『ハフィントン・ポスト』のインタビューで述

＊　ギリシャ神話の怪物の三姉妹。頭髪が蛇になっていて、見る者を石に変えてしまう。恐ろしい女、醜い女。

べた——ジェットはこれを否定したが、他の人々は認めている。LAのロココ調の退廃の薄暗い渦にハリウッドのけばけばしい輝きが重なって、そうした厳しい事実はこの先もぼやけたままになるのかもしれない。とはいえ、そこに不正行為や虐待があったことに驚きはない。

LAっ子のベリンダ・カーライルとゴーゴーズはビンゲンハイマーのもとで育ったものの、最終的には女性のマネージャー、ジンジャー・カンゾネリと契約を結んだ。また、Xのエクシーン・セルヴェンカやザ・クランプスのポイズン・アイビーのような果敢なLAパンクたちは、しばしばLAのトラッシュ美学の中心のように見做される小児性愛者的なフォーリーのコンセプトを避けていた。バッグスのアリスは、フォーリーとビンゲンハイマーのスヴェンガリ的支配のもとにもう少しで引き込まれそうになったものの、音楽の道から外れることなく、後にパフォーマー、作家、アクティヴィストになった。バンドの名前は、彼女たちが最初にパフォーマンスをした時、（シチュエーショニスト的な？）いたずら心から食料品の袋を頭からかぶったことに由来している。地味で実用的な茶色い紙袋は、チカーノ〔メキシコ系米国人。女性の場合はチカーナと呼ばれる〕の女性アーティストたちが必要不可欠な存在であるにもかかわらず支配的なシステムに無視され、放置され、さらには否定されているようにすら見えることを象徴的に表現しているように見えた。網タイツを履いた抵抗のバッグス版だ。

自分をアウトサイダーだと感じるのに慣れていた人々に、グラムそれからパンクは、解放感とひとつの方向性を提示し、それは最終的にバッグにも力を与えた——この世代で事実上唯一のチカーナ・パンクである。数十年後、彼女はチカーナ女子パンク第二世代にあたるフェアを、ジョーン・ジェットと共同でジョーンのブラックハート・レーベルのためにプロデュースした。

　他の多くの人々と同じく、バッグもたくさんのルームメイトや男女の友人たちをパーティのやり過ぎで失っており、多くの場合は薬物の過剰摂取が関係していて、その薄暗い刺激は彼女の仲間たちに常について回っていた。そうして命を落とした人の中には、シーンの創始者である仲間のザ・ジャームズのシンガー、ダービー・クラッシュも含まれていた。ともあれ、ロサンゼルスのパンク・シーンの雰囲気は、しばしば最も快楽主義かつ退廃的なものに感じられた。

「楽しみの要素はデカかったわ、もちろん！　他の人はわからないけど、最初にパンクに熱中した時、あたしは若くてバカだった。あの頃、あたしの視野は今よりずっとずっと狭かった。世界における自分の立ち位置も自国の政府の動きが他の国々にどんな影響を与えるかもわかっていなかった」と、バッグは振り返る。「あたしはグラム出身で、そこの政治的感性は革命前のフランス宮廷みたいなものだった。LAパンクは最初のうち特に政治的な意図はなかったけれど、そこに多様性があったおかげで社会的に意義のあるものになった。特に一九八〇年代に入って、とある右翼の俳優が最高司令官になってからは〔一九八一年にかつて映画俳優だったロナルド・レーガンが第四〇代アメリカ合衆国大統領に就任〕、このシーンはより政治的に育っていったの」

　彼女は〝ヴィー・ドント・ニード・ジ・イングリッシュ〟という曲を書いた。これは文化的支配力がある意味ニューヨークからロンドンに移ったことに対するパンクの反応である。ニュ

Bags
Survive
Dangerhouse 1978

ーヨークのバンドたちは遠く離れた西海岸を訪れた際にも崇拝されていたのだ。とはいえ、英国から受け取った知恵は、メキシコから受け継いだものと同じぐらいにバッグを作りあげてきた。

「デヴィッド・ボウイを見たことが、あたしにとってアンドロジニーの官能的な側面を理解する助けになったんです。また彼は最初にバイセクシュアリティについて語った人物でもあって、あたしはそれまでその言葉を聞いたことがなかった。自分が認められたように感じた。当時、あたしは10代で、異性愛で認められる範囲を超えた性的な欲望に胸を痛めていたから、ボウイがバイセクシュアリティは正常だし健康的なものだと語るのを聞くのは特別に重要なことだった」と、バッグは振り返る。「グラムがスキル、ショーの完成度、一般に言う過剰性を重視していたとしたら、パンクはそれを本質まで削ぎ落とした。パンクはあたしに、唯一の限界は自分が自分自身に課したものだけということを見せてくれたの」

グラムのマジカルミステリーは、アリシア・ヴェラスケスが彼女の周囲の風変わりだがトラウマ的なゲットーの荒廃から別のところへ行く助けになったが、最終的に彼女を解放へと導いたのはパンクだった。一九四〇年代の映画に出てくるハリウッド大通りの娼婦たちのように、アリス・バッグはステージでコルセット、ガーターベルト、網タイツを身につけていたが、ランナウェイズとは異なり、それらを違った形で自分のものにしていた。ご婦人の寝室ルックは敢えて挑発的だが、だいぶ年上の男性が考えるセクシーな女性像に従っているようには見えなかった。そして彼女はますます磨かれてゆくにつれ、より広い世界と関わりを持つようになった。

「あたしのバンドは、よく社会的・政治的団体の資金調達のために演奏するよう依頼されていました。そうしたベネフィット・コンサートは、資金を集めるのと同時に人々の意識を向上させるんです。CISPES（エルサルバドル人民連帯委員会Committee in Solidarity with the People of El Salvador）という団体のために何度かコンサートをやったのを憶えています。CISPESは当時レーガン政権によって支援されていた腐敗した政府と闘っていたエルサルバドルの人々を支援していました」

アリス・バッグの最初のアルバムの鍵となる曲が〝ヴァイオレンス・ガール〟で、これは後に彼女の回想録のタイトルにもなった。そうこうするうちに彼女は、愛はあるが有害な自らの家庭環境に折り合いをつけていった。父親は欲求不満と酒への執着から母親を虐待したが、母親はバッグがどれだけ懇願しても決して別れようとしなかった。晩年、父親が弱っていくにつれ、夫婦の結びつきはより強くなっていった。これはバッグが〝バビロニアン・ゴルゴン〟で鞭打った、社会構造や人間関係などから生まれた共依存の副産物だ。

彼女の語り口はしっかりとしてドラマチックだ。彼女は唸り声で語りかける――まるで人を飼いならすライオンのよう。しかし、〝バビロニアン・ゴルゴン〟では、このイーストLAのカソリックの女の子は、外国のラスタの想像力を借りた。彼女がバビロンという概念、すなわち腐敗した資本主義国家の家父長制という考え方に馴染みがあったのは、西海岸で成長中の西インド諸島移民のコミュニティのおかげだけではなく、雑誌『スラッシュ』の影響によるものですらなく、スリッツやレインコーツといった白いUKのパンク・バンドの音楽的血流を吸収してきたからでもあったのだ。そして、黙示録的で啓示のようなラスタの想像力とエネルギーもバッグに語りかけた。その一方で、ジャマイカ生まれのグレイス・ジョーンズは、その魅惑を満喫するに至るまで、一度は島を離れてふたたび戻ってくる必要があった。

＊＊＊

自らの運命をコントロールする威圧的な女主人《ドミナトリックス》として登場したグレイス・ジョーンズとアリス・バッグは、共にステージ上で鞭を打つ。しかし、どちらの女性のパワーも苦労して勝ち取られたものだ。ジャマイカで、ロサンゼルスで、ジョーンズとバッグは子供時代に厳しい虐待を受け、それを乗り越えねばならなかった。精神的な虐待（バッグは母親を守る必要があった）だけでなく、ジョーンズの場合は文字通り鞭打たれていたのだ。ジョーンズの両親はアメリカに移住する際に彼女をジャマイカに残していったので、彼女は田舎の厳格なクリスチャンの祖父母に育てられた。ジョーンズの祖父は保守的な人間だった。祖父は、子供たちには人生の残酷さに備えるために厳しい規律が必要だと信じていた。壁には彼が世話をしている子供たちひとりひとり用の鞭がずらりと並んでいた。

ジョーンズはステージで鞭を使うことがあるかもしれないが、彼女が観客を支配するのに小道具はいらない。必要なのは、彼女のさげすむようなまなざしと堂々たるポーズだけ。そうした圧倒的なペルソナとは別に、ジョーンズは爆笑を呼ぶ愉快な人物でもある。

「ジャマイカに戻ってくると、思い出すことがあるの」。ある蒸し暑いジャマイカの夜、クリス・ブラックウェルが経営するオラカベッサのホテル〈ゴールデンアイ〉のビーチに一緒に座っていた時に、彼女は言った。「あたしが子供の頃、ラスタは怖がられていたってことを忘れないで。ドレッドが自転車で近くに来たら逃げてベッドの下に隠れろって言われてたのよ——まるでハーレーダビッドソンに乗ったヘルズ・エンジェルズみたいに！　外の世界に出てからは、あたしはまた別の比較をするようになった。つまりあたしがハーレーダビッドソン的なことをやったの！　何が怖いの？　ラスタほど怖そうに見えないでしょ、彼らは自転車に乗ってるわけだし」と、彼女は笑った。「彼らがハーレーに乗っているのを想像できる？」

ウィットは常にジョーンズの武器として装備されていた。しかし見かけによらず、ジョーンズは常にタフだったわけではない。この地球上で最もカリスマにあふれた恐るべき女性《フェム》のひとりであるジョーンズは、一九八二年に私が雑誌『ハーパーズ＆クイーン』のためにインタビューした際、マンハッタンのユニオンスクエアにある工場を改築した建物のエレベーターで壁に向かって泣いていた。あのイメージと、あの音楽と、目の前のこの女性のあいだには奇妙な断絶があった。その一時間ほど前、ポップに新たな次元を運び込んだこのモデル兼ディスコクイーンは、自ら進んでこのビルのペントハウスの周りを這い回り、カメラに向かって唸り声をあげていた。マンハッタンのダウンタウンにあるこのロフトは、もうすぐ彼女の夫となるフランス人、ジャン＝ポール・グードが所有していた。彼はジョーンズのスヴェンガリであると同時にデザイナー兼ヴィジョナリーで、その手で作りあげられた彼のミューズの驚くべきイメージは、彼女のスターとしての地位を確固たるものにした。

ジョーンズとグードはその後もずっと親しい間柄でいる。息子のパオロは成長して彼女と一緒に演奏するようになり、彼と一緒に曲を書いたと語るジョーンズの顔は輝く。しかし、ほとんどのカップル同様、しかも一緒に仕事をしているとなれば、そこには荒れ模様の瞬間も訪れるもので、これがその時だった。「あの人はいつもあたしを動物にしたがる！」。彼女はエレベーターの中で叫んだ。アマゾニアン《男まさりの》・ジョーンズは、時にはただ穏やかに女らしくいたかったのだが、見たところ当時のグードは、彼が崇拝する不屈のディーヴァのこうした変化にどう対処すればいいのかわからなかったようだ。じきに彼女には、女戦士を体現してくれということでアクション映画の大作から声が掛かるようになる。

グードは彼女の中に陰と陽の完璧な融合を見出し、あの神々しくもシンプルなスタイリングが生まれた——髪をフラットトップにしたボクサーのような出で立ちで口にタバコを咥えているジョーンズ。お尻の上にシャンパンのグラスを置いてバランスを取り、その曲線を強調するジョーンズ（後に彼はキム・カーダシアンでこのポーズを再現しようと試みた）。総合的に、ジョーンズはすべての人のためのアイコンとして再構築され、その高度に様式化された超越的なアフロフューチャリストの力の空間はジェンダーも肌の色も超えて広がると同時に、その両方へと深く入り込んでいる。しかしあの瞬間エレベーターの中でジョーンズは、自分はフェム〔女性を自認する人〕的な気持ちなのに彼女の男はむしろブッチ〔一般に女性に生まれて男性的に自分をあらわしている人〕路線を期待しているという、突然の亀裂のようなものを前にして泣いていた。ジョーンズはこの緊張関係を解決する道を、ただ誰にも真似のできない彼女自身であり続けることによって見つけることになる。類まれなる自由な精神を持つ彼女にとっては、傍から見たら〝パフォーマンス〟のように見えることも、実のところ現実に他ならないのだ。

一九七〇年代半ばに歌い始めた時、ジョーンズはフィラデルフィア・サウンドの故郷、伝説のシグマ・サウンド・スタジオで、ストリングス・セクションの名手ギャンブル・アンド・ハフと一緒に、〝ラ・ヴィ・アン・ローズ〟などのうっとりするようなディスコ・ヒットを作った。こうしてゲームの達人たちと一緒にやっていた頃のジョーンズは、自分自身を音楽機械の歯車と見做しており、自分の声に自信がなかった。ジャマイカ生まれのジョーンズは、つらい思い出がたくさんある土地に戻って長期滞在するのも不安だった。彼女が常に切望していた自由は、この島を離れてからようやく彼女のもとを訪れたのだった。しかし、彼女のレーベルの社長で

Grace Jones
Living My Life
Island 1982

あるアイランド・レコーズのクリス・ブラックウェル（彼の妻マリーと彼を引き合わせたのは彼女だ）は、パンクの人生とアートを変えたレゲエのリリースを仕掛けた人物であり、今度は同じ鍋を逆方向にかきまぜたいと目論んでいた。すなわち、ジョーンズが〝ビッグーマン〟（大人の女性）としてルーツに戻るのを助けようというのだ。

　自分の家族内にある教会の重たい抑圧抜きで新しいジャマイカを発見するのは、ジョーンズにとってうきうきする経験だった。彼女は自身の回想録で、彼女のラヴアフェアに関する噂を否定している――しかし親密になる方法はひとつだけではないし、ハリーは常に最後にはサリーと寝なければならないとは限らない〔映画『恋人たちの予感』（一九八九年）を参照〕。あの時ジャマイカにいた私には、〝彼女のジャマイカの男〟と仲よくつるんでいるジョーンズはしあわせそうに、再生したようにすら見えた――それが実際どんな性質のものであろうとも。

スモークからトーク〔チップ、マリファナたばこ〕を取って
ドアのところに立たないで
床で伸びをして
そうすれば彼は倒れない

あたしに向かって倒れない……
あたしのジャマイカの男、あたしのジャマイカの男

ジョーンズは説明する。

〝マイ・ジャマイカン・ガイ〟はあたしがクリス・ブラックウェルのコンパス・ポイント・スタジオでのレコーディングのためにバハマに行った時のある瞬間にインスパイアされた曲。あたしは彼の家にいて、プールサイドのラウンジチェアに座っていたら、ウェイラーズのキーボード奏者、タイロン・ダウニーが水中から出てきて、彼のドレッドを振った――まるで犬が水から出てきてブルブルするみたいな？

それは、あたしが見たことのあるもののうちで最も美しい光景のひとつだった。あたしにはスローモーションに見えたの、視覚的に。あの時、頭の中で〝マイ・ジャマイカン・ガイ〟を書いた。タイロンはあたしのものじゃないけど、ジャマイカからの連想で彼はあたしのもの。その一節を思いついた後は、OK、ここから次はどこへ行こう？　と。なぜならあたしは当時ガールフレンド／ボーイフレンド関係の人はいなかったし、基本的にあれは水から出てきたあの瞬間のタイロンとあたしの視覚的アフェア。その後、あたしはあるジャマイカの男と恋に落ちた（満足そうに）。まるであたしが彼を予知したみたいね。

二番の歌詞は、コンパス・ポイントでのパーティから着想を得たもので、ジョーンズによればそこで人々は寝転がってマリファナたばこを楽しんでいたそうだ。ジョーンズは楽しげに自分の歌を引用する。「『レイドバックして《くつろいで》、昔を振り返らないで……くつろいで、でも尻込みしないで』。もちろん、音楽は言葉そのもの。この言葉と一緒に、風の中の音楽が聴こえてくるでしょう。あたしが音楽と詞を書きはじめた頃の曲のひとつ。ちっちゃな紙切れ一枚持ってスタジオに入ってくるあたしを見守ってくれたミュージシャンたちのおかげよ」

〝マイ・ジャマイカン・ガイ〟のベースは、太く、ぐらぐらした感じで流砂のように吸い付いてくる。歯切れのいいドラムは、小節ごとに新鮮なリズムを刻みながら、あなたをはらはらさせる。他に間違えようがないコンパス・ポイント・オールスターズのサウンドで、今回はギタリストのバリー・レイノルズとフランスーアフリカ系シンセサイザーの達人ウォリー・バダロウが参加していた。ベースのロビー・シェイクスピアとドラマーのスライ・ダンバーは、リディム・ツインズとして知られており、文字通り蝉のような音色にプログラミングされたデジタル・ドラムを演奏する。それはまもなくリジー・メルシエ・デクルーも謳歌することになるフュージョンの世界だった。優雅なナッソーのやや退屈な雰囲気のもと、ヤシの木とピニャコラーダに囲まれてトロピカル・ファンクが発展した。ここにはよそでは常態のストレスがない。そう、キングストンのダウンタウンにあるレコーディング・スタジオとは違うのだ。

いつもは自分の歌に自信がないのと同じように作曲能力にも確信を持てなかったジョーンズだが、〝マイ・ジャマイカン・ガイ〟では才能が開花した。歌詞はシンプルだが、〝マイ・ジャマイカン・ガイ〟の繰り返しのあいだに挟まれる短いフレーズは、効果的に狙いを達成している。ジョーンズは、確固たるリズムの上で、無表情かつ熱っぽくタイトルを繰り返す。レゲエの一流リズム・セクションであるダンバーとシェイクスピアは、この曲に呪文のような力をもたらし、お互いを意識するふたりの人物のあいだの言葉にならない切迫した熱を召喚する。グルーヴの快適さとくつろいだ感覚の中に、愛する人に意味のない赤ちゃん言葉をつぶやくような特別な親密さが示唆されている――そしてジョーンズはついに自分のルーツとロマンスを安らかに受け入れている。彼女が彼の特徴を挙げることによって伝統的なジェンダー役割は逆転され、ジョーンズがこのブレッドレン〔男友達／親友〕を伴侶として選んだことが感じ取れるのだ。とりあえず彼が「レイドバックして」いるあいだは。

＊＊＊

UKパンク第一波においてカップルは生まれるものだったが――ナンシー・スパンゲンとシド・ヴィシャスは悲しい悪例だ――セックスを友人間ではごく普通のこととして捉え、当然ゴシップの対象になるけれど、道徳的にはとやかく言わないのが当世流とされていた。事実、自由はパッケージの一部だったから、そんなことを言うのはパンクではない。パンク式のセックスとは、大急ぎのめちゃくちゃな出会いを示唆していた――クラブのトイレや汚いスクウォットでやるような（ほとんどのパンクスは立派な住居を持っていなかったから）。ＡＩＤＳがその楽しみに直接冷水を浴びせ、同時にサッチャーとレーガンと新保守主義がしばしば根拠のない戦争に世界を巻き込み、アフリカや中東の多くの地域を荒廃させることになった八〇年代初頭まではそんな感じだった。そしてあの時代の余波は二一世紀初頭になっても世界を恐怖に陥れ、ヨーロッパの様相を一変させることになった。

一九七〇年代、人々がペニシリンやピルによって解放されＡＩＤＳがまだ存在しなかった頃には、古い求愛のルールがいったん撤回されたように見えたものだが、二一世紀のインターネット・ポルノによって招かれたイノセンスの喪失と出会い系サイトでの簡単に入手可能な〝スクウェルチング〟パートナーの流行は、花束とチョコレートのロマンスをまるでクリノリン〔一九世紀半ばに発明された、スカートを膨らませるための骨組みのある下着〕のように遠い昔のことに感じさせるのではないか。新世紀には、社会の進化に応じた人間存在のさまざまな新しい在り方に応じて、その前の世紀には文字通り不可能だった形の関係が結ばれるようになり、ラヴとアンラヴの両方に未知の領域が切り拓かれていくはずだ。思えばパンクがはじまった頃でさえ、二一世紀初頭にサンフランシスコのトライブ８のようなバンドの手に届いた医学的に補強されるジェンダーの流動性は非常に目新しく、莫大な費用をかけてブラジルに行かないと手に入らないものだった。パンクが誕生した世紀の終わりには、冒険者たちはその未開のジェンダーのフロンティアを歩き回っていた。

一九七〇年代の英国におけるパンクのたまり場には、ケンジントン・ハイ・ストリートの〈ソンブレロ〉やロンドンのソーホーにあった〈クラブ・ルイーズ〉のようなゲイ・クラブも多かった。下位文化《サブカルチャー》とされていたそれは既に合法化され、同性愛者の権利運動は支持を集めていた。しかし、世間の態度が法律に追いつくのが遅く、同性愛はまだ少しばかり影に身を潜めていて、暴力的なスキンヘッドの間では、パキ・バッシング（南アジア系移民を殴ることを意味する、無頓着すぎて恐ろしいスラング）同様にゲイ・バッシングがさかんだった。

一九六七年に同性愛が合法化されていたにもかかわらず、「英国の敵意に満ちた空気の中では、パンクは特に役に立たなかった」と、ライターでパンク愛好家のジョン・サヴェージは振り返る。「初期の参加者の多くがゲイまたはバイセクシュアルだったにもかかわらず、英国パンクは同性愛に賛同の意を示さなかった。超エキサイティングな時代だったが、四〇年を経た今、私がよく覚えているのは、パンクの沈黙の共謀です。誰も同性愛について語ろうとしていなかった。フェミニズムはあり。でも同性愛者の権利や認知にまつわる意識はなかった。ゲイ的な主題を扱ったパンクの曲は、すべて暗号化されていて、どこか周縁的なものだったのです」

つまり、UKパンク第一波からは、ゲイのジャンルは生まれなかった。しかし、そうした状況は一変する。二一世紀初頭は、パンクにおける愛、あるいは愛そのものについて考えるにあたって興味深い時代だ。古代ギリシャ、日本の歌舞伎、イギリスのシェイクスピア劇の女性の役は伝統的に男の子たちによって演じられてきた。しかし、二一世紀においては、トランスジェンダー男性が出産し自分たちの赤ちゃんを育てるような状況も、珍しいがまったく知られていないわけではない。まるで現実がオクテイヴィア・E・バトラーやマーガレット・アトウッドなど、変わりゆくジェンダーを先取りしてきた未来派作家たちの作品のようだ。

当時もジェンダーフルイド〔流動的なジェンダー〕のアーティストたちは、クィアの感性を運ぶアヴァンギャルド・アートのコンベアベルトことウォーホルのニューヨーク工場《ファクトリー》の銀箔貼りの子宮で花開いていた。たとえば一九七四年に亡くなったグラマラスなトランスジェンダー女優のキャンディ・ダーリング。CBGBの常連でパンク全盛期の一九七七年に彼女のグラムな自己をロンドンに移植し、ジ・エレクトリック・チェアーズを結成したウェイン・カウンティ、後のジェイン。カウンティのブリーチ剤的存在感は、グラムなニューヨーク・ドールズ（基本的にはドラァグを取り入れたストレートの男たち）がパンク直前にサスペンダーでめかし込むことを可能にしたのだった。

おいおい——競争は勘弁！　女性を惹き付けるために二倍頑張らなければならなくなるのを危惧した男性たちから叫び声があがる。ストレート男性のうちでも特に安全でない立場にある人々が、多様なジェンダーの惑星の到来を恐れるのも不思議はない。論者たちは、こうした多様な性的ペルソナはこれまでずっと存在していて、ただ抑制されていただけだと主張するだろうし、確かにそうかもしれない。しかし、二一世紀初頭は総ジェンダー花盛り、アーティストのペルソナにとってジェンダーが重要な鍵となる時代である。複数ジェンダーの猫が男女の二項対立の袋から飛び出して世界中を歩き回っている。十年以上にわたって男性として自身のバンドであるアゲインスト・ミー！のフロントに立っていたフロリダ州ゲインズビルのローラ・ジェーン・グレースが、二〇一二年、堂々と公に性別移行したのは画期的な出来事だった。なぜならファンは大きな誠意をもって彼女を見守ったからだ。このロッカーの音楽的スタイルは変わらず、彼女は自分のオーディエンスをジェンダーの曖昧さを理解する旅へと一緒に連れていった。染色体や社会的条件、その他もろもろによって隔てられたジェンダーの境界線が多孔性であることの認識を高めるにあたって、グレースの明快さは極めて大きな役割を果たした。またこのことは、音楽を特に女性的にしているものは何か、はたしてそんなものは存在するのか、という問いを投げかける。今後の録音作品にグレースの肉体的な変化が反映されてゆくのかどうかはまだ未知の領域だ。

＊＊＊

サンフランシスコのトライブ8による一九九六年のはちゃめちゃな曲〝チェッキング・アウト・ユア・ベイブ〟のクライマックスは、性器のサイズをめぐって男性ともしかしたら女性のあいだで決闘を繰り広げる騒々しい寸劇だ。現在は代名詞「they」〔＊〕あるいは「he（彼）」で

Tribe 8
Snarkism
Alternative Tentacles 1996

呼ばれることを選んでいるシンガーで作詞作曲もするリン・ブリードラヴは、ブッチの女性として「あんたの彼女はそそる」と歌った。ブリードラヴの敵意ある嘲笑と唸り声は、この曲の舞台をクラブの裏路地に指定する。喧嘩の準備は万端だ。堂々たるバンドはギターに推進されるどっしりしたミドルテンポからパンクの熱狂への音楽的な変化を、単なる偽りのライヴァル関係を描写しているだけでなく、男たちがいかに登場人物の女の子を貶めているかを分析した歌詞と一緒に聴かせる。最終的に知らされるのは、この戦いが基本的な思いやりと尊敬にまつわるものだということだ。

「あんたの彼女はそそる」からは、ストレート男性は自分の彼女を閉じ込めておいたほうがいい、なぜならこのクラブには欲情したダイク〔男性的レズビアン。レズビアン一般を指す場合もある〕たちがいて、改宗の使命に燃えているから、という強烈な物語が伝わる。「思うに、あれは僕らの心の中にある一種の伝説のようなものだったんじゃないかな」と、ギタリストのサイラス・ハワードは謙虚に告白する。「だけど僕らは新しいシーンが生まれつつあるのを見てきた。間違いなく大都市ではそうだった、L7やビキニ・キルがいて」。じきにトライブ8自身も、クィアコアまたはホモコアと呼ばれる、もうひとつの新しいジェンダー表現シーンの鍵となってゆく。

トライブ8の曲のウィットに富んだドラマは、ステージ上の演劇性に発展していった。彼女たちはすべての会場を乱痴気騒ぎのSMダイク・バーに変えようとした。ドキュメンタリー映画『ライズ・アップ』には、そのジェンダーを茶化しまくる戯れの様子が記録されている。去勢のまねごとをしたりヘテロセクシュアルの男性客にディルドをフェラチオしろと迫ったり。このバンドによるステレオタイプ的な男性に対するあざやかな風刺からすると、ギタリストのフリッパーが大いにからかわれていた方の種族に性別移行したのは、一部の人々には驚きかもしれない。しかしトランス男性として自分自身の男らしさを生きることは、彼にとって昔からの夢だった。サイラス・ハワードとなったギタリストはテレビや映画やドキュメンタリーの監督をするようになり、しばしばトランスジェンダーをテーマとして取り上げている。

「僕はジョークで自分のことをニセ男性《フェイク・メール》と呼んでいるけど、それは政治的に正しくない」と、ハワードは笑う。「僕はストレートでもないし、ああいういわゆる（家父長制的な）男性でもないからね」。ジョークがトライブ8の鍵だ。この曲が収録されているアルバムのタイトル『スナーキズム』〔**〕からしても、このバンドがほぼ間違いなく周縁的なアイデアにそれを呑み込みやすくするひとさじのユーモアを加えて提示したいと思っていたことがわかる。

ハワードは振り返る。「本当にバカっぽくいることが僕らの個性の大事な部分だった。ただ

＊　一般に三人称複数の代名詞として使用されてきたtheyは、現在では性別を特定しない三人称単数の代名詞としても使用される場面が増えている。日本語の定訳は今のところない。

＊＊「不機嫌、いらいら、皮肉」を意味する“snarky”に「〜主義」を意味する“ism”をつけた造語。

ただ皮肉でいてね。物事を真面目に受け取らない。僕らにはパラドックスへの愛があった――だからこそ〝ユア・ガールフレンズ・ホット〟や（よりどぎつく政治的な）〝レズボフォビア〟みたいな曲を録音することができたんです。僕らはたくさんのストレートなスペースに出演して、受け入れられました。僕らは常にアウトサイダーだった。ゲイにとっても、ストレートにとっても――僕らはひとつの新現象でした。ユーモアが人々をそこに巻き込みました。それが僕らのパスポート」。ハワードは続ける。

僕らはどこにも馴染めなかったから、どこにでも行くことができたし、クィアとパンクのあいだに新しい空間を作り出すことができた。僕らのユーモアを解せないストレートの人たち――まあ自分でやっててよくわかってなかった時もある！――も、エネルギーとアティテュードを受け取りました。しばらくすると、クィアでいるのはクールなことになった。

僕は今、男性寄りに自分を表現しているけれど、男らしさ、女らしさ、両性らしさ、あらゆる表現を受け入れています。僕は自分のクィア・ブッチ・パンクとしてのアイデンティティを見つけるまで、女性としてうまくいったことはなかった。僕はずっと両方のジェンダーを感じています。自分の歴史を否定するつもりはありません。女パンクという概念が大好きです。もし誰かが僕をそこに含めたいと思ってくれるなら、やあ、いつでも大歓迎。むしろ、性別移行したことで僕はより熱心なフェミニストになったと思います。

一九九〇年代の第三波フェミニズムの時代にその足跡を刻んだトライブ8は、急速に進化する社会の最前線をゆくウィットに富んだ戦士たちだった。「多様性は商品化され、人々は安売りされます。でもトライブ8では、僕らはみんな揃ってクィアでトランスだった。数としては少ないけど、僕らはお互いのケツを守った。それが僕の仲間なんです」。気持ちのいい人間性を見せつつ、彼はそう結んだ。

＊＊＊

トライブ8はユーモアと対立を駆使して、一九九〇年代の新たなジェンダーのフロンティアにおける境界線をすり抜けた。しかし、旧来の二元的なジェンダーのフロンティアでさえ、地図はしばしば必要とされた。血気盛んな一九七〇年代には、それ相応のアティテュードを伴うパンクの立場があったが、より洗練された一九八〇年代になると、もっとチャラついた〝自己《ミー》中心《テリ》／物質主義《アリズム》〟の価値観が優勢になった。粗野で無骨な最初のパンクの時代の終わり、レーガン／ブッシュとサッチャーの自己中心的な新たな十年の始まりに、ふたつの短命だが長く愛された女性（または平等なジェンダーの）バンドが、他とは異なるパンクの女性たちの見解を示し

Au Pairs
Playing With A Different Sex
Human Records 1981

た。

一九八〇年代前半の英国ポスト・パンク界は左派が中心で、男性たちが少なくとも解放された人間としてふるまうことが期待されていたコミュニティとして望ましい、爽快で平等主義的なラヴソングが生まれていた。この時代は、ヒップホップの台頭や非英語圏の〝ワールド〟ミュージックに対する認識の高まりなど、創造的かつ前向きな動きも見られた。しかし、作家のスーザン・ファルーディが一九九一年のベストセラー『バックラッシュ―逆襲される女たち』で説明しているように、八〇年代を通じて次第に女性の地位向上は後退した（元祖パンクのやんちゃな女性たちがほぼいなかったことにされたのも含め）。彼女と同じくフェミニスト論客であるナオミ・ウルフは、『ニューヨーク・タイムズ・マガジン』の記事でこれを「未来は私たちのものとなり失われる」と表現した。「これまで常にそうだったように、予想された反動《バックラッシュ》が訪れる。邪悪の八〇年代は肩パッド、シリコン、人員削減の時代。再び――あまりにもすぐに、全面的に――女性たちは〝忘れる〟」

レスリー・ウッズとオー・ペアーズはその時代を生きた。「その前の時代からの反動は本当にありました。前の時代はかなり左翼的で進歩的になりはじめていましたから、反発は普通に起こってあたりまえです。サッチャーの子供たち、つまりヤッピーたちが登場しました。成功していて、会社員で、いい家といい車を持っていなければ人にあらず。それまで私たちがクソくだらないと叫んできたような人々が運用する気取った価値観にふたたび戻ってしまったんです」と、ウッズは語る。

この力に満ちたブルネットのシンガーソングライターは、社会的な意識の高いポップスを一〇年にわたって作った末、政治的な職業すなわち移民弁護士としてロンドンで働きはじめた。「一九九二年からはじめたのだけど、二〇一〇年代半ばになってこんな過酷な状況が訪れるとは思っていませんでした」。ウッズは私たちの文化状況の変遷について指摘する。

オー・ペアーズがはじまった頃は、私たちにはああいう〝イズム〟の概念は何ひとつありませんでした――年齢差別《エイジズム》、性差別《セクシズム》、性的指向による差別とか。それが今では完全に逆に振れています。私が言っているのはごく単純な事実のこと。あの頃、人々は現在の私たちがされているようには法的に守られていませんでした。中絶や同性愛はちょっと前に合法化されたばかりでしたが、私がああいう曲の数々を書いていた頃には、まだ妻が夫にレイプされていてもいいことになっていたんです。また、父親や夫が署名しない限り女性は家を買うことができませんでした。これらのジェンダー問題の多くはだいぶ改善されてきましたから、もし自分が今オー・ペアーズのようなバンドにいる若い女性で、他のクリエイターたちに囲まれていて、なおかつみんなで同じ価値観と怒りを共有していたら、もっと他の闘いについて歌っていたでしょうね。たとえば移民問題。子供の性的搾取と人身売買。女性の同一賃金。ともあれ、私たちには怒っていることがたくさんあった。

「私たちはみんなすごく怒っていた。その理由には、自分の親たちが第二次世界大戦とホロコーストに関わった世代だったからというのもあります」と、彼女は続ける。「なんで彼らはあんなことを起こさせてしまったのか？　なんで彼らは人権の擁護や闘争に加わらないのか？　私は自分の母と父がデモに参加しているのを見たことがありません」

そう、平等があるべき初期設定になっている左翼界隈にいる限りは（その理想を裏切る人がいようといまいと）、保守派でいるより女性パンク・ミュージシャンでいる方が生きやすい。それは保守派も認めざるを得ないだろう。そのだいぶ健康的な現実は、プログレッシヴ・ポップの最先端を示すものとして称賛された一九八一年のアルバム『プレイング・ウィズ・ア・ディファレント・セックス』に収録されているオー・ペアーズの基調曲《キーノート》〝イッツ・オヴィアス〟に輝いている。ライターのサイモン・レイノルズとジョイ・プレスは、これを〝アジット・ファンク〟と呼ぶ。よく一緒に並べられるリーズの左翼バンド、ギャング・オブ・フォーや、その〝姉妹〟グループであるデルタ5に似て、オー・ペアーズの音楽は非常に音数が少なく、予想外に跳びはねるメロディーラインと歯切れのいい歌詞を備えている。厳格でありながら歌心のあるベースラインと神経質なギターが対位法的に配置され、フリー・ジャズのサキソフォンを一滴。ドラムは控えめで、ほとんどがドラムキットのトップで演奏されている。まるでダクトテープで貼り合わせた脆い音の網のようでもあるが、どんなロックにも負けず劣らず強い。

ここのところひとりきりで過ごしてる
すごくいい感じ
そしてまたあなたといる、それも等しくいい
それは天国……
あなたは平等だけど違う人
それは明白、それは明白

この曲でウッズは、彼女たちの周りの平等を尊ぶ人々の輪にはときどき出現した、彼女たちが見たいと願っている世界のヴィジョンを、皮肉含みかもしれないものの肯定的に描き出している。「この曲はあらゆる状況にあてはめられるポジティヴな曲です」と、彼女は言う。これは愛についての歌であるのと同時に、「女性、黒人、ゲイの権利、アパルトヘイト、北アイルランド、炭鉱労働者のストライキ、スクウォッターなど、当時起こっていたことに対する私たちの気持ちが要約されています。たくさんの対立があったんです」

「私の感覚では、私たちはみんな同じ側にいた」と、彼女はデルタ5、ギャング・オブ・フォー、ミーコンズ、ニューヨークのブッシュ・テトラズについて言う。しかし、もっと広い世

界は時にもっと敵意に満ちた場所だった。

私が育ったのは、車の後部座席に一緒に座っているだけで男が下着を脱がせようとしてくるような時代でした。私たちがバンド活動をはじめた頃に同じライヴに出ていた人たちはそういうのが多くて、彼らはバンドに女性がいることに対処できなかった。きれいにもかわいくも歌わないぞって感じでいると彼らはすごく軽蔑的な態度になるから、怒ってそうはっきり言うと、それも気に入らない。彼らはすごく怯えていたんです。

でも、私たちは素晴らしい男性たちと一緒にやっていて、私には素敵なボーイフレンドや恋人がいました。一九六〇年代に解放運動がはじまった時、女性の役割は男たちが爆弾を落としに行く前夜にファックすることでした。一九八〇年代にギャング・オブ・フォーみたいな政治的な男たちが出てきて、その頃になると彼らは女性の政治と性の政治も受け入れなくてはならないってことをわかっていたんです。

このバンドは一九七七年、ウッズがギタリストのポール・フォアドとバス停で出会って結成された。ふたりはすぐにお互い補完しあえる音楽的技術やアイデアを持っており、情熱もあることに気づいた。バンドを組もうとなった時、ジェンダーは二等分にすると心に決めていたので、〝バーミンガムで唯一の女性ベーシスト〟を探すことになり、それがジェーン・モンローだった。

「私はちょうど左翼フェミニズムに熱中しはじめたばかりの本当に若い女で、たぶんすごく世間知らずでした。マージ・ピアシーやシモーヌ・ド・ボーヴォワールをたくさん読んで『わあ、これはすごい』と思っていたんです」と、ウッズは説明する。オー・ペアーズは、ロック・アゲインスト・レイシズムその他の運動の場で尊敬を集める確固たる存在となった。ウッズは述べる。「私たちは他の多くのバンドみたいに周りに謝って回ったりしなかった。一部の人たちは政治は退屈でそれについて歌うバンドも退屈だと考えていました。喉に無理やり突っ込んでるみたい、とか。オー・ペアーズは政治的で、それを恥じるところはありませんでした」

＊＊＊

〝一部の人たち〟とはひょっとしたらモ・デッツのことかもしれない。彼女たちは、パンクはもっと女の子っぽいものであって然るべきだと信じ、近い将来シンディ・ローパーが〝ガールズ・ジャスト・ワナ・ハヴ・ファン〟で高らかに掲げるうきうきとはしゃいだ笑い声を取り戻そうと決意していた。〝ガールズ〟は一九八三年のヒット曲だが、作者のロバート・ハザードがその原曲をリリースしたのは一九七九年で、モ・デッツの〝ホワイト・マイス〟と同年である。その名前が示唆する通り〔モデット（modette）は女性のモッズを指す〕、彼女たちのスタイルとイメージは一般的な女性らしさの範疇に収まり、柔らかなパステルカラーとイェイェ（英国のスウィンギング・シックスティーズ／モッズの美学のフランス版で、当然の如くより洒落ている）の中間に浮かんでいる。モ・デッツのギタリストであるケイト・コリスは、レインコーツとスリッツの元メンバーだ。彼女は〝ライト・オン（その通り）〟というファンクのフレーズへの批判を例にして、独善的な政治的正しさを嘲ってみせる。

「〝ライト・オン〟は、しばしば惨めで、反動的で、見下しているように聞こえる。まるで反抗的な女性は用なしみたいに！」……あるフェミニストは私たちのことを「退屈した主婦たち」と呼んでバカにしました。男たちだってもっと心の広い味方になることもできるはずです。スリッツの後、私は全員女の子でやるってアイデアから離れていきました。それは私たちを一種の〝変わり者《フリーク》〟の立場に置いているようで、私には不自然に感じられたから。でもドラマーのジューン・マイルズ＝キングストンと一緒に新しいバンドを組もうと思っていろんなプレーヤーを試してみたところ、私たちを怖がらず支配しようともしない男が見つからなかった。女の子ばかりになったのは意図的にそうしたわけじゃなくて、条件に合う男性がいなかったんです。ベースのジェーン・ペリー・クロックフォード（後のウッドゲート）も似たような経験をしていたし、私たちはお互いがお互いに引っ張られるように集まったんです。

彼女たちの〝かわいこちゃんとの出会い〟は、いかにもこの時代らしい。ウッドゲートはくすくす笑いながら振り返る。「リッソン・グローヴの生活保護受給列でばったり会ったの。ケイトには既にドラマーのジューンがいて、私にはシンガーのラモーナ・カーリエがいた。私たちが初めて一緒に演奏したのは、セックス・ピストルズの練習室でした。ロンドンの音楽シーンのど真ん中、いわばティン・パン・アレーよね」

この若き女性たちは最初のパンクの暴動の中心に組み込まれていたのだ。クラッシュのシンガーソングライターであるジョー・ストラマーが、初心者のコリスにギターコードをふたつ見せ、「このふたつの情報があれば君は何でもできる。やってみろ」とアドヴァイスした。「そして彼は正しかった！」とコリスは笑う。「〝平等〟のために闘うことは、実際自分自身を〝比べて劣る〟と見做していることになる。ジョーが授けてくれたのは、指図ではなくエンパワメントでした。あの頃、アーティストたちに関しては、界隈の雰囲気は水平で包摂的に感じられました。ファンも同様です。私たちの基本的な〝アジェンダ〟は、私たちが音楽を作っている個人だということでした。私たちはパンクもフェミニズムも、または他のいかなるジャンルにも帰属意識を持つことはありませんでした。というか、お互いほとんど認識してなかったんです！」。ブルジョア的個人主義にも左翼的集産主義にも与さないモ・デッツは、自分たちがシステムの外側で機能していると感じており、たとえそれが自分たちの仲間うちのものであって

Mo-Dettes
The Story So Far
Deram 1980

も多数派がどう言っているかは気にしなかった。彼女たちのかわいいパンク的姿勢《パンキチュード》はより実存的なもので、個人の経験と分析に根ざしていた。「もし女の子たちへの／についてのメッセージがあるとすれば、女性であることは謝ったり隠したりすることではないということです。女性としての自分のために立ち上がるのに、ブッチとかいかれたやつとかにならなきゃいけないわけじゃない。あなたは男の子を好きになったりスカートを履いたりお化粧したりしていられるし、自分らしくいればいい。〝女の子のように遊ぶ〟ことは、〝男のように遊ぶ〟のと何も変わらずいいことなんだから」。コリスの結論だ。

モ・デッツは左翼のお決まりの慣行をひっくり返すのが大好きだった。

「男の子をナンパして誘惑するのが私の人生。で、逆にやってやろうと思ったんです！ 私たちのレーベルのディストリビューターだったラフ・トレードは、私たちにとても熱心でした――だけど、そこですらフェミニストの労働者の一部には、私たちが性差別主義者だと言って反対する人もいました」と、ウッドゲートはいまだに驚いている様子で語る。とりわけシスジェンダー女子としての性的な積極性は、モ・デッツのガールグループ的ハーモニーの陽気な合唱と鳴り響くサーフ・ギターを転覆させる。「私はムラムラした二二歳の女の子で、パブに座って男の子をナンパすることを考えていました。男の方が女たちを引っ張る支配的な存在でいることにうんざりだったんです」と、ウッドゲートは憤慨した様子で言う。「私自身かわいい男の子を見て、『ねえ、私と遊ばない?』と言う時、すごく捕食者的になる可能性もあります。私は女性の本質は男性の本質と同じくらい強いと信じているからこそフェミニズムを避けていました。私は生涯通してずっとフェミニストです——同一賃金や権利を信じています——でも当時はレッテルや敵対勢力が多すぎて、この運動に仲間入りできませんでした」。モ・デッツ後、ウッドゲートはアートスクールの成人学生となり、修士号を取り、そのうちオーガニックフード関係の仕事に就いた。彼女の〝捕食者的〟行為は、ハーヴェイ・ワインスタインのそれとは違うのは明らかだ。

モ・デッツを結成する前、コリスはスリッツやレインコーツだけでなく、後にプラグヴェックとバーバラ・ゴーガンが歌った〝アイム・イン・ラヴ・ウィズ・ア・ジャーマン・フィルムスター〟のヒットで知られるザ・パッションズに分かれたザ・デレリッツにいたこともある。こうした経験から、〝ホワイト・マイス〟の生意気な口のきき方が形成された。この曲は、グレイス・ジョーンズ同様、彼女たちが自分の方でパートナーを選びたがっていることを示している。

言ったでしょ、ベッドに一直線
もっとハードにしなくていい……

バカなまねしないで、ぐずぐずしないで
弱虫を愛したがる女の子はいない
踊って楽しんで、うまくやって
私のナンバーワンになって

うねるベースに乗って進む〝ホワイト・マイス〟は、サーフ・ポップのオープンコードを思わせるコリスの鋭く鳴るギターによって、さらに倍うきうきと気取って跳ね回る。偽ノスタルジックな六〇年代ガールグループ風バックコーラスに彩られたウッドゲートの歌詞には、若く美しい者の——あるいはとにかく自信に満ちあふれた者の持てる権利が滲み出ている。ダンスパーティでは、男性に誘われるのをじっと待つ代わりに、「あなたの持っているものを見せて」で行くのがこの女の子のやり方。彼女は自分が何を欲しいのかわかっていて、求めることを恐れない。この曲には非常に現代的な感触のみだらな挑戦が歌われている。

「メロディーは私のもので、曲の枠組みになっているジェーンのベースラインに合わせて書きました」。コリスは振り返る。「その後、フライング・リザーズのデヴィッド・カニングハムがフェイザーをかけてギターを加えました。リズムを均等にするためだったと思う。自然発生的なリズムよりも〝安定した〟リズムを好む人々との戦いは、今でも続く私の戦いのひとつです。でも、この曲に関しては結果を気に入りました。でなきゃこの曲はまっすぐ没にされていた」

しかし、〝まっすぐ〟の歩みはここで終わった。バンドはこの後すぐ、見当違いのマネジメントや無神経なレコード会社のせいで道を踏み外してしまったのだ。

コリスは言う。「私たちの周りにいたプロのスタッフたちは、私たちを型にはめなきゃいけないと思っているようでした。彼らの多くは、私たちが彼らの考えるロックンロールのような音を出そうとはしていないことがわからないようでした。彼らは本気で自分らがバンドをサポートしてると考えていたと思います」。数々の衝突の中には、所属レーベルが彼女たちをあのあまりに大衆向けなユーロヴィジョン・ソング・コンテストに出場させようと考えていたという話もある。

スリッツのようにモ・デッツもレゲエとラヴァーズ・ロックのプロデューサー、デニス・ボーヴェルと組んでおり、彼が手掛けたダブ・セクションはこの曲の魅力の鍵だ。「デニスからたくさんのことを学んだけれど、あのトラックは全然私たちらしくなかった。キーボードが何台かないとライヴでは再現不可能だし」。コリスは嘆く。「せめてレコード会社が私たちはユーロヴィジョンには出ないって理解してくれていたら。彼らが私たちを操ろうとしているのは最初から明白でした。女の子だからってもっと世間知らずに違いないと思っていたのかしら？契約の席ではシャンパンがふるまわれたけれど、私は座ってあのクソ契約書を読みました」――え、弁護士抜きで？――「そして私たちはあの項目に気づいた。口約束では保証すると言っていたクリエイティヴ・コントロールを放棄させようとしていただけでなく、彼らは妊娠ペナルティまで忍び込ませていたんです。男のために書かれたレコーディング契約書だったら、親になることにまつわる条項なんて入れられてないはずよ」

＊＊＊

一部のレコード会社にとっての恐ろしい可能性、すなわち新しい命がマーケティングのスケジュールを狂わせるという事態は、途切れることなくずっと革新的であり続けるアフロ・ユーロ・USアーティスト、ネナ・チェリーに起こった。彼女の〝バッファロー・スタンス〟は一九八〇年代後半にパンクとラップとレゲエが揃ってジュージュー音を立てていた火山口の縁に位置しており、一〇代のチェリーはそのすべての若々しい熱を吸収していた。〝バッファロー・スタンス〟が収録されているアルバム『ロウ・ライク・スシ』のレコーディング中、チェリーは彼女にとって真ん中の子供にあたるタイソン・マクヴェイ――彼は成長し、彼女の娘たちナイマとメイベル同様ミュージシャンになっている――を妊娠していることに気づいた。チェリーは、サーカ・レコードの社長アシュリー・ニュートン（DJハーレー・ヴィエラ＝ニュートンの父）に妊娠を伝えた。「アシュリーは産むなとは言わなかったけど、すごく困惑した顔をしていた。私はただ『大丈夫よ』と言い、事実、もともとそうあるべきだったかのようにうまくいったの。私が妊娠したからって止まらずに前に進みつづけたのは力づけられる出来事だと思ったし、それは悪いことではなく、美しいことだった」

チェリー（と彼女の弟でミュージシャンのイーグル・アイ）が生まれた音楽の王族には、彼女の〝おじさん〟ことジャズの伝説オーネット・コールマン、彼女の父親でシエラレオネ出身のパーカッション奏者アーマドゥ・ジャー、そしてマルチメディア・アーティストである母親モキがおり、モキの手による衣装とステージデザインは、ネナを育てた継父でハーモロディック理論のトランペット奏者、ドン・チェリーの周辺に漂うカラフルな雰囲気に大いに貢献していた。ネナのアヴァンギャルドなボヘミアン的育ちとパンクを最初に結びつけたのは、パンクの偶像破壊者のひとり、ウィットに富んで言葉巧みなイアン・デューリーだった。彼はジャズ界に足を踏み入れ、自分のバンドであるザ・ブロックヘッズとのツアーに参加するようドン・チェリーを招いたのである。当時一四歳だったネナもついていって、同じく出演者だったスリッツと出会った。竜巻のようなリードシンガーのアリ・アップとすぐに大親友《シストレン》になったネナは、二年にわたってこのバンドに参加した。それから彼女は激烈なポスト・パンクのリップ・リグ・アンド・パニックの一員になった。シンガー兼ダンサーのアンディ・オリヴァー（後に有名シェフ兼レストラン経営者になる）と一緒に、ネナと当時の夫ブルース・スミス（両方のバンドでドラムを担当）は、情熱的なハーモロディック・パンク・ファンクの嵐を巻き起こした。

チェリーは現在、スウェーデン、スペイン、ロンドンを行き来しつつ、彼女の個人的な痛みと喜びのガスタンクから吸い上げた焼け付くようにミニマルかつ現代的な音楽を作っている。また、映画で演技もしているチェリーは、彼女自身が調和のとれた集合体だ。彼女が二番目の夫でシンガー／プロデューサーのキャメロン・マクヴェイとデュエットの相手であるセネガルのグリオの巨人ユッスー・ンドゥールのふたりと共同で書いた一九九四年の曲、深くヒューマニストな〝7セカンズ〟は、二一世紀が訪れようとする頃にフランスで「二〇世紀の代表曲」に投票で選ばれた。しかし彼女は、一九八八年に〝バッファロー・スタンス〟で見せたパンクBガールのカリスマによって既にスターになっていた。

「すべてはあの時と場所だった」と、チェリーは彼女がアートに囲まれて育ち、年若いティーンエイジャーとして表現をはじめた一九七〇年代後半の緊迫と衝動を強調する。

「私はいろんなものの寄せ集め、ポプリみたいなものなの。リップ・リグ・アンド・パニックを離れて、自分自身のアイデンティティを見出すようになった私は、ニューヨーク、ロサンゼルス、スウェーデンで育って一六歳でロンドンにやって来た。そこで昔のレゲエ文化を発見した――「ユースメン」と、ネナがつけ加えたのは、彼女の強力な曲〝マンチャイルド〟の作者兼シンガーの名前だ。「ルーツ意識、レゲエの革命とアクティヴィズムの声は本当に重要」。（個人情報を明かしておくと、UK音楽プレスの若きライターとして、私はチェリー・ハリケーンに巻き込まれた。モキ・チェリーはアーティストでいるのと同時に家庭生活も持てるのだということを私に見せてくれたし、アリ・アップとネナと私の三人はダブ・プロデューサーのエイドリアン・シャーウッドのためにプリンス・ファー・アイのようなアーティストの後ろで歌っていた。私たちはレゲエ・シェビーンズことアフターアワーズのクラブのサウンドシステムに合わせて朝まで踊ったものだ）

「パンクとレゲエとヒップホップのコネクションが美しかったのは、誰でもその一部になれたところ。だけどその最も重要な成分は、自分自身を見つけ自分自身の声を持つことだった。自分でライムを書かなきゃいけなかった。〝バッファロー・スタンス〟は同調しないことについての曲」と、チェリーは言う。

それは曲に起こるおとぎ話だ——ちょっとしたB面曲が、ただメイン曲より大きくなるだけでなく、その時代の重要曲のひとつとなる。夜明けの笑顔と古代のコインに刻まれた女神のような横顔を持つチェリーは、スタイリストのレイ・ペトリを中心とした音楽・スタイル集団《ポッセ》バッファローのクールな子として知られていた。雑誌『フェイス』をヴィジュアルにおいて時代精神を決定づける推進力にした革新者ペトリと、スタイリスト兼ジュエリーデザイナーのジュディ・ブレイムを含んだ彼のチームは、ストレートのリーヴァイス、白いTシャツ、米軍のボンバージャケットというジェームズ・ディーンの一九五〇年代美学のアップデート版を基本にした新しく包摂的なラガマフィン・モッド・ルックのイメージを打ち出し、これはたちまち女の子にとっても男の子にとってもクラブの国の制服になった。まばゆい光を放つチェリーは初期の『フェイス』の表紙に登場して、その瞬間を封じ込めた——そして妊娠中に〝バッファロー・スタンス〟のプロモーションでテレビ番組「トップ・オブ・ザ・ポップス」に出演し、膨らんだお腹でタイトなミニスカートを履いて踊って、歴史に名を刻んだ。そんなことをやってのけたアーティストは彼女が初めてだった。

「あの曲を作った時は、あまり深く考えてなかったのよね」と、彼女は言う。「オリジナル・ヴァージョンは、実はモーガン・マクヴェイによる〝ルッキング・グッド・ドライヴィング〟のB面だったの」

ストリートに立つあのジゴロは誰?
ポケットに手を入れ、足もとはクロコダイル
歩道のへりで不機嫌そう
売り物の女の子たちはひどいカール
ブラで盛ってストローでビールを吸う
パンツを下げて、あんたのどこで手に入れたの?

〝バッファロー・スタンス〟を最初にリリースした時、チェリーは既にスミスと離婚してシングルマザーになっていた。そこでバッファロー・ポッセに組み込まれていた彼女は、マクヴェイと関係を持っていた。爽やかなシンガーソングライターだったマクヴェイと、ジェイミー・モーガンとのデュオ、モーガン・マクヴェイの方が、最初は推されていたのだ。三人はより

Neneh Cherry
Raw Like Sushi
Virgin 1988

ストリートの感性を備えたB面のためにアイデアを交換し、詞や節を考案した。しかし、曲全体の味わいを象徴するのは、活発なニューヨークあるいはLAの気分を放つチェリーだった（彼女は両方の街で暮らしたことがあった）。ビデオの中で「なめんじゃないわよ」と歯切れよく口に出すチェリーの目には、彼女の耳に輝くフェイクゴールドの特大ヒップホップ・イヤリングと同じくらいリアルなホームガール［ホームボーイの女性版。マブダチ、地元の仲間］の炎が宿る。そして、心のこもった歌から偽コックニーのアクセントで発音されるスマートなラップへとスムーズに切り替わるのだ（「彼ってどんなよ、結局!?」は、クラブ経営者とDJファット・トニーのお気に入りのキャッチフレーズだ）。「この曲を作ったのは、キャメロンとジェイミーがあの曲にPA（バックトラックへの個人的《パーソナル・》な出演《アピアランシズ》）していて、もっとクラブっぽくて意志のある曲が欲しいと言っていたからなの」と、彼女は何てことのない様子で振り返る。「私はDJマイロとネリー・フーパー（ビョークとブリストルのワイルド・バンチのプロデューサーで、マッシヴ・アタックの共同設立者）と一緒にスタジオに入って、わずか数時間で〝バッファロー・スタンス〟ができた。私はずっとあのパンクのメンタリティが好きだから。型通りの〝イズム〟の数々をおもちゃにして、物事をひっくり返すの」

　チェリーの確信に満ちた声は、既に火花を散らしていたトラックに火をつけた。DJティム・シムノンことボム・ザ・ベースは、レコードをスクラッチすることがまだ目新しかった時代に、ヒップホップ初期の無邪気な時代に、マンガ的発想力とウィットに富んだやり方で独自のミックスとフローを編み出した地元のヒップホップ・アーティストだった。彼は捨てられていたB面曲を拾い上げて埃を払い、一九八八年にチェリーをスタジオに呼び戻して、〝ルッキング・グッド・ドライヴィング〟のリフをサンプリングし、それから驚きと共にマラカスのように鳴るトラックに合わせて曲全体を再録音したのだった。

彼女はあの強烈な語りの部分をフリースタイルでやった。「あんたの靴が擦り切れ、おなかは轟音を鳴らしてる時」、そしてパチンと勢いを強めるイントロがやって来ると、彼女は角の店に向かう。「ストリートに立つあのジゴロは誰? ポケットに手を入れ、足もとはクロコダイル」。ただちに灰色の湿ったロンドンではなく、うだるような暑さのニューヨークの夜を過ごすアルファベットシティの非常階段、あるいはLAのコンプトン地区の玄関ポーチ、子供たちが路上で自分の手管とスタイルを試している光景が立ち上がる。この物語は古くからあるものだが、クリッシー・ハインドの〝プレシャス〟のように結末は未定のままだ。ミスター・クロコダイル靴は女衒のシノギのために新鮮な肉を探しているが、主人公は疑いを抱いている。しかし、そこでチェリーが突然、自分の言葉を詩的な痛切さと共に歌う。「お金がなくても私の愛は獲得できる/それが私にとっての甘さ《スウィートネス》」

「この曲はラヴソングだけど、ある意味おかしな形での自分自身へのラヴソング。女性の視点からのラヴソングの多くは、サビが依存的でしょ——私はずっとあなたを待ち続けるわ、とか。でも、これは積極的に防御的で、むしろ自分自身の靴を履くことを祝福するアンセム」と、チェリーは言う。

そしてこのレコードも、自分の足で勝手に歩きだした。「ボム・ザ・ベースと一緒にツアーに出たの」。チェリーは回想する。「私たちにはバックトラックが三つあって、ギリー・G（彼女たちの友達）がMCを担当していた。〝バッファロー・スタンス〟はその中のひとつだった。小規模なツアーだったけど、人々はあの曲に気づきはじめた。そして飛び立っていったのよ」。無名のアーティストの曲が米国と英国両方のヒットチャートで三位を獲得した。「あれはそういう曲のひとつ。音楽の旅と共にある人生の途中で、そういうことが何度かあるというのは幸福なことよね」

しかし、チェリーにとってそれはたいへんな時期だった。初めての契約、ふたりめの子供の誕生、初のソロLP制作――そしてAIDSで衰弱していたメンターのレイ・ペトリを見守ること。ある日、レイは、ソーホー・スクウェアで彼女と一緒に座っていた時に言った。「僕はもうすぐ出ていく。新しい人生は正しいに違いない」

「私の核心はいつもそこのところにあるの。若くして子供を持ち、極めて共同的に、一緒に音楽を作りながら、自分たちらしい生き方をしてきたというのが、私の人生の物語」。チェリーは言う。「結局のところ、それはお金よりもずっと大きな価値がある」

パンク・ラヴはしばしば心身を削る物語となり、はたして自律的で創造的な生活のためには犠牲が必要なのだろうかという問いと共に、ジェンダー戦争と権力闘争にまつわる交渉を引き起こす。これらの曲の中で、女性たちは懸命につながりを求めている。女性の肉体、特に若い肉体が、まるで吸血鬼が新しい生贄の乙女を求めるかの如く捕食的なエンタテインメント業界が定期的に更新せねばならない商品となっていた場合、私たちは自分のエロティックな衝動をどのように理解し、解き放てばいいのだろうかと模索する。結婚はどうやら深い協力関係あるいは不公平な取引と見做されているものの、誰かと融合したいという衝動は残っている。もしあなたの遺伝子上の家族があなたの行くべきところについていけないのなら、パンク・ラヴが意味するところは、仲間《トライブ》を集めることであり、それはもしかしたら前例のない形のコミュニティとなるのかもしれない。ジェンダーの流動性は境界線を揺さぶることで、「女の子はこういうもの」という歴史的慣習の地雷原にも影響を与えている。問われているのは単純に女の子と男の子が恋に落ちる理由だけではなく、「女の子を女の子たらしめるものは何か、あるいはその逆は?」でもあるのだ。もし自分が自分自身を認識できなかったら、愛を見つけるのはより難しくなる。誰とならしっくりくるのかは、やってみない限りあなた自身にもわからないのだ。

LINEUP TRACK LISTING

ラインナップ＆トラックリスト

1. **Pragaash (India, 2014)**
   このインドの10代女子トリオは宗教指導者が発令するファトワーによって活動を禁じられ、レコーディングもできなかった。

2. **The Vinyl Records, "Rage" (India, 2017)**
   ニューウェイヴの再発明、インド式。怒りに燃える反抑圧の歌詞を、受け取りやすい陽気さをもって伝える。

3. **Sleater-Kinney, "Little Babies" (US, 1998)**
   聡明なライオット・ガールたちがサーフ風味のポップ・パンクでジェンダー役割に疑問を投げかける。

4. **Zuby Nehty, "Sokol" ("ハヤブサ") (Czech Republic, 1997)**
   東欧のパンクは音楽的洗練を伴う反逆者であり、しばしば当局から活動を禁止されていた……ズビー・ネィティのシスターフッドは空高く舞い上がる。

5. **Las Vulpes, "Me Gusta Ser Una Zorra" ("ビッチでいるのが好き") (Spain, 1983)**
   女子パンク・バンドの先駆けは古風なスペイン社会に衝撃を与えた。

6. **The Selecter, "On My Radio" (UK, 1979)**
   ポーリン・ブラックと彼女の2トーン・スカ・バンドのウィットと活力は、たいていは敵対的なメディアをも魅了した。

7. **Vi Subversa/the Poison Girls, "Persons Unknown" (UK, 1981)**
   アナーコ・パンクはブライトンのコミュニティを生み、英国政府のアイルランド紛争を堂々たる洞察力で非難した。

8. **Jayne Cortez and the Firespitters, "Maintain Control" (US, 1986)**
焼け付くようなアフリカ系アメリカ人インディー・アーティスト、アクティヴィスト、詩人、パブリッシャーでもあるジェイン・コルテスが、ハーモロディックな曲で社会的抑圧の構造を解体する。

9. **Tanya Stephens, "Welcome to the Rebelution" (Jamaica, 2006)**
遠慮なく物を言い論争を呼ぶインディペンデント・アーティストからの、ダンスするだけでなく変化を起こそうというスリリングな呼びかけ。

10. **Sandra Izsadore with Fela Kuti/Afrika 70, "Upside Down" (US/Nigeria, 1976)**
大きな影響力を持つアフロビート・サウンドの創始者であるナイジェリアのフェラ・アニクラポ・クティは、この辛辣な批判を含む曲を、アメリカのブラック・パンサー党員だった彼のミューズが歌うことを想定して書いた。

11. **Skinny Girl Diet, "Silver Spoons" (UK, 2015)**
ロンドンの姉妹プラスその従姉妹は、動きのあるインダストリアル・エレクトロ・パンクによって、社会に根を下ろした階級的特権をずたずたにする。

12. **Fértil Miseria, "Visiones de la Muerte" ("Visions of Death") (Colombia, 2005)**
1990年以来、コロンビアのフェルティル・ミゼリアのカストロ姉妹は、パンクを使って苦痛と怒りに挑戦している。ナイフの刃と隣合わせの曲。

4

プロテスト
女というバリケード

今、われらのスローガンは「女性労働者同志よ！」だ。孤立してはならない。孤立している時、われらは経営者の意のままに折り曲げられる一本の藁にすぎない。しかし手を取り合った時、われらは誰にも壊すことのできない強大な力となるだろう。

アレクサンドラ・コロンタイ、「われらの任務」、一九一七年

「**私たちはやってみました。**カシミールで女の子バンドはできません」と、インドの若きシンガー兼ギタリストのノマ・ナジールは、いかなる感情もあらわさないよう気遣っている顔で静かに言い切る。地元テレビ局のインタビュアーに、まだ駆け出しのバンドでファンもつきはじめていたプラガーシュ（光）をどうして解散することにしたのか問われると、彼女の表情は

ますます落ち着かない様子で曇ってゆく。まるで何世紀にもわたる伝統の重みがこの不運な一〇代の少女の声帯を押し潰し、パンクが慈しんできた感情のほとばしりのようなものを阻んでいるかのようだ。彼女は誘拐された人質が読まされる偽の声明文のように聴こえる言葉を淡々と語る。カメラの前からもう少しで逃げ出しそうになりながら、怯えた様子のナジールはほとんど聞き取れないぐらいの声で口にする。「……**ファトワー**」。地元のイスラム法学の権威、バシルディン・アフマド大ムフティー〔*〕が、シャリーア法〔**〕に則ってこのバンドは「非イスラム的」だと定めたことは、殺しの脅迫に等しかった。

ナジール、ドラムのファラ・ディーバ、ベースのアニーカ・カリドは、ごく素直な気持ちから女の子たちでパンクなトリオを結成しようと思い立ち、地元のレーベルの協力を得ることができた。二〇一二年、九年生〔中学三年生に相当〕の彼女たちは、文化的再生の希望の星として地元テレビ局に大歓迎され、同局はロックギターに合わせて**タブラ**〔ドラム〕を演奏する彼女たちの姿を喜んで放送した。インド唯一のイスラム州であり、しばしば争いの焦点となってきたカシミール地方は、一九四七年にインドとパキスタンの分離独立に伴って両国による分割統治がはじまって以来のたび重なる紛争から、ようやく立ち直ろうとしているところだった。かつてその美しい山並みと共にカシミールに神秘的な魅力をもたらしていた音楽やダンスの伝統を復活させることは、この地域にとっての最重要事項となっていた。その二年後、ファトワーが発布された。ジャンムー・カシミール州知事のオマー・アブドゥラが「この才能ある若い女の子たちが、一握りの愚か者たちに沈黙させられないことを望みます」とツイートし、支持を表明したにもかかわらず、彼女たちのもとにはネットを介してレイプの脅迫が複数届いた。悲しいかな彼女たちは、パンク・バンドに所属すること——自分たちのやり方で自由に演奏すること——は、そこまでの危険を冒してやることではないと判断し、最終的に口をつぐんでしまった。頭を覆い隠した地味な装いで演奏していたこの控えめなトリオは、今や学生の本分に戻って工学の勉強に集中することを望んでいる。彼女たちが犠牲を払うべきではないのは明らかだ。ナジールは冷静であろうとしていたものの、カメラの前から立ち去ろうとする彼女の両肩には物言いたげな諦念があった。彼女は自らの創造性から立ち去っていく——少なくとも今は。

例外的状況は消耗させられるものだ。女パンクスの存在は、それが真面目なタイプであろうとふざけたタイプであろうと、ある国家が言論の自由や芸術的表現の自由といった権利をどこまで認め、尊重しているかを示すリトマス試験紙であることは間違いない。モザイク宗教のもとで女パンクが存続していけるかどうかは疑わしいところだ。厳格なイスラム運動の一部では、たとえコーランを暗唱する声に節がついていたとしても音楽そのものは**ハラーム**、すなわち禁じられている。宗教儀式には音楽がつきものだが、最も厳格な正統派ユダヤ教は男性が女性の

＊　イスラム教国でイスラム法の運用に関する見解を出す法学者・宗教指導者。
＊＊　イスラム法。イスラム教徒の宗教的・世俗的生活などにまつわる規範を示す法体系。

Pragaash

歌声を聞くことを禁じているために、女性だけの聖歌隊が存在する（パンク・バンドはまだないだろうけど）。

しかしながら、世俗的な世界もまたジェンダーに縛られている。女性たちにはみなそれぞれの——国の、世界の、または家庭内の——最前線があり、パンクを武器に闘っている。障壁を崩さねばならないのが彼女たちの初期設定だ。ほとんどの場合、もし自分たちで自分たちを伝える経路を作っていなければ、彼女たちの声に耳を傾けられることはなかった。内戦地帯にいる人々にとって、自主企画のライヴは、お腹をすかせた子供たちのために物資を集める地域の重要なライフラインとなる。アート指向の人々は気取っていて組織運営には向いていないものと思われがちだが、必ずしもそうとは限らない。こうしたいくつかのアーティストによるアクティヴィズムの特徴のひとつに、（実際の遺伝子によるものではない）拡大家族としての一族《トライブ》の形成がある。地元の仲間たちによる小さなシーンと思われたものが何世紀にもわたって影響力を持つことがある。たとえば一九二〇年代にチューリッヒの小さなキャバレー・ナイトクラブではじまったダダのように。旧来のやり方でマスな市場に届けられない場合、隙間的あるいは新興のメディアのプラットフォームが、結果としてインディーズの帝国を維持するのに役立つ可能性がある。フェスティヴァルやカンファレンスがムーヴメントの成長を促進したり躍進に火を着けたりすることもあるだろう。

道を阻まれたプラガーシュの少女たちは国際的なニュースとなった。彼女たちが音楽をやるのを止められたことは、人権の試金石として受け止められた。それは民主主義と同じように、しばしば恵まれた世界の概念にすぎないと見做される。実際、例のムフティーは〝西洋化〟に雷を落とし、プラガーシュを〝自由主義化〟に加担しているとして非難した。彼はそうしたことが集団レイプや女性の顔に酸を投げつける暴行やパキスタンの山岳地帯における児童婚の花嫁の人身売買といった虐待の数々の急激な増加を招いているのだと主張したのだ。そして『ガーディアン』の報道によれば、「（ムフティーの非難は）性暴力は文化に深く根ざしたミソジニーの結果であると信じる多くの人々を激怒させた」。

＊＊＊

世界中のさまざまな地域が、よりコスモポリタンな都市部と「未開発」地域とのあいだに生じる文化戦争から抜け出せずにいる。ニューデリーのような大都市を拠点に活動するポップ・パンク・バンドのザ・ヴァイナル・レコーズさえも、五七七キロ離れたところで発令されたファトワーに気を留めている。「プラガーシュに起こったことは、この社会の家父長制的な物の見方の反映です。毎日の新聞で報じられている（報じられない場合もある）日常的なレイプ、家庭内暴力、殺人などの恐怖は、私たちに深い影響を与えています」と、ヴァイナル・レコーズはバンドの見解として述べる。

カシミールだろうとデリーだろうと、私たちはまだ安全ではありません。やってはいけないことのリストは長すぎて、ここでは説明しきれません。女性に対する暴力や不正には過酷な歴史があります。悲しいことに、これだけの革命と進歩の年月を経た現在でも、私たちは社会的に構築されたジェンダー役割に基づく差異に囚われ、それが人類全体の発展の大きな妨げとなっているのです。

私たちは大学の放課後に（時にはサボって！）音楽を演奏する若者でした。私たちはインディー音楽シーンの一部であることに喜びを感じていました。二〇一一年当時、シーンは今よりも有機的でした。

近頃では、バンドがより広く受け入れられるのと同時に『ローリング・ストーン』やレッドブルといった企業絡みのライヴも増えてきた。インドの大きな音楽業界において、ヴァイナル・レコーズは新進気鋭のアーティストだ。彼女たちは、しばしば怒りに引っ張られて話題となるカルチュラル・アプロプリエーション（文化の盗用）に自分たちなりのひねりを加え、六〇年代の影響の色濃い切迫したポップ・パンク／ニューウェイヴ的サウンドを開発した。それは彼女たちが発見し、内面化し、己のものにしてきた西洋のポップス、特に女の子たちによって作

The Vinyl Records
（Facebookより）

られた音楽を聴くことから生まれたものだ。彼女たちの陽気なサウンドは、タイトルの〝レイジ〟（憤怒）という厳しい言葉と矛盾する。

ミソジニストくたばれ
これがあんたのベスト？
私は収まらない
あんたの墓には
泥でもかぶってやがれ

ドスンドスンと弾むベースに促されてさまざまな質感がめまぐるしく混ざり合う中、彼女たちは革命を歌い、錯乱状態のドラマを展開し、「よくもまあ、ケツの穴《アスホール》！」「あたしの前から失せろ、クソバカ野郎《マザーファッカー》！」などの叫びと勝利の笑い声でハラスメント加害者を押しのける。それはインドのポップスの大部分にみられる豪勢なアレンジとは大違いだ。ヴァイナル・レコーズは、ボリウッドのストリングス・セクションの海に浮かぶパンクの島として継続していこうという不屈の精神を備えており、それは家族や自分たちのチーム、そしてオンラインで自主的に構築してきたオーディエンスの支援によって補強されている。この自信に満ちた物語は、故郷の町を風刺した曲〝レディ・セット・ゴー！〟のビデオでも打ち出されている。ここでヴァイナル・レコーズは、おどけたモッズ風の出で立ちでお高く止まった山の手のパーティに乗り込み、その場を制圧する。実際、インドでは彼女たちのようなバンドが現れはじめている。

「私たちがこの国で唯一の公式女性パンク・バンドかどうかはわかりません」と、ヴァイナル・レコーズは思い巡らす。「四半期か半期に一度、国内の一部の地方で女性ミュージシャンやバンドと出会いますし、それはすごく良い兆候です」

＊＊＊

二一世紀の二番目の一〇年が進むにつれ、文化の盗用にまつわるこの時代特有の強迫観念とでも言うべき奇妙な状況が生まれはじめた。裕福な世界の流行の仕掛け人たちが、パンクのアクションの一部を求めてパンクの感性を取り入れはじめたのだ。いつもの高価な服を作るデザイナーたちだけでなく、右翼の中絶反対派までもが、（もし言葉の内容に耳を傾けなければ）パンクのように見えたり聞こえたりするようになりはじめた。それと同様に、さまざまな理由から、パンクに対するひねくれた逆風も吹いた。それは、パンクが誕生した時にそれを禁止しようとしていたのと同じ英国政府機関によって画策された、幾多のパンク四〇周年記念イベントへの憤りからはじまった。その怒りの矛先は、とことんポップをやっている人たちでも、単にタータンチェックのミニスカートを履き、タトゥーを入れ、鼻輪をしているだけで安易に「パンク」と呼ばれる風潮にも向かった。それと同様に、パンク・スタイルの修辞の数々——最初のパンクたちが中古品セールや老人のクローゼットやスリフトストア〔*〕から自分で見つけて集めてこなければならなかった、あの慣習に歯向かうアニマルプリント、フェティッシュウェア、ネオンカラーなど——は、既に商品化され、近所のショッピングモールの棚に並ぶようになっていた。したがってパンク・ミュージックは廃れた、去勢された、今日の闘争の中にその居場所はないと言う人もいる。このようなエリート主義的な視点を持っているのは、たいていの場合、無関心な都会人や不機嫌な元パンクスの年金生活者で、物事を考えすぎる時間の余裕を持ち、恵まれた環境で暮らす自分たちから離れたところにいる人々のあいだで起こっていることを無視しがちな人々だ。

パンクは今でもバリケード上にいる。インドネシアでは、パンクはそのモヒカン刈りを公然と剃られ、投獄された。ロシアでは、プッシー・ライオットがそのアート・パンク・アクティヴィズムによって人里離れた残忍な刑務所に送られた。一九七〇年代、ニューヨークのあの安アパート群でパンクが醸成されつつあった頃にホームレスの人々がテント村を形成していたト

＊　リサイクルショップ。英国の場合、非営利の慈善団体が活動資金集めを目的に運営しているものが多い。

ンプキンス・スクウェア・パークに近いローワーイーストサイドでさえ、二〇一七年には、（かつては見られなかった手続きを要する）**演奏許可証を持っていた**パンク・バンドが、警官に理由もなく殴られた。専制的な体制側はパンクの真髄である粗野な原始主義が彼らの支配に対する脅威となることを理解している。その最も純粋な形において、パンクはエンパワメントをあらわし、利用できる資源の少ない人々が支配的な権力構造に反論し、音で自分たちの主張をすることを可能にする。何度も何度も、それは大音量で怒っている——とりわけ女の子の場合、時に音量は抑えめかもしれないが、その怒りの激しさは変わらない。彼女たちは、長年にわたって苦闘してきたにもかかわらずいまだに賃金は男性より少なく、権力を握るのも自分の人生を自分で決めるのも余計に困難で、避けられない加齢に伴ってますます多くの人たちが自分たち女に備わった力をなきものにしようとしてくること、そしてそれがどうかしていることをわかっている。パンクは強欲な資本主義および新自由主義の社会構造に対する憤怒を意味している。クラス（CRASS）の年代記を書いたリチャード・クロスは、「協働と自発的行動のサブカルチャー的期待」について語る。これらの信念はパンクの譲れないハートであり、だからこそパンクは本質的にそう考えない人々に対する抵抗の音楽なのだ。

とはいえ、人間の社会関係の地図における決まりごとが急速に変化していくのを、どのように描き出せばいいのだろう？　一九六〇年代の第二波フェミニズムの基本教義は「個人的なことは政治的なこと」だった。そしてそれは現在も変わらない。フェミニズムは、家庭内での〝女性的〟とされる役割をたびたび批判している。私たちの伝統的な役割についての極めて冴えた分析を提示したのは、その巧妙で鋭いロックによってパンク・バンドの中でも特に商業的な成功を収めたグループ、スリーター・キニーだ。スリーター・キニーの音と感情の幅広さからしても、一九九八年の〝リトル・ベイビーズ〟は非凡な曲である。サーファーガール的な気分と五〇年代のハーモニー・グループの抑揚が、コリン・タッカーのきりっとコントロールされたビブラートと組み合わされる。

私は水私は皿私は石鹸水
私は慰め、あなたを洗い、うまくやっていくのを手伝う
あなたがくたびれて無力に感じる時
中に入って私はシェルター
そして気分がよくなったあなたを見送る
あなたが出ていくのを

キャリー・ブラウンスタインは、キャスリーン・ハナ、ビキニ・キル、そして第三波フェミニズムを備えたライオット・ガール第一波が家父長制のジャングルを切り拓いて前進し、スリーター・キニーのようなグループが活動できる空間を作り出してくれたことへの感謝を表明し

ている。ブラウンスタインがこれまた彼女のシーローのひとりで、以前はヘヴンズ・トゥ・ベッツィーというデュオで活動していたコリン・タッカーとはじめたこのバンドの人気は、すぐに彼女たちが拠点とするワシントン州オリンピア界隈を飛び出して遥か遠くまで広がった。

一九九七年のアルバム『ディグ・ミー・アウト』に収録された〝リトル・ベイビーズ〟は、このふたりの女性たち自身のロマンスの破局を記録したものでもある。とはいえこの曲の歌詞は、皮肉な口調や陽気な旋律なしでも魅力的な二面性を差し出してみせる。また、同時にこれは、子供たちが準備が整った時に力強く飛び立つことのできるような巣を作ることについての話、いわば子育ての手引としても読むこともできる。実のところ、ここでスリーター・キニーが嘲っているのは、どうやら無条件の愛のようだ。彼女たちはこの曲で家事労働の構成要素を列挙した後、愛する人のためにあらゆることを手助けした挙句の果てに、その愛する人はいつも去っていくと結ぶ。もちろん、一曲ですべてを語ることは不可能だが、ここに興味深い命題があることを忘れてはならない。適切な愛があれば巣立った子供はふたたび家に飛んで帰ってくるだろう。では恋人たちは？　もし真実の結びつきがあれば、生涯の友となる場合もあるかもしれない。この後、スリーター・キニーの女たちが証明してゆくように。

問題はケア労働それ自体、すなわちスリーター・キニーの歌が風刺するのも当然の雑務の数々だとは限らない。フェミニズムの黎明期から議論されてきたように、問題は、世界の多くの地域（賢明な北欧を除く）で、女性が無報酬ですべてをこなすことが期待されてしまう状況がしょっちゅうあるということだ。恨みが積み重なるのも不思議はない。

とはいえ、親であれ、祖父母であれ、里親であれ、オーペア〔*〕であれ、年上のきょうだいであれ、遠い親戚のおじさんであれ、誰かがそれをやる必要がある。疎外感と怒りというライオット・ガールのテーマは、彼女たちの否定された子供時代に由来している。彼女たちは皮肉にも、まさにスリーター・キニーがここで歌っているようなことを奪われてきたのだ。すなわち、愛情を込めて世話をし、子供が成長してゆくのに必要な強さを与える家庭という基盤である。家を留守にする母親とよそよそしい父親を持つキャリー・ブラウンスタインは、まさにライオット・ガール族《トライブ》の申し子だ。彼女たちの多くが、どうやら子供のためにそこにいようとしない、自分のことで頭がいっぱいのナルシストを親に持っていた。そうした親たちは、子育ての過程で多くの喜びを得るためには、どこかで自分にとって必要に感じるものを犠牲にしなければならない場合があるという現実を受け入れることができなかったのだ。しあわせな家庭を築くのは簡単なことではないが、幸運にもそれはさまざまな形を取ることができる——暴力的なストリートギャング（お勧めしない）や、ラディカルなパンクのコミュニティ（はるかに健全）を含めて。事実、こうした親になりきれない人たちの一部が放棄した自分の子供の成長を助けるという仕事を、ライオット・ガールのムーヴメントが肩代わりしていた。ブラウンスタイン

＊　住み込みでベビーシッターや家事の手伝いをして生活費をまかないながら語学を学ぶ留学生。

Sleater-Kinney
Dig Me Out
Kill Rock Stars 1997

は、二〇一五年の回想録『飢えが私をモダンガールにした』で、「スリーター・キニーは私の家族だった」と綴っている。ベル・フックスが著書『オール・アバウト・ラブ—愛をめぐる一三の試論』で「拡大家族は共同体の力を知るのに良い場所である。（略）その中にいる人々の間で率直にものが言い合える場合にのみ」〔*〕と綴っていた通りだ。

『ディグ・ミー・アウト』は一九九六年の冬の凍えるような一〇日間に、わずかな予算で録音された。そのうち何日か、バンドはブラウンスタインの父親の家に滞在した。しかし彼は、「知るのが難しく、知るべきことの存在を示すような糸口もほぼ見せない」人で、ずっと変わらなかったとブラウンスタインは付け加えている。さらにブラウンスタインは、彼女がすごく幼かった頃に家を出ていって以来、滅多に顔を合わせることがなかった母親のところに初めて泊まった。あらゆる子供には世話と愛情が与えられて然るべきである。そしてブラウンスタインは自分が裏切られてきたことを知っていた。「私たちは自分たちの親が、私たちが逸脱してきた規範のようであってほしかった」

ブラウンスタインは〝リトル・ベイビーズ〟を含む自分たちのいくつかの曲の意味について、コリン・タッカーと話し合ったことを振り返っている。議論の焦点は、はたしてこれらの感情はお互いに向けられているのか、それとも愛に飢えたファンたちに向けられているのか。この先、「ポートランディア」〔**〕のようなヒップなテレビ番組の脚本家／プロデューサーとしていくつもの賞に輝くことになるブラウンスタインにとって、この経験は、女性はステージ上でどのようにパフォーマンスするのか、そして自分と自分のオーディエンスとの関係はどのようなものなのかについて、たくさんの問いを喚起した。ふたりの女性たちはどちらも自分たちの曲を実際の出来事の文字通りの描写と捉えているようで、いくつかの歌詞について誰がきっかけでどうやって思いついたのかお互いに質問し合っている。

＊＊＊

胸のうちを告白することを是とする西海岸文化から出てきて、長きにわたって活動を続けてきたスリーター・キニーと、同じくベテランであるチェコのバンド、ズビー・ネィティ（歯と爪）は、ソングライティングについてだいぶ異なる視点を持っていそうだ。ズビー・ネィティは政府の情報提供者に監視されることに慣れており、そうしたミュージシャンに典型的な用心深く暗号化されたアプローチを採用している。シンガーのパヴラ・ヨンソンは、一九九七年の曲

＊　『オール・アバウト・ラブ　愛をめぐる13の試論』ベル・フォックス著、宮本敬子、大塚由美子訳、春風社、二〇一六年。
＊＊　ポートランドの独特な文化に注目したコメディ番組。二〇一一年に放映開始し、二〇一八年まで続く人気番組となった。

〝ソコル〟（〝ハヤブサ〟）の意味について質問を受け、「文字通りの意味ではありません。もっと実存的なんです」と、親切に説明する。

バンドのメンバーであるマルカ・ミコヴァによって書かれたこの曲は、ソコルと呼ばれる囚われの少年について歌っており、彼女は自分の子供たちが家を出た後に訪れるほろ苦い自由について考えている――それは子育てのごく自然な結末であり、まさにスリーター・キニーの曲で家庭を築く努力の無効化として疑念をぶつけられていることだ。それと同時にこの歌詞は、専制的な体制によって行動の自由が制限されている状態をそれとなく示している。

彼は家の正面に立つ……
そして彼は手を降る、降りておいで
私はここに閉じ込められ
どこにも行けない
外は大雪
彼はどこにも行けない

ズビー・ネィティのキャリアは交配や育児によって中断されていたかもしれなかったが、五人の女性たちはお互いに助け合って活動を継続する道を見つけた。「子供たちを練習やパフォーマンスに誘拐してきて、奇跡的にうまくいったの」と、ヨンソンは言う。「私たちは、友情を基盤にしたバンドをやりたいという気持ちをずっと持ち続けていたんです」

旧チェコスロバキアでは、男女を問わずすべてのパンクスにとって、私たちがこのジャンルから連想する自由というものは当然保障されている権利ではなかった。それについての知識は、ソ連軍の侵攻から八年後にあたる一九七六年、アクティヴィストで反体制の劇作家であるヴァクラヴ・ハヴェルと、いたずら好きなジャズ・フリーファンクのバンド、ザ・プラスティック・ピープル・オブ・ジ・ユニヴァースとの運命的な出会いによって刻み込まれた。そしてまもなく、たくさんのミュージシャンが投獄されることになった。プラスティック・ピープルは、ハヴェルらと共に転覆のマニフェスト「憲章77」〔*〕に携わり、カウンターカルチャーのヒーローとなった。この宣言はすぐには認められなかったとはいえ、ハヴェルに率いられた一九八九年のビロード革命、そして彼の大統領就任を準備する刺激となった。しかし、ズビー・ネィティの五人の女たちは、親しい女友達の輪を持つことによって、三〇年にわたってどんな指導者の政権よりも長続きしてきたのだ。

スリーター・キニーが直面したのとはまったく別の恐るべき制度上の課題を彼女たちが乗り越えるにあたっては、人と人の結びつきが助けとなった。長きにわたって東欧のパンクを紹介

＊　一九七七年、チェコスロバキア社会主義共和国の知識人たちが改革を求めて出した提言。

し続けてきたニューヨーカーのブライアン・スウィルスキーは、以下のように述べる。「東欧の音楽について考える際にまず念頭に置いておいてほしいのは、多くの国では言論の自由という概念がさまざまな理由から存在しなかったということです。主な理由として、ほとんどの国で抗議活動が禁止されており、公に国に反対した人間は当局からの嫌がらせを受けていたことがあります。一九八〇年代には、政治的な意見を理由に刑務所に入れられたのは、ほとんどが男性でした」

反体制的な音楽家たちによるアンダーグラウンドなグループの中には、当時の英国や米国のミュージシャンたちに自分を重ねるパンクもいた。〝ソコル〟には、いかにも東欧らしい例の狂ったテクニックとパンク的な憤怒の混ぜ合わせが唸りをあげている。予測不可能なブレイクと精巧な構造とハーモニクスが特徴的な、管弦楽入りの洗練されたポスト・パンクだ。

よくコントロールされた微かに皮肉っぽい発声で、ヨンソンが壮大なアレンジの中を滑るように進んでゆくと、突然、霧のようなジャズ・フルートに包まれたポルカ・ビートのセクションがはじまり、引っ掻くようなギターのパンクな熱狂が続く。この本に登場する他のほとんどのバンドとは異なり、ズビー・ネィティは経験豊富なミュージシャンたちだ。ヨンソンは人民音楽院で一〇年にわたってキーボードを学んでおり、そのうち三年はオルガンと理論に取り組んだ。サックスとフルート担当のカテリナ・イエチコワは、プラハのチャールス大学で音楽を学んだ。

265

Zuby Nehty
Dítkám
Indies 1997

彼女は家の正面に立つ…
そこで彼は手を振る、降りておいで
私はここに囚われ
どこにも行けない
外に降り積もる雪
彼女はどこにも行けない

このグループが上昇気流に乗りはじめたちょうどその時、恨みがましい政府は反体制的なアンダーグラウンド音楽に対する締め付けを強めていたところだった。彼女たちはクラドノという町にあるSSM（社会主義青年同盟 Socialistický svazmládeže）が認可したクラブ、クルプコから出演を依頼された。「すごく前途有望に思えたんです。ある日、地区委員会の女性から私に電話がかかってくるまでは」と、ヨンソンは回想する。「彼女は、私たちの歌詞があまりにも悲観的で、読んだ後にワインを飲んで橋から飛び降りたい気分になったと言いました。彼女は、そうしたイデオロギーをクラドノの青年たちに広めてはならないと決めたんです。衝撃でした。私は一九世紀フランスの詩人ボードレール以来、美は複雑なものなのだと主張しましたが、無駄でした。彼女は、しあわせな歌を作るほうが難しいことは理解しているけれど、それができなければクラドノでの演奏を許すわけにはいかないと私たちに告げました」

「基本的には、八〇年代前半のニューウェイヴおよびパンク狩りによって、事実上全員がブラックリストに載ってしまいました。対する戦略は、名前を変えて続けていくことです」。ヨンソンは肩をすくめる。「たくさんのことが監視の目をかいくぐっておこなわれていました。学生のコンサートをいちいち全部チェックするのは不可能でしたから。非常に腹立たしかったけれど、私たちは笑い飛ばすように努めていました」

そういうわけで、ズビー・ネィティは何年かのあいだディブック（Dybbuk）名義になった。これは古代ヘブライ文化の伝承にある、夜になると人に取り憑く厄介で悪意ある死にぞこないの霊にちなんでいる（ディブックについては、二〇世紀初頭のシュロイメ・アンスキーによるロシア語／ヘブライ語／イディッシュ語劇からではなく、ある作曲家の友人がジョセフ・ヘラーの本で読んでいたのをきっかけに知ったそうだ）。メンバー交代を経て、ズビー・ネィティは「エヴァ・トルンコワという素晴らしいギタリストと出会いました。彼女はずっと女の子たちのバンドで演奏したかったと言っていたので、ばっちりでした」。ヨンソンは熱弁をふるう。「私たち五人が一緒にステージに立つと、ひとつの力になるんです」

しかし、ジェンダー戦争は、彼女たちが直面せずに済んだ課題だった。「チェコスロバキアは米国とは非常に異なるバックグラウンドを持った小国である。歴史的に、男性と女性は連帯して外部にある敵に立ち向かってきた。共産主義勢力のもと、この国で権力を定義しているのは、セックスでもジェンダーでもなく党の身分証明書だった」と、ヨンソンは彼女の論文「ジェンダーの区分から見るチェコのロック音楽」に書いている。

＊＊＊

バンドが活動禁止の憂き目に遭うにあたっての理由はひとつとは限らない。一九八〇年に結成されたズビー・ネィティは、公式には一九九三年についにファーストアルバムの録音に至るよりずっと前に活動を禁じられていた。彼女たちはそれからさらに五枚のアルバムを制作し、ベスト盤のボックスセットも編まれた。彼女たちはチェコスロバキアでブラックリスト入りしている。同じようにスペインのパンケット、ラス・ヴルペス、つまり女狼（狐）たちも、たった一枚のシングル「メ・グースタ・セル・ウナ・ソラ」（あたしはアバズレでいるのが好き）の強烈さを理由に同じ扱いを受けた。

ある社会の文化が伝統的であればあるほど、体制は女性パンクという火の元に怯えることになる。フランコ将軍による四〇年にわたる独裁体制から脱却しつつあったスペインでは、社会的圧力とメディアからの圧力がたちまち組み合わさって、スペイン初の全員女性ロック・バンドの野望を潰しにかかってきた――そして彼女たちはパンクだった。一九八〇年、ロレスとルーペ、当時一七歳と二一歳だったヴァスケス姉妹がヴルペスを結成した。あたりで唯一の女性だけのパンク・バンドをはじめた彼女たちは、音楽好きの騒々しい九人のきょうだいに囲まれて育った。そのうちニコとベルナールは自分たちのパンク・バンドをやっていた。彼女たちは自分たちの声に耳を傾けさせるこつをすぐに摑んだ。英米のパンク、とりわけこのムーヴメントのゴッドファーザーであるイギー・ポップに影響を受けた彼女たちは、「バラカルド・サウンド」に関わった唯一の女性グループだった。これはエスコルブートのような荒々しいバスクのパンクスのことで、彼らの怒りは荒涼として暴力的で薬漬けのビルバオ郊外リア川左岸のざらついた工業地帯で激しく高まった。

ロレスはニコのバンドに入りたかったのだが、「あたしはいつも追い出されてた！　それで、自分でパンク・バンドを結成しよう、だったら女子でしょ、と思ったの」。女性プレーヤーを見つけるのは難しい。ライヴでは、姉妹は何度かベルナールとニコに（ウィッグをかぶって）一緒に演奏してもらった。一九八二年には、ヴァスケス姉妹にベーシストのベゴニャ・アスティガルゴとシンガーのマメン・ロドリゴが加わっていた。「強く、挑発的で、女性的な」名前を求めていたロレスは、バスク語と英語のバンド名の流行を意識し、勉強していたラテン語から、〝狼〟の女性名詞の第三格変化を思いついた。「あたしはすでにイギー・ポップの〝アイ・ワナ・ビー・ユア・ドッグ〟をカヴァーしてた――だから、あたしは狼になりたかったわけ！」と、彼女は愉快そうに振り返る。
彼女たちがまだちゃんとした単独ライヴもできていなかった一九八三年、ディエゴ・マンリケというヒップな音楽ジャーナリストが、土曜の朝の人気テレビ音楽番組「ガーハ・デ・リトモス（リズムボックス）」のスタジオライヴに彼女たちを起用した。大陸のパンクにはよくあることだが、ヘアスプレーで髪を逆立てたヴルペスは、英国や米国の同輩よりもきれいに磨きあげられているように見えた。彼女たちは〝メ・グースタ・セル・ウナ・ソラ〟を演奏し――そして大惨事となった。

ひとりベッドでオナる方がいい
朝、話しかけてくるやつと寝るよりも
お偉いさんとファックする方がいい
やつら金を払って忘れるから
あたしは自分がアバズレで大満足
エッ、オー、アー、アー、アイアイアイアイアイアスホール《ケツの穴》！

「ちょっと未熟でしたね」と、マンリケは控えめに述べる。『ガーハ・デ・リトモス』は放映終了となり、番組編成の責任者は解雇されました。バンドはセックス・ピストルズ式のやり

Las Vulpess
Me Gusta Ser Una Zorra
Dos Rombos Discos 1983

方で名声／悪名を得て、数カ月後に自己消滅しました」

〝衣装の乱れ〟はなかった。しかし、フランコ将軍の四〇年におよぶ独裁は一九七五年の彼の死に伴って終わっていたものの、カトリックのスペインは依然として非常に――そう、清教徒的だったのだ。国民党は司法長官と共にヴルペスに抗議した。新聞の社説は言論の自由の乱用と若者の堕落を激しく非難した。選挙が近づいており、図らずもヴルペスは、若者たちを左派の放蕩と道徳の崩壊のフロントランナーとして責める古いフランコ派と、新たに力をつけた社会主義者たちのあいだの政争の駒にされていた。検察は刑事告発に踏み切り、ロレスはその後三年間を法廷闘争に費やすことになった。

バンドはこの悪名高いイギーのカヴァーをシングルとしてリリースすることになった。「あたしたちは騙された」と、ロレスは言う。「印税はまったく受け取ってない。ヴルペスはスペイン・ツアーの契約をしていたけれど、抗議があってほとんどの公演がキャンセルされた。これが大きな打撃だった。あたしたちは一九八三年の夏の終わりに解散した。ただ演奏したかっただけなのに。あたしはいつもやつらがあたしの夢を終わらせたと思ってる」

それでも伝説は続いた。このシングルはコレクターズ・アイテムとなった。彼女たちは一九八五年に短期間だが再結成した。その八年後、ルーペが殺害された。そして二〇〇三年、残りのヴルペスは、ついに彼女たちのオリジナル曲からなるアルバムを録音することができたのだ

――〝メ・グースタ・セル・ウナ・ソラ〟のスキャンダルは、彼女たちのそれ以外の部分に影を落とした。ロレスはこのアルバムを、彼女たちと一緒にスタジオで演奏することが叶わなかったルーペに捧げている。

＊＊＊

ポスト・インターネットの音楽ビジネスは、マスメディアへのアクセスが切望されながら非常に制限されていた以前の時代に比べれば、より民主的な競技場であると言えそうだ。かつてはヴルペスが出た番組のように、たった一回のテレビの音楽番組への出演でバンドの運命が決まってしまうこともあった。なぜなら地方によっては、それが唯一の音楽番組である場合も珍しくなかったからである。さておき、ヴルペスの八〇年代半ばの再結成を予感させる状況は、より〝受け入れやすい〟類のポスト・パンクの女性たちの新しい波によって生み出されていた。ポリー・スタイリンやスリッツのような第一波の自由奔放な女性たちの多くがキャリアの停滞を余儀なくされる一方で、よりメインストリームのラジオ向きの人々が次々に登場し、名を上げたのである。オペラティックな堂々たる歌唱から、ララスカート〔ひらひらした段のついたミニスカート。八〇年代に流行〕のようにひらひら華やいだ特注のポップ／ダンスまで、これら異色の女性たちはネオンのような音のパレットをポップにもたらし、その多くが当時新しかったシンセサイザーの機械的コードに乗っていた。最初期の〝ロックの女性たち〟本の数々の出版を促したパンク以後の女性ヒットメーカーたちを大急ぎで見渡すと、おそらくそこに含まれるのは、まずリーナ・〝ラッキー・ナンバー〟・ラヴィッチ、トーヤ・〝アイ・ウォント・トゥ・ビー・フリー〟・ウィルコックス、ヘイゼル・〝ブレイキング・グラス〟・オコナーといったヨーロッパの人々。ユーリズミックスのアニー・レノックス。カナダ人でザ・マフィンズのマーサ・〝エコー・ビーチ〟・ジョンソン。アメリカ人のシンディ・〝ガールズ・ジャスト・ワナ・ハヴ・ファン〟・ローパー、グウェン・ステファニーなどだろう。彼女たちのスタイルはそれぞれ違うが、すべて一般のポップなラジオ局でかかり、したがって大衆に届いた。

イングランド中部コヴェントリー出身のセレクターは、その爽快なスカ・パンクでトレンドの波に乗ることを意識しており、加えて何十年にもわたって長続きする成功の基盤を固めるには、数少ないポップのラジオ局でかかるようにしなければならないとわかっていた。このバンドは狡猾にも、一九七九年、元気がよくラジオ向けであると同時にマスメディア風刺でもある〝オン・マイ・レディオ〟をこしらえた。歌うのはフロントウーマンのポーリン・ブラックだ。このスタイリッシュなシンガーは、さまざまなやり方でバンドの個性を決定した。メンズのスーツにトリルビー帽を合わせた彼女のシルエットは、ずばり2トーンの美学をあらわすものとなった。セレクターが最初期にリリースした〝オン・マイ・レディオ〟は、当時は英国で唯一のラジオ局だったBBCラジオの無能さに対する感染性攻撃によって、このバンドをUKポップの正統的な地位に就かせたのだ。

本書で論じられるバンドの多くとは異なり、弾けるようなアーバン・スカを奏でるセレクターは、すぐに商業的に認められた。〝オン・マイ・レディオ〟は結成まもなく、人種混合バンドによる2トーン・ムーヴメントが流行していた時期に大急ぎで録音された。しかし、当時の主要かつ最も強力なメディアはまだこの流行に遅れをとっていたのだ。「BBCはパンクもレゲエも放送しなかったから、これは彼らに普通ではないものを提供するための遠回りだったたんです。彼らは自分たちへの称賛だと思うでしょうけど、そうじゃない」と、ブラックは含み笑いをする。

私のベイビーに赤いラジオを買ってあげた
彼はそれを一日中かけていたずっとずっと
彼はそれに合わせて表で踊るのが好きだった
彼は私を愛してるって言ったけど彼はビートを愛してた
だけど私がスイッチを入れてダイヤルを回すと…
いつも代わり映えのしない番組 私のラジオでかかってる

「私たちが登場した時には、第二次スカ革命が勃発中でした。一九六〇年代にジャマイカで作られた知られざる音楽の形態が前に出てきて、パンク、クラッシュ、スリッツ、ボブ・マーリー、アスワドやスティール・パルスのような若い人たちが作るレゲエの新しい波を大事にしている特定の若者たちの層に支持されたんです。私たちはその一部で、ポリー・スタイリンみたいにロック・アゲインスト・レイシズムに出演して、実際に主張していました。人種差別と路上の〝サス《容疑者》〟法を打倒しよう、と」。ブラックが言及しているのは、「（犯罪の）意図を持ってうろついた疑い」というオーウェル的に証明不可能な理由で警察がキッズ（ほとんどが若い黒人男性だ）を逮捕できるようにする、当時の不正極まりない法制定のことだ。彼女は続ける。「ある考え方をしている黒人たちと白人たちはみんなパンクとレゲエを結びつけているのだから、そこに団結しない理由はないし、ある程度までは私たちはシステムの外側でつながりあっていると思っていました。それが私たちがしていたことです」

デニス・ブラウンやカルチャーのようなトリオやバーニング・スピアなどが指揮を執るコンシャス・ラスタのルーツ・レゲエのクルーは、一九七〇年代後半の何年かにツアーと国際的なレコード契約が増えた後、一九八一年にボブ・マーリーが亡くなり、より押しの強いダンスホール・サウンドが台頭したこともあって、もっと一般に受け入れられやすい2トーン・ムーヴメントによって自分らが脇に追いやられてしまったと感じていた。危機感を持ったジャマイカ人たちはその動きを軽視しようとしたけれど、英国人が自分たちなりの何かをパーティに持ち込んできたことは認めざるを得なかった。それはオリジナルのルーツ・ミュージックほど重くはなかったが、ラジオでうまく機能するような歯切れのよさと弾みがあった。そのスキャンク〔スカ、レゲエなどに合わせて踊るダンス〕が備えた活気は、一九六〇年代前半の独立の波に続いたカリブ系移民の第一波によってその顔を変容させられつつある都市の姿を反映していた。彼らはぼろぼろの古い英国の再建を目指した戦いの後、帰郷した戦場の英雄たちが向き合えなかった仕事をするためにやってきたのだ。

新しい多文化主義の英国は、一九七八年にマーリーが〝パンキー・レゲエ・パーティ〟で歌ったように、パンクとレゲエというふたつの抑圧された若者たちのサブカルチャーを結婚させようとしていた。ポスト植民地主義／帝国主義の組み合わせは、特にパンクの人々には影響を与え、彼らは頻繁に自分の曲のダブ・ヴァージョン（ジャマイカン・リミックス・スタイル）を録音し、レゲエの曲をカヴァーするようになった。2トーンの改造スカも、そこから生まれたものとみられる。オリジナルのきびきびした音楽は独立の高揚に合っていたし、後者のシーンも非常に左派的だったのだが、その響きは路上で闘う一九七〇年代がレーガン／サッチャーの八〇年代へと移行する変わり目の瞬間に弾みをつけることになった。その頃、英国のグリーナム・コモンで米軍の巡航ミサイル配備計画に反対する女性だけの平和キャンプが立ち上がり、その後二〇年続いた。そうした声は完全にかき消されてしまったわけではないが、しかし一九八〇年代に移るとピッチの変更があり、支配的な価値観が変わって、一九六〇年代以来、若者の議論の大きな部分を占めていた平等のための闘いよりも、個人の物質的成功の方がより重要になっていった。

ラヴァーズ・ロックは現在では英国初の〝ブラック・ミュージック〟として理解されているものの、このジャンルの歌姫であるジャネット・ケイやキャロル・トンプソンといった一五、一六、一七歳ぐらいの少女たちによる若い女声ハーモニーを基盤にしたサウンドは、突然、脇に押されて2トーンに道を譲った。この新しいサウンドは、いかにも新たな英国らしいスカ／パンクのハイブリッドを世界に知らしめるぱりっとした白黒のパッケージで登場した。

ポーリン・ブラックは、自らの持つ画期的な例外性を意識しないわけにはいかなかった。「私は、音楽業界で重要なはたらきをした有色人種の英国女性がほぼ不在だったという事実を打ち砕いたんです」と、彼女は言う。「ポリー・スタイリンがいて、その前にはジョーン・アーマトレーディングがいて、どちらも素晴らしかった。私は他の多くのパンク女性たち、有名人と親しくしたりクラッシュを観に行ったりするロンドンにいるタイプとは違って、おなじみの古い表現手法を採用しようとは考えませんでした。私はコヴェントリーに住んでいて、X線技師の仕事をしていました。別の〝やっていきかた《ランニング》〟なんです。また、フェミニストの権利の話となると、白人女性たちは黒人女性たちを包摂しているのか、それとも別々にあるものなのか？私の経験では、いつも決まって共にあるべきです。そして、それがいかに進んでいくのかが、私にとって興味深い部分です。私はポリー・スタイリンみたいな人の方に共通するところがあります」

ふたりが初めて顔を合わせたのは、フォトグラファーのマイク・プットランドが企画した、あの有名な〝ロックの女性たち〟グループ写真の撮影現場で、スリッツのヴィヴ・アルバーティン、スージー・スー、デビー・ハリー、クリッシー・ハインドの前の席に案内された時だった。

ブラックとスタイリンはお互いに顔を見合わせた。「私たちはふたりとも、『自分らはここでいったい何してるんだろう?』と思っていました」と振り返るブラックの声には反抗の響きが含まれており、それは彼女が現在もなお受容のための闘いを忘れていないことを示している。どちらの女性も、当時の英国ではまだ比較的珍しかったミックスレースだ。さらに、ブラックの混乱に拍車をかけた事実として、彼女はスタイリンとは違って、自分がどこから来たのかを知らされないまま、〝ブラックネス〟の文化的アイデンティティの概念をまったく持たない家族に養子として迎えられていたのだった。そんなわけで、彼女がジャマイカのスカを初めて聴いたのは、学校の休み期間に白人のスキンヘッドの女友達が45回転盤をかけていた時だった。

英国のさまざまな地方の黒人の街、ロンドンのブリクストン、ブリストルのセントポール、マンチェスターのモスサイド、バーミンガムのハンズワース……これらすべてセレクターの〝オン・マイ・レディオ〟がリリースされた二年後には反警察暴動で燃えていた。しかし、英国の人種間の関係がはらむ有毒性は、この国において最も望まれる、テレビで唯一重要だった

The Selecter
On My Radio
Two-Tone 1979

枠、すなわち「トップ・オブ・ザ・ポップス」にセレクターが出演してこの曲を演奏した際にも、痛いほど明らかになった。

この番組は魔法にかかった一〇代の国に向けて毎週放送され、子供たちはいつもテレビの前に集まって、その週のスタイルや音楽の重要事項にまつわる啓示を受けていた。出演はすなわちバンドの到来を意味する。そしてアーティストは生放送後にみんなBBCのVIPアーティスト・バーに集って飲むのが恒例だった。セレクターは元気いっぱいに〝オン・マイ・レディオ〟のパフォーマンスを成功させ、意気揚々とバーに向かった——そして、〝規則に従うだけの〟ドアマンに入場を拒否されてしまったのだ。帽子は禁止されており、髪をドレッドロックにしたラスタのベース奏者チャーリーは自分のタムを持っていた。ブラックも自慢のトリルビー帽を堂々かぶっていた。ドアマンは、帽子には宗教的な役割もあるということを知らされても心を動かさなかった。しかし彼は最終的に、彼女ひとりだけなら入っていいと判断した。考えられないことだ。

「あのちょっとした場面に、当時起こっていたことすべてを見ることができます。つまり、黒人女性は男性よりも脅威ではないと見做されていたんです」と、ブラックは言う。「『トップ・オブ・ザ・ポップス』の人たちが乗り込んできて激しく叱責し、最終的にはふたりとも中に入ったのだけど、あれは時代の象徴的な出来事でした。何が起こっているのか誰も本当にはわかっていなかった。彼らは私たちみたいなグループをそれまでBBCで見たことがなかったんです。短い間ですが、彼らは既に起こっていることをせき止めようとしていました」

「私たちはオルタナティヴで意味があると考えられていたことの最前線にいました——デュラン・デュランやスパンダー・バレエみたいな（口当たりのよい白人男子ポップの）人たちが〝いるべき場所〟になるまでは」と、ブラックは皮肉を込めて言う。多才なブラックは、ミュージシャン、女優、作家、ブロードキャスターとして自分の道を切り拓いていった。そのうち彼女は、自分の血のつながった家族について知りたいという思いで頭がいっぱいになった。彼女はアシュケナージ系ユダヤ人の母がオーストラリアに、既に故人となっていたナイジェリア人の父の遺族がラゴスにいることを突き止め、双方に受け入れられたことで気持ちの決着をつけた。ブラックは彼女の父親が留学生だった時にできた子供だったが、若いカップルはあの時代にミックスレースの婚外子を産むことにまつわる困難と不名誉に参ってしまい、娘を養子に出したのだった。ブラックは父親に会うことはできなかったが、彼からの最後の抱擁は、彼の妻だった女性たちのうちひとりが彼女に贈った、ラゴスでプレスされた中古の45回転盤という形で訪れた——一九六〇年代のジャマイカのスカの賢人、2トーンに絶大なる影響を与えたプリンス・バスターの「ザ・テン・コマンドメンツ」だ。こうしてまるで宇宙の法則に導かれたかのように、完全な円環が描かれたのだった。

＊＊＊

アウトサイダーでいることに慣れていたポーリン・ブラックは、このレコードを、自分が一切知ることのなかった父親との象徴的なつながりとして受け取ることによって、自らの人生や世界における自分の場所を理解し、〝目覚めた《ウォーク》〟音楽を作り続けた。それは音楽、またあらゆるアートが時と場所を超越する絆となり得ることを立証した。さて、英国と米国ふたつの国には、両者に共通する信念と美学によって関連づけられるふたりの生涯アーティストがいる。ブライトンのアナキスト・バンド、ザ・ポイズン・ガールズの一員であるヴィ・サブヴァーサと、ニューヨークを拠点とするアフリカ系アメリカ人の詩人で、ハーモロディックなフリー・ジャズのパフォーマーで、パブリッシャーでアクティヴィストのオーガナイザーであるジェイン・コルテスだ。どちらもオーケストレーター〔オーケストラの編曲家。転じて、調和を保ちつつまとめる人、計画する、編成する人〕だった。時の流れと共に、ふたりのマルチメディア・アーティストは、その界隈の女主人からメンターへと成長し、まるで世界という村の長老のような権威すら備わるようになった。存続可能な自立したコミュニティの創出は、骨の髄までパンクでいる者にとってはごく自然なこと、というかむしろ必須であり、その怒りは商品化されることなく胸がひりつくホームの真実にぶつけられる。そしてそのホームとは、実質的にあなたの自宅かもしれないし土地かもしれないし世界かもしれない。

よく知られているように、セックス・ピストルズの結成メンバーでシンガーソングライターのジョニー・ロットン／ライドンは「アナーキー・イン・ザ・UK」と歌ったものの、この労働者階級のヒーローはアナキストではなかった。この一節は芸術的にうまく機能し、冬の電力ストライキ中にロウソクを囲んで縮こまっている英国人たちに、どちらにしても既に崩壊しているように見える頑迷で旧弊な体制を打倒することが急務だと伝えていた。ライドンは英国の最前線から離れることにそれほどの葛藤はおぼえず、圧倒的な期待を寄せられながらもマリブというカリフォルニアのエリートが集う海辺の映画スターのコロニーに家を見つけた。

　このムーヴメントの中でも特に本気でハードコアな反逆者たち、つまりクラスやヴィ・サブヴァーサ、ポイズン・ガールズのようなアナーコ・パンクたちは、自分たちが歌っているように生きてきた。リチャード・クロスは、彼のブログ「今ヒッピーたちは黒を着る」で、アナーコ・パンクの価値観を次のように定義している。「魂を押しつぶす社会への順応と悲惨な賃金労働、加えて戦争と軍国主義の拒絶。そして創造と個人、両方の意味においての自由の祝福」。暴力ではなく文化で体制を打倒する方法のひとつが、可能な限り手を引くことだった。バビロンの堕落から己を引き離すべく、ヴィ・サブヴァーサの仕事と生活におけるパートナーで、ポイズン・ガールズ唯一の生き残りメンバー――皮肉な**ノム・デ・パンク**《パンク名》、リチャード・フェイマスを名乗る男――は、現在、孤島に住んでいる。

　パンクは、ふたりの子供を抱えた英国のシングルマザーでイーストロンドンのアシュケナー

Crass / Poison Girls
Bloody Revolutions / Persons Unknown
Crass Records 1980

ジ系ユダヤ人の娘だったフランシス・ソコロフに再起の時が来たと告げた。まるでスーパーウーマンの変身のように、一九八〇年の〝パーソンズ・アンノウン〟の作者である彼女はヴィ・サブヴァーサになった。自らが受け継いだアイデンティティを捨て去ってもいいのだとするパンクの力を利用して。

「パンクは不意打ちだった。わたしはパンクが登場するずっと前から既に自分のことをアナキストでフェミニストであるとしていた。世界はいつまでも冷戦経済を基盤にしていて、産業のグローバル化の過程にあった――わたしは、利益よりも人々が必要としているものが先、そして上とされる世界を切望していた」。彼女はアンソロジー『革命の真実』に収録されたパンク哲学についてのエッセイでそう書いている。

彼女は既にさまざまな芸術的生まれ変わりを生きてきた。陶芸家だったこともあるし、ビートニクの一九五〇年代にはロンドンのソーホーあたりのいかがわしいボヘミアン集団の一員だった。しかし彼女のビートは止まらなかった。ソコロフは生涯のあらゆる段階で自分自身を再発明するという究極の人生手品を成功させたが、そのプロセスが可能になったのは彼女の真に寛大な精神があってこそだ。ヴィ・サブヴァーサは心の底からヒューマニストだった。反物質主義、共同生活、ポスト消費主義、資本主義体制の外側で可能な限り機能的な社会モデルを築くこと――これらは彼女と彼女の反逆の一族にとって、ただの理論には終わらないひとつの生き方なのだ。

「最高のバンドというものは〝家族〟です。共通の目的と共通の精神がなくてはいけない。そうでなければすべては単なるショービジネスだ」と、リチャード・フェイマスは力説する。「ぼくらのバンドの核心は常に共に生きることで、ぼくたちの家があらゆるポイズン・ガールズの活動の中心だった」。彼はさらに続ける。「だいたい、ぼくは自分たちがバンドだとは決して考えなかった。でもその音楽、ギグ、アートワーク、書くこと、話すことはぼくたちの人生の一部なんだ」

「彼女は歌いはじめた時には四〇歳ぐらいでした。パンクのはみ出し者文化にあって、彼女はそんなには誹謗中傷を浴びないで済みました。皮肉なことに、上の階で会ったブライトン女性協会の一部の会員の方がパンクよりずっとよそよそしかったですね」。彼女のよき友人で、レインコーツのジーナ・バーチとドキュメンタリー『女パンクスの物語』を共同監督し、『ロック・ミュージックの失われた女性たち』の著作もある作家、ミュージシャン、ドキュメンタリー作家のヘレン・マッカリーブックは回想する。彼女はフェイマスに同意して言う。「極めて広い意味での〝パンク〟が、ヴィに彼女の声を見つける機会をもたらしました。文字通りの意味でも象徴的な意味でも両方の声です。彼女にとってあの曲は天啓であり、それが自分の半分の年齢のオーディエンスにあたたかく迎えられたことは、彼女に力を与えました。これまで何回『〝パーソンズ・アンノウン〟が私の人生を変えた』と言われたかわかりません。それは確実に強烈に人の心を動かしたんです」

この曲は、一九七八年の事件に対するポイズン・ガールズの応答だった。ロンドンに暮らすふたりの若きアイルランド人アナキスト、アイリス・ミルズとローナン・ベネット――後に小説家兼劇作家になった――は、〝身元不明の人物《パーソンズ・アンノウン》〟と共に爆弾テロを共謀していたとして告発された。しかし証拠は不十分であり、若い被告人たちの魅力的な存在感もあって裁判は大きな注目を集め、「アナキスト」事件または「パーソンズ・アンノウン」事件として知られるようになった。訴えは最終的に棄却された。

これはパーソンズ・アンノウンへのメッセージ、
隠れている人たち、知られざる人たち。
やあ、ミスター平均点、あなたは存在しない、
存在したことがない……
血と肉こそがわれらの正体
血と肉こそがわたしたち
われらの表向きは吹き飛ばされている
主婦に売春婦、つなぎを着た配管工

コーヒーバーの怠け者、自分はひとりぼっちと思う者……
工場の女性たち、片親家庭
プルダ〔*〕の女性、正体不明人物……
野生少女に犯罪者たち、刑務所の監房で腐ってる
廊下の患者たち、身元不明人物……

一九七〇年代半ばの英国の日常生活を覆っていた真にアナーキーな雰囲気の一部には、予測不可能なＩＲＡの爆弾が存在していた――しかし公平を期して言っておくと、今日の都市ゲリラたちとは異なり、ＩＲＡは可能であれば事前に犠牲者になりかねない人々に予告を出しておくのが慣例だった（ＩＲＡはよく、電話ボックスから当局に連絡しようとしてもつながらないと苦情を言っていた）。爆発現場に居合わせたり危うく逃れたりしたことがない人も、そうした経験のある誰かを知っていた。英国人が「北アイルランド問題」と呼んだこの内戦は、何世紀にもわたる英国の植民地支配に対して北アイルランドが自治を求めた闘争だった。

アイルランド系アメリカ人の作家兼アクティヴィストとして有名なマイケル・パトリック・マクドナルド（賞に輝いた『イースター蜂起――ルーツと反逆の回顧録』はパティ・スミスの愛読書でもあ

＊　イスラム教徒、ヒンドゥー教徒の女性が身につけるベール。あるいは女性を隔離する習慣や制度を指す。

る）は、ポリー・スタイリンやスリッツに憧れるボストンのパンク少年だった。彼は以下のように記している。「あの市民権の平等の列車に乗っている英国人は、アイルランド人のそれと同じ程度に存在していた。英国からの連帯の表明、たとえばポイズン・ガールズやオー・ペアーズのような存在は常に大きかった。アイルランドに祖先を持つエルヴィス・コステロやモリッシーもいた。しかし、何よりも女性たちがそれを理解したのだ。結局のところサフラジェット運動〔＊〕ほど（実のところ、それ以上に）英国的なものが他に存在しただろうか？　サフラジェット主義こそが本質的に共和主義であり、したがって、非アメリカ、反王政、反中世たる生まれ持っての特権であると言えるのだ」

いざこざや不安、そして時には死の危険が常につきまとい、加えてIRA自体も時に極めて残忍であること（〝ニーキャッピング〟と呼ばれる彼らが得意とする砲撃は、人を殺すのではなく一生の障害を負わせる）を知っていたにもかかわらず、英国人のかなり多くが、アイルランド人たちが何世紀にもわたって耐えてきた収奪と抑圧に気づいて唖然としていた。オー・ペアーズのレスリー・ウッズは、英国政府によって投獄されてハンガーストライキ中のIRAの女性を支援する〝アーマー〟で、明るく皮肉を込めて「私たちは拷問しない」と歌っている。

ベネットとミルズのパーソンズ・アンノウン事件はとりわけ大きな転換点となった。アナキスト黒十字の機関紙『ブラック・フラッグ』は、「共謀罪の罪状はあいまいであり、つまり誰もが容疑者になり得るということだ」と解説した。

彼女たちがでっちあげだと信じた容疑を晴らすための裁判費用を支援しようと、ポイズン・ガールズは〝パーソンズ・アンノウン〟を、クラスの〝ブラッディ・レヴォリューションズ〟との両A面7インチとしてリリースした。しかしこの45回転盤が出る前に裁判は取り下げられた。それでも、このレコードは五千枚のセールスから一万ポンドを集めた——主要なレコード店では取扱禁止になったにもかかわらず。ポイズン・ガールズはベネットとミルズと話し合った末、この収益をジェントリフィケーションがまだはじまっていなかったテムズ川北岸の波止場地帯、イーストロンドンのワッピングにアナキスト・センターを立ち上げる計画に寄付することに決めた。

〝パーソンズ・アンノウン〟はたった一度のリハーサル／ジャムで書き上げられ、次の週末にはクラスのペニー・リンボーにプロデュースされていた。「この曲は七分もあって、あまりパンク的とは言えない」と、フェイマスは言う。闘いに向けての儀式的な召集命令である〝パーソンズ・アンノウン〟は、サブヴァーサによってきしむ杭打ち機のような率直さで歌われる。トランス状態に近い反復をもって、真実によって痛いところを何度も何度も殴られているような感覚を呼び起こす曲だ。サブヴァーサがすべての抑圧された匿名の犠牲者たちの魂を呼び覚まし、リズムの重圧があらゆる世紀の無実に苦しんだ人々を思い起こさせる。彼女がこの不正

＊　二〇世紀初頭の英国の婦人参政権運動のうち、特に戦闘的なアプローチを採用した運動。

の連禱を唱える際の厳粛で重たい調子は、ユダヤ教の最も神聖な日である贖罪の日ことヨム・キプールに、嘆願者が自分の過ちをしっかりと認めるために自分の左胸を何度も叩く礼拝の儀式を連想させる。それはまるでサブヴァーサが腐敗した権力の罪深い心に杭を打ち込んでいるかのようだった。

サブヴァーサとフェイマスが廃墟となった教会の地下室の鍵を壊した時、ブリティッシュ・パンクにとっての重要な瞬間が訪れた。この地下室は、やがてイングランド南部のパンク・バンドたちを育む子宮となる。一九七七年初頭、サブヴァーサは、地元のさまざまな団体が集会に使っていたブライトンのノースロード長老派教会の管理を頼まれた。彼女は教会の長老たちと会い、第二次世界大戦中に空襲の避難所として使用されて以来ずっと扉が閉ざされたままだった地下室を、バンドがごくわずかな賃料で利用できるように合意を取り付けたのだ。

「ヴィは、こうしたたくさんのライヴやバンドの中心人物でした。本物のアナキストとして、彼女は必ずしも同意できない人たちのこともサポートしていましたが、いつも彼らに話しかけて、もっと寛容な考え方をするよう説得していました」と、ヘレン・マッカリーブックは振り返る。「ヴィはバンドの人たちを信じていて、これからはじめようとする人たちにいつも機材を貸したりメンバーを都合したりしていました。しょっちゅう起こる地下室の利用料の不払い（誰もお金を持っていなかった）をめぐって意見が対立した時には仲裁に入ったし、彼女が手伝ってあげたバンドたちにとって政治的な意識が重要事項になるようにはたらきかけていました」

女パンクスにまつわるさまざまな先入観のうち、家庭と家族を築き、そのうえコミュニティと協働するのと同時に、強力でラディカルなアーティストでいることは不可能だという説は、サブヴァーサが彼女の人生をいかに生きたかによって間違いであることが証明された。しかし、しっかりとした支援体制がなかったとしたら、それが果てしなく難しいことだというのも明らかである。ヴィの場合、まるで母系社会の部族の女教皇のように、女性の仲間たちに加えて一緒に音楽を作った三人の男性たちもそこにいた――彼らも彼女の人生における大きな愛の対象で、彼女もまた彼ら全員にとってそうだった。ミュージシャンになったふたりの子供ジェムとピートを含むヴィの家族は、彼女たちの個人的政治観を反映して、アナーコ・パンクのコミュニティ全体の縮図となった。

「あたりには傷ついて弱い立場にある人たちがすごくたくさんいました――児童養護施設から逃げ出してきた子供や、ボルスタル（矯正施設）から出てきたばかりの若者、麻薬中毒者、多種多様な迷える魂たち」と、マッカリーブックは回想する。「ヴィはブライトンのパンク・シーンをしっかりと支える力であり、彼女のおかげでたくさんの人たちが地に足をつけていられたのです」

＊＊＊

ジェイン・コルテスが、一九五〇年代のビートニクが愛した表現形態である詩とジャズを使って複雑なアイデアを音楽的にあらわし、アマゾンの戦士が放つ矢のように鋭く直接的にリスナーに叩き込むというラディカルな使命に着手した頃、パンクという言葉はまだ同性愛者や「負け犬」を意味していた。彼女と同じように獰猛かつ自由な発想を持つ演奏家が揃ったザ・ファイアスピッターズを率いて、変革のエンジンのように唸りをあげ高速回転するリズムに乗せ、血のダイヤモンドよりも鋭い歌詞を唱える彼女は、ヴォーカリストとして文字通り「コントロールを保つ《メインテイン・コントロール》」ことができた。

彼女が一九八六年に発表した〝メインテイン・コントロール〟のような前にぐいぐい進む曲の数々は、後に続くスポークンワードのアーティストたちに踏襲される雛型となった。たとえば米国のヒップホップ女優／詩人のソニア・サンチェス、トレーシー・モリス、ジャジーなアースラ・ラッカー、アフロパンク・スラム詩人〔*〕ノーネーム、そしてケイト・テンペストやソマリア系のワーザン・シャイアといった燃えるような英国の詩人たちなどだ。ビヨンセはその画期的なアルバム『レモネード』で、シャイアの詩を引用したパフォーマンスを披露している。

これらの女性たちがそれぞれ自身のスポークンワードでどんな方向に進むにせよ、創始者でありシーンのゴッドマザーであるジェイン・コルテスによってもたらされた恩恵は大きい。その執拗な語りは聴く者に催眠術をかけ、彼女の言葉は奴隷の主人に打ち返す鞭のように鳴る。

革新者であり扇動者でもあるコルテスは、パン・アフリカ主義の立場から、さまざまな最前線でアートを使って社会問題に取り組んでいる。大西洋の向こう側ブライトンのヴィ・サブヴァーサのように、マンハッタンのウエストヴィレッジで家賃統制の対象となっている階段のみの五階建てアパートにある自宅から、コルテスは意識的にコミュニティを築き、設置されたバリケードの存在を示すことで、自らのアートを使った創造的な革命の数々を構築してきたのだ。

……あんたは仕事に急ぐ
勤怠表をタイプする
生産量を上げる
腐敗に儲けさせるために
けれど控除はない
あんたの年金にはならない

孔雀のようなアフリカン・ローブを身にまとって威厳に満ちたステージ上のコルテスを見る

＊　観客と審査員の前で自作の詩の暗唱パフォーマンス（スポークンワード・ポエトリー）を競い合う「ポエトリー・スラム」出身の詩人。

Jayne Cortez And The Firespitters
Maintain Control
Bola Press 1986

ことは、ディアスポラを感じることでもあった。パンクの先祖である彼女は、その明確な目的意識と創造的な自信によって、アーティスト兼アクティヴィストとして自らの人生を生きることができた。彼女はひとりの女性として、自身のバンドであり、彼女が私に説明したところによれば「一〇代のボーイフレンド」で最初の夫となったオーネット・コールマンにも同行したファイアスピッターズの複雑なポリリズムを指揮する時と同じ確信に満ちた姿勢で人生を生きた。ふたりの息子デナルドは、両者のバンドのドラマーと音楽監督を務めた。

彼女はマントラのようなコーラスを繰り返し、大胆な精度の高さで問題をその本質的成分まで蒸留させて歌詞から新しいニュアンスを絞り出しつつ、言葉が聴く者の頭に叩き込まれるまで反復を続ける。彼女はまるで自らのハーモロディック軍の先頭に立つ将軍のように、ファイアスピッターズのリズムに乗った。しばしば「フリー・ジャズ」と呼ばれるこのサウンドは、ふたりが結婚していた時期にコールマンによって開発された。この自由な音に彼女が影響を与えたのは言わずもがなだが、彼女はふたりの芸術的な道筋を別々のものとして捉えていた。元夫のレーベルから自分の音楽作品がリリースされることになった時、彼女は次のように指摘した。「彼らに頼まれたのはよかったけれど、わたしはどのみちCDを出していたでしょう。オーネットはわたしたちが何を録音しているのか知りませんでした。わたしはアーティストとして毎日作品づくりに取り組んでいますし、何冊もの詩集やレコードを自主制作してきました。幸運にも、デナルドにはビジネスセンスがあるんです」

とはいえ、コルテスのサウンドは芯からハーモロディックであり、彼女とコールマンは同じ人々と演奏している。「わたしの過去に関わっていた個性的なミュージシャンたちを呼ぶことができるというのは、滅多にない素敵なことです」と、彼女は言った。

ハーモロディックは正真正銘の解放の音だ——それはパンク以上に、規則正しいリズムが持つ優位性と境界線に則ることを拒絶している。その代わり、より伝統的なメロディとモチーフが折々に立ち上がり、音楽が羽根を広げることがある。その完全に自由でありながら統制の取れた音のためには、ミュージシャンたちが厳しいリハーサルから生まれる絶対的な共感性をもってお互いに耳を傾ける必要がある。コルテスはハイチのブードゥーの女神エルズリー・ダントールのように、タフで鍛錬され、非常に母性的でありながら大胆に自由な精神を持つ者として崇められているが、彼らのような情熱的で機転の利くミュージシャンたちとやり合うことができるのは、彼女の詩人としての力があってこそだ。デナルドのドラムの周りで彼女のたたみ掛けるような言葉が踊る。実際、彼女たちが一緒に出す音は、時にドラムが高揚を煽るエルズリー・ダントールの儀式に似ていなくもないのだ。

コルテスの物語は、最も基本的な方法からはじめること、つまり自分の生活圏内で、友人たちのあいだで情報を広めることが、あらゆる場所の文化を豊かにしていくことにつながる種を撒くことに等しいのだと教えてくれる。コルテスは幼い頃に、フィリピン人の母とアフリカ系アメリカ人の父と共にロサンゼルスのワッツに移住してきた。

「わたしの出自にはふたつの文化がありますが、主な文化はアフリカです。わたしたちはアフリカ大陸のさまざまな地域から来ていて、ここに辿りつき混ざり合ったときに何が起こったのかは神のみぞ知る――ですが、実際、(私が手掛けている)ブルースはアフリカ回帰を意味しています。それはわたしたちがあのようなやり方でアメリカに来たということ、そして置き去りにしてきたことに関係しています。わたしはそれらすべてを探し出そうとしているのです」。彼女はさらに続ける。「わたしが育ったワッツのコミュニティでは、いつも音楽に触れていました。大編成のブルースとR&Bバンドが入る一〇代のダンスがたくさんあって、ラジオでもそれがかかっていました。両親は素晴らしいレコードコレクションを持っていました」

コルテスは、両親の棚にあったラテンやアメリカ音楽を他の若いアーティストたちに聴かせることによって、自分たちが受け継いでいる伝統に目覚めさせた。彼女はザ・ワッツ・ポエッツやザ・ラスト・ポエッツといったもっとよく知られている男性たちに並んで、一九六〇年代のワッツのブラック・アート・ムーヴメントの中心的存在だった。そこで彼女はコールマンや、彼のトランペット奏者で、チェロキー族の血筋らしい頬骨を持つ熱意にあふれてひょろっとした一〇代の少年ドン・チェリーと親交を深めた。アクティヴィズムこそが常に彼女の泳ぐ海だった。コルテスはまだ一〇代の頃から学生非暴力調整委員会(SNCC)〔Student Nonviolent Coordinating Committee〕の調査員としてミシシッピ州に派遣され、戻ってきて会員たちに選挙の状況について報告していた。

「わたしはいつも小さなノートに詩を書いていました」と、彼女は一九七九年、その数ある自主制作物の中で最初のひとつにあたる『アンサブミッシヴ・ブルース』をリリースした際、私に話してくれた。「あなたが真剣になって公の場に出ていく時、本当のはじまりが訪れます。あなたは自分自身を表現する方法を見つけたのです。自分が書いたものについて友達に話しているうちに、何かが起こる。わたしの場合、ミシシッピに行って公民権運動に参加しました。その時、わたしの政治的な考えと個人的なことが合流したのです。一九六〇年代のアメリカには、それは豊かな文化がありました。政治的な集会や、いかに自分を表現するかを探れる場所の数々。わたしの個人的な詩的表現、黒人の詩的表現、声、すべてが混ざり合ったのです」

コルテスとデナルドは、さまざまなメディアを駆使した圧巻の創作活動をインディペンデントに展開した。詩集もたびたび出版し、その多くにはコルテスの二番目の夫、高名なアフリカ系アメリカ人金属彫刻家で同じテキサス州出身のメル・エドワーズが挿絵を描いている。「本当に独立したアーティストになりたかったら、やるべきことをやらなければなりません」と、彼女は言う。「わたしが自分で自分の作品を発表するようになったのは、自分のやったことを完全に自分で管理したかったからです。力と、より多くの平等性を持つのは良いこと。もしあなたがそういう生き方をしているなら、ビジネスとクリエイティヴは同時にできるはずです。

それこそがあなたの人生なのですから」

コルテスは単純に詩人、ミュージシャン、あるいは出版者《パブリッシャー》というだけではなく、広い意味での主張する者《アドヴォケート》であり教育者でもあった。彼女はロックフェラー財団のものをはじめ数多くの助成金を受け取り、活発に講演活動をおこなっていたが、アフリカ系アメリカ人が大学に進学することが当たり前ではなかった世代の人間だ。したがって、コルテスが最終的にニューヨーク大学にアカデミックな拠点を構え、そこでいくつかの画期的なカンファレンスを企画したのは特別に喜ばしいことだった。アフリカ女性作家協会の発起人であり会長でもある彼女は、一九九七年に「ヤリ・ヤリ　黒人女性作家と未来」と題したカンファレンスを開き、そこにはマヤ・アンジェロウやエドウィッジ・ダンティカットなど多くの高名な文学者たちが参加した。このカンファレンスには二千人の女性が出席した。

しかし、これらの優れた業績以上に特筆すべきは、コルテスが下の世代の作家やミュージシャンを一対一で指導する際に示す寛大さと忍耐強さで、筆者もその恩恵に預かったひとりである。論集『ジェイン・コルテス、アドリエンヌ・リッチ、フェミニスト・スーパーヒーロー』の寄稿者たちは、コルテスと過ごしたひとときに彼女がみせた、人々の創造性を伸ばすよう励まし助ける手腕に感嘆している。コルテスとの対話は常に刺激的だった。現在のプロジェクトについて質問したり、どうすればより強力にできるか、あるいは流通に乗せられるか相談したり——コルテスはいつも後進のアーティストたちが深い芸術的洗練に向かって手探りで進んでいることを高く評価していた。彼女に心動かされた人はみんな、自分が彼女の人生という弁証法の対話に含まれたことによって、より良いアーティストになれたと感じたのだ。

　彼女が最後に私に助言をくれたのは、私が弱っている時だった。それは金融危機の真っ只中で、音楽業界が衰退しジャーナリズムという由緒ある商品の価値も株式銘柄のように急落したのに伴って、私個人も危機に見舞われていた。私は自分の持っているものすべて、とりわけ家を失ってしまいそうな状況にあった（幸いなことに、遺伝上の家族も拡大家族も含む仲間たちに加え、絶え間なく変わりづづける人生にあって決して変わらない粘り強さが、私をその運命から救ってくれた）。コールマンの誕生パーティがアートで埋め尽くされた彼のミッドタウンのロフトで賑やかにおこなわれている最中に、コルテスは私を呼び止め、しっかりと私の目を見つめた。彼女は私の肩を摑んではっきりと言ったのだ。「何が起こっても」――私だけに聞こえるぐらいに抑えた声で――そして私は彼女が何の話をしているのかわかっていた――「歩みを緩めないで。倒れてはだめ。あなたはただ進み続けるのよ」と。彼女は生きて私が立ち直るのを見届けることはなかったけれど、あれ以来、私が進んできた一歩一歩はあの内なる強さに導かれており、それはまたパンクの真髄でもある。たとえあなたを取り巻く物質的価値が崩壊したとしても、あなたは「ＤＩＹさもなくば死」の精神でなんとかやっていけるのだ。

　コルテスとエドワーズは彼女の晩年を、ウエストヴィレッジとセネガルのダカールに建てた海辺の家を行き来して過ごした。コルテスは、セネガルとナイジェリアの国家式典で遺灰を撒かれるという栄誉を授かった唯一の女性だ。

表面的な相違点はさておき、このお手本のようなアーティスト／アクティヴィストには、ヴィ・サブヴァーサと共通する点がたくさんある。どちらも、あるフレーズを言い放ち、シンプルでありながら強力な表現のあらゆるトーンを絞り出して、その意味が聞く人の頭の中に永遠に埋め込まれるまで弄ぶことによって、苦しむ人々に声を与えるやり方を知っていた。ふたりともその生涯を通じ、またさらにその先まで、「自分自身のはたらきをせよ」とオーディエンスに呼びかけた。加えて、両者とも自分たちのアートと共有された動機によってコミュニティを築き、動かすことに成功した——文化を使ってより公正な世界を作るために。

アフリカ系アメリカ人とフィリピン人が混ざった血筋を持つコルテスは、主に、根本的に、アフリカとそのディアスポラに自らのアイデンティティを置いた。彼女はアフリカのオリシャやイエマンジャといった神々や、英国軍に対して軽蔑を示すために彼らの銃弾を尻に受けたジャマイカの逃亡奴隷マルーンの指導者ナニーのような女戦士などの、悪に立ち向かう存在に触発されていたのだった。

＊＊＊

ボブ・マーリーによって広められたその〝革命的反逆〟の伝統によってスリッツやジェイン

・コルテス、アリス・バッグらを触発してきたジャマイカだが、女性とその権利に関しての歴史は波乱含みであり、それが女性ミュージシャンとなればなおさらだ。基本的には、男性アーティストの妹かロマンティックな関係の相手、もしくは後者の候補でない限り、彼女たちの道は険しかった。一九六〇年代にスカで活躍したさまざまな才能あふれる少女歌手たちは、数十年後にカムバックする者もいるが、それまではキャリアを継続することができなかった。一九六〇年代から七〇年代にかけてジャマイカで唯一の女性プロデューサーだったのは、〈トレジャー・アイル〉レーベルのミセス・ポッティンジャーで、彼女はシンガーのマーシャ・グリフィスのレコーディングを手掛けた。ニーナ・シモンの〃ヤング、ギフテッド・アンド・ブラック〃をボブ・アンディとデュエットしたことで有名なグリフィスは、マーリーのバックコーラス隊であるアイ・スリーや、彼の妻リタや女性ラスタの重要アルバム『ブラック・ウーマン』を出したジュディ・モワットと一緒に歌った。彼女たちはそれぞれに規範から外れて活躍した。とはいえ、どの世代にもこうした例外的なシンガーがわずかにいるものの、女性のキャリアは常に継続が難しく、社会的に率直にものを言う女性の声はさらに稀少だ。

ジャマイカでは、音楽周辺の暴力はかつても今も残酷な現実としてある。多くのミュージシャンは物質的に恵まれないゲットー出身で、そこの若者たちは福祉のセーフティネットがない島で生き残りに必要な金を配る地元の政治家たちに操られ、犯罪に手を染める。マーリー自身、一九七六年にキングストンの自宅でそういった〃ドン〃たちに殺されかけた。したがって、ア

Tanya Stephens
Rebelution
VP 2006

ーティストたちが用心深く体制に迎合するようになったとしても驚くには値しない。とりわけ女性たちは、（男性で、しばしば愛人の）プロデューサーからの擁護なしにはキャリアを積むことがほとんど不可能だったのだからなおさらだ。

　伝説的反逆者の男性と彼の女性観が矛盾していた事例として、私はかつてロンドンのホテルの一室で、マーリーのウェイラーズ・トリオのオリジナル・メンバーの中でいちばんの武闘派で、永遠に消えることのない「平等な権利と正義」を歌い上げたピーター・〝リーガライズ・イット〟・トッシュをインタビューした際、彼と激しく口論してしまったことがある。男性は女性よりも優れている、なぜなら女性は波止場で働いたとしても重い荷物を運ぶことができないからだとトッシュが主張し、そこに可哀想な友人のDJ、ドクター・アリマンタードが割って入ってとりなそうとした。人間の強さについて彼の視野があまりに狭いことに私は激怒した。トッシュは例によって意固地になっていた。この対立で記事は面白くなったが、悲しい記事だ。私生活においては、トッシュは周りの女性たちを大切にしていたし、頼りにしていた。彼は他のほぼすべての面において革命的な人物だったが、そこの点を結びつけることはできなかった（しなかった？）のだ。こうした単純なマッチョ思考は、ジャマイカの業界が女性アーティストの長期にわたる活動をあまり歓迎しないことにもつながっている。男の子たちのスタジオのヒエラルキーを揺るがそうとしないかわいいシンガーたちが毎年供給されるが、彼女たちがキャリアを継続するのはたいてい難しい。タンヤ・スティーヴンスがしたように、独自のインディー・システムを開発しない限りは。

「一般的に言って、ジャマイカは極端に女性差別的な国。誰がいちばん被害を受けたか、それが私たちにどんな風に影響を与えてるかはさておき、私たちは**みんな**おしなべて嫌な目に遭っている。（略）音楽においても、その他の人生のあらゆる場面においても、**そして**いつの時代でも」と、〝だらしなさ〟が支配的だった一九九〇年代のダンスホール・レゲエの時代に登場したこの論争を呼ぶシンガーソングライターは同意する。「私たちには沈黙と偽りのプライドの文化があります。〝ジャマイカに悪印象を与えてしまう〟ことへの恐れがあるから、私たちが完全に正直にものを言うことを許そうとしない。なので、公平を目指す任務に取り組んでいる人たちですら、しばしば私たちの女性としての前進に敵対するようなやり方をしてしまうんです」

レディ・ソウのようなダンスホール・シンガーたちは、無礼さをラディカリズムとして押し進めた。しかし、女性の反逆の音を最も長く響かせ続けたのはタンヤ・スティーヴンスで、とりわけ二〇〇六年にリリースされたアルバム『レベリューション（Rebelution）』は重要作だ。彼女はソーシャルメディア上でジャマイカの政治家たちを率直に批判し（彼女はあるリーダーを「ジャマイカ人の偽善に迎合する技術を完成させた酷い無気力人間」と酷評した）、ますます「むずかしい人」と噂されるようになった――歴史において自分の意見をはっきり言う自由思想の女性が常に言われてきた言葉だ。彼女はこのアルバムのタイトルトラックについて、「注目を集めるために切り抜けなければならないあらゆる嫌がらせへのカウンターとして、騒々しいほどのやり方で行動に駆り立てる緊急の呼びかけにしたかった」と語る。

彼女の発音は歯切れ良く力に満ちあふれ、率直な調子で、一音の上で熱く語った後に、張り詰めた様子ですばやく半音上で叫びをあげる。彼女のダイナミズムはミニマルで武骨なリズムによって前進し、それは私たちに彼女の号令にあわせて共同歩調をとるよう命じてくる。

だから私は今あなたに言う、抵抗革命《レベリューション》は緊急、
女王としてではなく謙虚な下僕としてあなたの前に立つ、
偽りのリーダーたちは王国を築かずに王座を要求する、
キングストンの音楽ビジネスと同じ、
われわれは未来のため、娘や息子のために戦わねばならない、
なのにあなたは同胞の足を引っ張り、パン屑のために戦っている……

かつてボブ・マーリーが歌ったように、「戦って逃げる者は、翌日も戦うために生きている」のだ。比較的小さな島（失礼！）で暮らし、仕事をしていて絶え間なく押し寄せる嫌がらせに

対処するため、常に力に満ちたスティーヴンスは、キャリアの半ばで戦術的撤退を選んだ。「私の撤退は徐々に進んでいます。私はこれまで完全なる〝群衆〟の一部だったことは決してありませんが、年を重ねるにつれ偽善や表層的なものに対するアレルギーが強くなってきたので、できる限り露出を控えています」と、彼女は記す。「私の交流は現在ソーシャルメディアに限られていますが、それですら沸騰状態からごくごく弱火でいくことに決めたんです。ジャマイカでの親密さは、蔑みよりもずっと悪いものを生みます！　それは、宇宙と一体化するという私の決意に反するものです。私は、自分の生きる時代を自分なりに観察した結果、一般的な見解とは大きく異なる結論に至った時、何事も当たり前とは思わないことを学んだのです！」。彼女はそう締めくくっている。

＊＊＊

スリッツのアリ・アップは、好かれるためではなく聞かれるためにこの世に生まれた、と歌っている。タンヤ・スティーヴンスも同じように自己防衛的な立ち位置にいるが、崇拝者たちが彼女の率直なやり方に寄せる信頼は否定の声を上回り、そうした応援に支えられて前に進み続けている。成功を収めたとはいえ、生まれ育ったジャマイカでも敵に包囲されたアウトサイダー的な立場にあるスティーヴンスは、英国と米国両方のブラック・パンクスによく似ている。

そのアフロパンク・ムーヴメントは、まだそれほど目立たないものの、ケニアのムトーニ・ザ・ドラマー・クィーン（Muthoni the Drummer Queen）のようなアフリカン・ヒップホップやパンクな歌手の台頭と結びついている。この世界においては、パンクな女の子たちを見かけない地域もかなり広い。アフリカの多くの地域のように、優れた女性シンガーソングライターがたくさんいて、魅力的な地元のスタイル（またはそのリフ）を用いて、たとえば性器切除などについての女性視点の意見を表現している場合もある。フランス語圏の西アフリカだけでも、ウム・サンガレ（Oumou Sangre）、ファトゥマタ・ジャワラ（Fatoumata Diawara）、ロキア・トラオレ（Rokia Traore）、ナハワ・ドゥンビア（Nahawa Doumbia）、アンジェリーク・キジョー（Angelique Kidio）、そしてアマドゥ&マリアム（Amadou and Mariam）のマリアムなどがいる。マリのアミィ・コイタ・ダリバ（Amy Koita Dariba）、エジプトのウンム・クルスーム（Umm Kulthum）、南アフリカのミリアム・マケバ（Miriam Makeba）別名ママ・アフリカといった二〇世紀半ばのこの大陸の先駆者たちの後には、大陸を超えて素晴らしい才能たちが続いている。南アフリカのブシ・ムロンゴは、デルタ5やスリッツの叫び声のルーツのような、先祖代々の喉声のヨーデルで歌うことができる。しかしそれと同じ頃、ある異種交配的音楽が、くだけた調子で「アフリカのパンク」と呼ばれていた──一九七〇年代半ばにパンクがはじまるのと同時にアフリカの外でも知られるようになったフェラ・アニクラポ・クティ（フェラ・クティ）の魅惑的なポリリズムである。彼は傑作〝アップサイド・ダウン〟を、彼のアフリカ系アメリカ人ミューズであるロサンゼルス出身の歌手サンドラ・イザドールと一緒に制作した。

複雑で魅力的なアフロビート・サウンドを生み出したナイジェリア生まれの大物クティは、独自の並外れた生き方で伝説となった。ラゴスでコンクリートの自宅周辺を囲って形成したコミューンをカラクタ（悪党の）共和国と名付け、擦り切れたナイロン製のパンツ一丁の姿で王様のようにインタビュアーを迎える彼は自らの世界の支配者だった。

彼は完全に自信に満ちたアルファメール〔群れを支配するオス、支配者男性〕だった。彼は一九六〇年のナイジェリア独立以来ほぼずっと権力を握ってきた一連の軍事政権を痛烈に批判する歌詞で人気者のヒーローになったものの、政府を激怒させ、悲劇的な結果が招かれた。一九七七年のロンドンでクラッシュのジョー・ストラマーが「ロンドンは退屈で燃えている」と歌っていた一方、ラゴスではクティのカラクタが軍によって燃やされ灰となった。ゆるやかな一夫多妻制のもと彼と一緒に暮らしていた三六人の女性たちは残酷に殴られ、レイプされた。時代に先駆けたアクティヴィストだったクティの母フンミラヨは、この時に負った傷がもとになって亡くなった。サンドラ・イザドールというアフリカ系アメリカ人女性が、クティとレコーディングする唯一の女性リードヴォーカリストとなるという積年の願いを叶えてから、一年先の未来の話である。

もしイザドールがいなかったら、ふたりが一緒に録音した〝アップサイド・ダウン〟のような社会的な意識の高い燃えるような曲を彼が書くことは決してなかったかもしれない。イザドールがクティを政治の方に向かせたのだ。ふたりは一九六九年、彼が自らのバンドであるクーラ・ロビトスと一緒にロサンゼルスに滞在していた数カ月のあいだに出会った。南アフリカ音楽とジャズで実験し、ラジオ・ナイジェリアのために番組を制作していた当時のクティは、社会的地位が高く尊敬を集める、植民地政策のもとですら優遇されていた教会および教育者の家庭に生まれた、かなりブルジョワ的な人物だった。彼にとってイザドールは思わず目を奪われる女性だっただけでなく、政治的および知的に人を目覚めさせる人物だった。イザドールはかつて若きブラックパンサー党員として収監されたことすらあった。彼女は彼にブラックパワーの本を与え、彼は彼女に愛だけでなく音楽で返答した。彼は地元のサパークラブでバート・バカラックを歌っていた彼女をロンドンに連れて行き、自身のアルバム『ストラタヴァリウス』のために、クリームのドラマーだったジンジャー・ベイカーと共演するレコーディングを敢行した。イザドールは、英国の直接的な支配が終わってもなおナイジェリアを支配していた植民地的精神性と、クティの故郷の海岸から現地の有力者の共謀のもと船で運ばれてきた何千もの人々の子孫であるアフリカ系アメリカ人が経験してきた抑圧とを結びつけて考えるよう彼を導いた。そうしているうちに、電撃的に結びついたカップルのあいだには、ラゴスで一緒にレコーディングをする話が持ち上がった。

一九七六年にイザドールがクティのカラクタ共和国に到着した時、彼女が数年前にロサンゼルスで知り合った男は、まったく違う生き方をしていた。彼はビッグバンドのアフロビート・サウンドに磨きをかけていた。彼のクラブ〈ザ・シュライン〉は、たくさんの支持者たちと大勢の側近で賑わっていた。彼の共同体はひとつのコンクリート建築から四方八方に広がる村のようで、その住人にはアフリカ70バンドの二〇人ほどのミュージシャンたちの一部だけでなく、コール&レスポンスのコーラスを歌う大勢の女性たちも含まれていた（そのうち二七人は、軍の攻撃を受けた後、クティが支援のしるしとして結婚した相手だ）。

私はこの土地のことでいらつきはじめている……
詰めもの ボク 道路 死なず、土地 ボク 食べもの 死なず……
人々 知らず アフリカ 偉大……
コミュニケーション混乱
パタパタ……
すべてはさかさま

〝アップサイド・ダウン〟は一九七七年、スリッツ、セックス・ピストルズ、ポリー・スタイリン、クラッシュの年にリリースされた――そしてロンドンの私たちはそれに気づいていた。ナイジェリアの人々が直接に生きている闘争の差し迫った危険性は、私たちのそれに比べて格段に大きく、ポスト帝国主義時代の死と再生の問題にこちら側の立場からもっと毅然として臨むよう私たちを促した。

Sandra Sings With Fela & Africa 70
Up Side Down
Kalakuta 1997

「私はレコーディングの数ヶ月前からカラクタに滞在していました。以前は家族の家だったところが、すべてのダンサーや雇用者たちのコミューンになっていました。楽しかったです。二四時間／七日体制で音楽が流れていて、誰もが楽しく過ごしていました」と、イザドールは振り返る。「ギタリストのコログボとのリハーサルでは、すべてを新しいフロンティアとして受け入れ、自分自身への興味ゆえにずっと興味があった文化について学ぶことができました。それまで歴史は私自身についてほとんど何も教えてくれていませんでした。私は私自身の物語、私たちの物語のために真実を探しにいかねばならず、アフリカに行けばそれが手に入ると思っていました。そして、野蛮な目覚めが訪れたのです。私はこの先ずっと、植民地主義がアフリカでおこなったことは、奴隷制度がアメリカでおこなったことよりもはるかに悪いと言い続けます」

〝アイデンティティ〟におけるポリー・スタイリンの叫び「あなたは自分がわかる？」をこだまさせるように、イザドールは続ける。「私が出会うことになった大衆は、依然として白人で青い目のイエスを崇める宣教師のやり方に従っていました。それを『この人はいちばん神聖な人、完璧な人だった』と言って見せられた子供たちが、鏡を見た時に自分が彼みたいに見えなかった場合、心理的な傷を受けてしまいます」

カラクタの独創的な社会実験は、長く待ち望まれた〝アップサイド・ダウン〟セッションなどの場で、その真価を発揮した。一族全体がスタジオでの長い夜に備えて準備し、料理の鍋や眠るためのマットレスを運び入れた。

　イザドールはすばやいリズムギター、表面上はシンプルに聴こえるベース、揺れて鳴るパーカッシヴなビーズの**シェケレ**〔西アフリカにルーツを持つ民族楽器。空洞の瓢箪に石やビーズを編み込んだ網をかぶせたものから発展した〕、おしゃべりなホーン、そしてジャジーなファルフィッサ・オルガンなどによる催眠的にぐいっと引っ張るリズムに乗り、ハスキーな切れ味のあるきびきびした冷笑的な発声法で歌う。ぐらぐらと燃え盛るような一四分にも及ぶこの曲は、都市の衰退を痛烈に分析する、かつて栄華を誇った都市が急速に衰えていくことに対する怒りに満ちた嘆きの声であり、燃えるような説得力があった。ポイズン・ガールズやクラスのような英国のアナキストは、ラゴスの本物のアナーキーを前に謙虚な気持ちになったことだろう。ポスト植民地主義の独立の夢は、自由を愛する楽観主義者や理想主義者たちが計画したようにはうまくいかなかった。植民地時代の抑圧者たちのおなじみの青ざめた顔が新たな支配者たちに置き換わっただけに見えた。社会全体に植え付けられた腐敗は、武装強盗や警察が路上で無差別にはたらく暴行だけでなく、政府が根本的社会契約に則って提供して然るべき基本的サービス——廃棄物処理、ゴミ回収、水道、電力——の欠乏から生じる暴力につながった。ラゴスで爆発中の人口の中から、〝地域の少年たち〟の集団があらわれた——こうしたホームレスのストリートキッズは、少女たちも含め、どうにか、なんとか自活しているのだ。こうした子供たちも、クティが歌ったように音楽は武器であるという意味において、彼の軍隊の一部である。イザドールにとって音楽の夢を実現することは、クティの歌詞を通してナイジェリアの偉大さと悲劇に対する彼女自身の愛憎混じり合う気持ちを表現する機会となった。何年にもわたったふたりの親密な関係は、明らかにアフリカ的でありながら同時に文字通りアフリカ系アメリカ人的でもある、独創的で辛辣なパトワ〔方言、地方訛り〕・プロテスト・ソングを生み出した。

「シュラインでこの曲を生演奏したとき、ふと思ったんです。私がここで彼らの国を罵倒し、すべてがさかさまだと言っていることを、ナイジェリアのオーディエンスはどう受け止めるのだろう？　と」。イザドールは笑う。「でも、フェラが私にあれを書いて、私は彼のリードで前に進んだ。人々はおおいに喜んだ……やっぱりそこには愛があるのです」

＊＊＊

確かに、リスナーが直面しているフラストレーションを表に晒して解き明かすように、説得力を持ってありのままに歌えるアーティストは、どんな時代でも愛されるだろうし、その曲は忘れられないだろう。ナイジェリアは石油依存の経済が不安定な状態だったにもかかわらず、アフリカで最も裕福な国のひとつだった。そのインフラが悲惨な状態になっているというのは、軍事政権の核心にある非人間性、貪欲さ、弱さを象徴しているかのようだった。

だが、二〇一七年、豊かなはずの西ロンドンで突如発生したインフラの崩壊――七一人が死亡したグレンフェルタワーの火災――は、政府による福祉の見せかけすら焼き尽くしてしまった。スキニー・ディップ・ダイエットのメンバーたちはこの悲劇でさらに背筋を凍らせた。それは彼女たちの新曲〝シルヴァー・スプーンズ〟の筋書きでもおかしくなかったからだ。

このバンドのふたりの姉妹、アースラとデライラ・ホリデーに加え、彼女たちの従姉妹であるアメリア・カトラーは、揃ってミックスレースの出自を持つ。姉妹はジャマイカ系英国人、カトラーは中国系英国人だ。彼女たちは自らの音楽を「奇人変人のためのフェミニスト・パンク」と説明している。彼女たちのサウンドは、音数が少なく緊張感のあるエレクトロ・パンク・ファンクだ。フィードバックでぼやけるフェイズのかかったドラムと、聴こえないほどの高音すれすれに進む大胆なベースが特徴である。彼女たちの音楽はESGを想起させるものの、こういう時によくあるように、バンドはインタビューの際、自分たちはそれを聴いたことがないと答えていた。デライラの嘲笑うようなヴォーカルは、入居者の多くが移民だったグレンフェルタワーの焼失を招いたある種の利己的な特権に侮蔑の唾を吐く。労働者階級のタワーブロック〔高層公営住宅〕――米国における〝プロジェクト〟――は、ジェントリフィケーションが進むケンジントンにあって特異な存在感を放っていた。火災が発生したのは、そのほうが近隣の裕福な住民たちにとって見栄えがいいというだけの理由で、建物の表面を安価な可燃性の仕上げ材で覆っていたからだった。

一九七〇年代のIRAのもの以上に命に関わる未曾有のテロ攻撃がたびたび発生している時代にあってもなお、この災害の規模の大きさと象徴性は英国全土を恐怖に陥れ、西ロンドンのコミュニティの結束を強めさせた。この火災によってスキニー・ディップ・ダイエットが自己資本で制作し自主リリースしたばかりのアルバム『ヘヴィ・フロウ』に収録された〝シルヴァー・スプーンズ〟に込められた軽蔑のメッセージは、ますます強調されて聴こえた。赤いしみのついた白い衣装を纏ったメンバーたちのジャケット写真も論争の的になった。

姉妹たちはグレンフェルタワーの崩壊に深く思うところがあった。彼女たちは似たような政府出資の公営住宅で育ち、現在もそこに住んでいる。デライラ・ホリデーは言う。

それは、今、あらゆる労働者階級の人々が経験中の緊張感を浮き彫りにしました。自分は二一年間ずっとタワーブロックに住んでます。毎日、新顔に会ったり見かけたりしてるし、ドラッグディーラーから一九六〇年代にタワーブロックが建設された時からずっとここに住んでいるお年寄りまで、さまざまな人たちと暮らしているんです。自分のアートや曲作りには、他のお上品な白人少年インディーバンドには想像もつかないような豊かな知識と文脈がある。それは彼らにはない特権。でも、自分は同時に不遇でもあって、富を蓄積したり、社会をうまく渡ったり、アーティスト／ミュージシャンとして真剣に受け止められ大きな活動の場を与えられたりすることは難しい。あたしは〝シルヴァー・スプーンズ〟を、『自分は口に銀のスプーンをくわえて生まれてきたわけじゃない』って言い方をもとに四年前に書きました。だけどこれは、常に権力による監視に晒されていることについての曲でもあるんです。

警察の腐敗
政府の崩壊は招かない……

あのレンズの向こうで私を見つめているのは誰
わからない
やつらが国を動かす
だけど私にはまだわからない

二〇一〇年代中期ロンドンのアンダーグラウンド・ヒロインたち、スキニー・ガール・ダイエットは、バンド名をテレビのリアリティ番組「ニューヨークのリアルな妻たち」のベセニー・フランケルが販売していた〝すぐ痩せ〟商品から拝借した。彼女たちがこれをおすすめしたいからではない。たくさんの若い女性たちが拒食症に苦しんでいる時代に、そんな商品を売ること自体が正気の沙汰でなく恐ろしいと考えたからだ。シンガーで曲も作るデライラは、一四

Skinny Girl Diet
Heavy Flow
Fiasco 2016

歳で身体醜形恐怖に悩まされていた時にテレビでこれの広告を見た。「それが商品だってことすら知らなかった」と、彼女は言う。「女性たちが自分を飢餓状態に追い込んでいる恐ろしい写真を何枚もインターネットで見てきて、わかったんです。これは深刻な流行病だって――鏡を見るたびに自分をバケモノだと感じているのはあたしだけじゃない。あたしは空間を占拠して、女性たちに完璧なんてものは存在しないと伝える場にしたい。それは資本主義が経済を回し続けるために押し付けている幻想にすぎない。フィットネスを超えたメンタルの問題なの。あんな自己嫌悪を経験する女性をひとりでも防げるのなら、あたしは全力を尽くして何だってやるつもり」

スキニー・ガール・ダイエットは家族ぐるみの事業だ。幼い頃の姉妹は学校のジャズ・バンドにパンクなドラムフィルを加えていた――そして止まらなかった。デライラは言う。「子供の頃は宇宙人や人魚の歌を作っていました。妹とあたしは陰と陽なんです」。アースラも、「あたしたちはテレパシーで会話するから、音楽を作るのは超簡単」と同意する。彼女たちのマネジメントは、アーティストである父親のダンが担当している。一九七〇年代にパンク少年だったダンは、ハムステッドのパブ〈ホワイトホース〉の地下でライヴハウスを経営していたこともあった。彼がプロモーションおよび／あるいはフライヤーの制作を手掛けたアーティストには、P.J.ハーヴェイ、ビキニ・キル、ハギー・ベアなどがいる。曰く、スキニー・ガール・

ダイエットのマネジメントはごく自然に娘たちの宿題を手伝うことの延長線上にあり、彼は今でも「DIY美学に則って」アートを制作しているそうだ。

スキニー・ガール・ダイエットは人前での演奏活動をはじめてすぐに第一世代パンクスのオーディエンスを惹き付けた。バンド結成当初は、自分たちのことをスリッツのアンセムにちなんで「ティピカル・ガールズ」と呼んでいたほどだ。「スリッツ、Xーレイ・スペックス、キャスリーン・ハナ、ビキニ・キル、ホール、L7、ベイブス・イン・トイランド、7イヤー・ビッチ、アリス・バッグのような女性たちは、自分はどこにも馴染めない過激なフェミニストの信念を持った単なる変なゴスの子にすぎないわけじゃないと信じる希望をあたしに与えてくれた」と、デライラは言う。「あたしは空間を占拠して、自分のアートを創造することができた」。さらに若い世代が後に続き、彼女たちはより広い範囲に届くようになった。とはいえ、姉妹はふたりとも、現在でもある程度は自分たちのことをはみ出し者だと感じている。

「あたしはだいぶ一匹狼」と、アースラは言う。「自分が自分の世代の一員じゃないように感じるっていうのはお決まりの言い方だけど、あたしはミックスレースで、公営住宅に住んでるバイセクシュアルの若い女。いちばん快適でいられるのは、自分らを支えてくれたクィアDIYパンクのシーンにいる時。あたしはスキニー・ガール・ダイエットでムーヴメントを起こしたい。そうしたらあたしみたいなまぜこぜの奇人たちが行ける安全な場所ができるでしょ」

それこそ彼女たちがマット・ロビンソンと一緒に監督した〝シルヴァー・スプーンズ〟のビ

デオでおこなっていることだ。女たちは黒いつやつやの衣装を身にまとった復讐者であり、恐れを知らずに彼女たちの自宅周辺のような運動場やタワーブロックで自転車を乗り回し、いじめっ子や警官やポン引きがパンクな女の子に犯罪をはたらくのを、かつては男のものと考えられていたやり方で阻止する——彼らをボコボコに殴り倒すのだ。どうしてかは平和主義者でも理解できるだろう。

「これからはじめようとしている若い女の子たちにいちばん伝えたいアドバイスは、協力的な家族がいようといまいと、大切なのはただひとつ、**レジリエンス**〔回復力。立ち直る力〕だってこと。それがこのプロジェクトに取り組んだ七年間に学んだことだから。過激なほどに自分を信じて。考えないで、ただやってみて、そうすればじきに収まるところに収まるから」。デライラは言う。「何かを変えようと思ったらラディカルにならなくちゃいけない。女であることを理由に音楽業界で軽視されたり、着ている服を批判されたり、あたしたちが余計に厳しい審判に晒されているのは確か。女性のパフォーマーとして、『君はアクティヴィスト？　それともミュージシャン？』ってしょっちゅう聞かれる。両方で何が悪いの？」

＊＊＊

自分の階級やジェンダーや人種などに伴うさまざまな障害を賢く回避し、どこにいようと事を起こすこと――それもまたパンクの鼓動だ。理想的には、パンクは抑圧されている人々や道を外れた情熱に焦点を絞るレンズとなり、そこから火をおこして何か実践的な有形の存在を活性化することができる。スキニー・ガール・ダイエットの場合のように、女の子たちのほとばしるエネルギーは、うまく利用すればコミュニティを照らす電気を生み出すこともできる――多くの場合、女性の仲間だけでなく共感を示す協力的な男性も一緒に。たとえば自分のレーベルを立ち上げる。自分のバンドが演奏できる場所を設ける。ファンジンを作って広める。

　人々の抵抗運動が一時的な気休めのお祭り以上のものとなるためには、群衆によって解放されたエネルギーがたわいもない言葉遊びや「かもしれなかった」の仮定のうちに蒸発してしまわないよう、焦点を絞ってどこかに方向づけられなければならない。「ウォール街を占拠《オキュパイ》せよ」運動は、興奮の後、鼓舞されるものの胸の痛む記憶となった。すなわち、一貫した方向性を持てなかったために衰退してしまった運動だ。また、加えて残念だったのは、この運動がどんなものなのか定義するのに役立ちそうな独自のアンセムを一曲も生み出せなかったことだ。その一方で、コロンビアのフェルティル・ミゼリア〔スペイン語で「肥沃な惨めさ」〕のように、パンクが過去のものとされていることに関してわざわざとやかく言う必要のない人々もいる。彼女たちは日々パンクを剣と盾の両方として用いており、それが自分の人生に向き合い、対処するのに役立っていることを知っている。文化闘争の熱気の只中で、さまざまな集団――民族全体、あるいは女性、トランスジェンダーの人々――のニーズが（願わくば一時的に、戦争が終わるまで）最優先でなくみんなのためのより大きな闘いの下に含まれるものとしなければならないこともあるだろう。フェルティル・ミゼリアが置かれているのがそういう状況だ。

一部のお金持ちの世界の黒革を着たダウンタウン族にとって、パンクは普段の顔から離れて仲間とトラブルを起こすことであり、永遠の一〇代の夢への逃避、遊園地の遊具的な忘却の特急に乗車するひとときを意味している。彼らは自分らがパンクの退廃的な顔と見做されても別に気にしないだろう。実際、むしろそれを喜ぶだろうし、そこに楽しい面もあるのは確かだ。しかしパンクにはもうひとつ、もっと生存《サヴァイヴァル》に関わる側面もあって、ゆえに革命の代弁者として今日まで存続してきたのだ。ライオット・ガールは、彼女たちの革命を有機的に女の子スタイルで広めた、パンクの典型的なやり方の例だ。パンクスはファンの家の床に寝泊まりし、アンコールを終えると、その晩寝るソファを提供してくれる人はいないかとオーディエンスに呼びかけた。

しかし、もしあなたの国全体が、米国に蔓延する絶え間ない殺人事件の恐怖すら超える文字通りの戦争状態で、すぐにでも革命が起こりそうだとしたら？　死者の数がオピオイドや警察の銃撃によるものではなく、世界政府や警察や軍と闘うと同時にその隠れ蓑にもなっている、麻薬ギャングから資金提供を受けた市民軍によるものだとしたら？　そこで音楽、とりわけパンクは何を意味しているのだろうか？

私は電子メールと通訳を交えた電話で、フェルティル・ミゼリアの曲〝ヴィジョンズ・デ・

ラ・ムエルテ（死のヴィジョン）〟とそのビデオについて、彼女たちと何度もやりとりした。親切なことに彼女たちは、特別にグループミーティングも開いてくれた。以下は、特に明記されていない限り、バンドとしての集合的な回答である。

「〝ヴィジョンズ・デ・ラ・ムエルテ〟は、日常的に死がある現実と、深いところから恐怖に満ちた社会における私たちの不安を反映したものです。それは私たちが持っている唯一確かなものです」と、バンドは述べる。「またこの曲は、私たちが後に残していくことになるのが誰であろうと、いつか必ず離れ離れにならなければいけないということも反映しています。それは、愛する人がいったい何が起こっているのかもわからないまま死んでいくのを目にする家族が感じる痛みです。〝ヴィジョンズ・デ・ラ・ムエルテ〟は、私たちが恐れているものすべてです。これは私たちが日々生きている場面であり、それは私たちのビデオにも反映されています」

彼らは私の胸を叩き、私に戻ってきてほしがっている
そして今、私はわからない、私の心は浮いている
あなたが囁くのが聞こえる、「離れないで、死なないで」……
あなたの両親、あなたの家族、あなたなしでは
きっと耐えられない……そして私は

もう戻りたくない

フェルナンド・プエルタ監督によるビデオ〝ヴィジョンズ・デ・ラ・ムエルテ〟の冒頭、危険を告げて回転する赤いライトの光がスクリーンいっぱいに広がる。しかし、その危機はどこからやって来たのだろうか？　どこであろうとおかしくない。そして、私たちは救急車の中にいる。医師たちは撃たれた男性にショックを与えて生き返らせようとしている。この時点では、誰がやったかは問題ではない。彼が生きるか否かだ。次に手術台の上での一触即発……しかし思わぬ展開で、最後の瞬間、存在することの痛みがこの撃たれた男を圧倒する。つまり彼自身生き返りたいのかどうか複雑な思いを抱えているのだ。これはイギー・ポップがステージ上で自身を切りつけるニヒリズムの込められた行為と並ぶというより、むしろ実存主義的な表現なのだ。

バーミンガムのオー・ペアーズは、意識的に判断して混合ジェンダーのバンドを組んだ。コロンビア初の女性が過半数を占めるバンドであるフェルティィル・ミゼリアは、全員女性にするつもりだったが、女性プレーヤーが見つからなかったため、男性ギタリストのホアン・カーロス・ロンドニオを起用した。

このバンドの創始者はメデジン出身のカストロ姉妹。ベースのピエダドは特別支援教育の教師としても働いており、シンガーのヴィッキーは母親でこの地域初の女性パンク・シンガーだ。

Fertil Miseria
Desplazados
Sin Piedad 2005

ふたりはフェルティル・ミゼリアを始動させる前、他のグループで演奏していた。その後、ふたりは〈ロックンロールティエンダ〉という音楽ショップを立ち上げ、そこはオルタナティヴ・シーンの中心地となった。姉妹は記す。「私たちの社会との闘いは家庭内からはじまりました。母は教師、父は農夫で、どちらも村の出身でした。彼らは伝統主義者で、ロックンロールをまったく理解せず、音楽を聴いたり演奏したりすることは悪だと考えていました。私たちが一九九〇年代に活動をはじめた頃は、姉妹だということも含めて非常に挑発的だと思われていました。反発されるのは私たちがこのあたりで最初の女性ミュージシャンだったからというのもありますが、それだけではなく、私たちが二八年間にわたって、このクソと痛みと順応主義のシステムを引き裂いてきたからです」

彼女たちの肥沃で創造的で輝かしいコロンビアという国は、強大な他国の利害関係者から提供される資金で操られている国内勢力に加え、違法な誘拐、コカイン、武器取引をおこなう無情な地元の商人たちに引き起こされた暴力によって、壊されたとは言わずとも大打撃を受けた。この土地の名産品には、世界中で受け入れられるようになったものがいろいろある。たとえば生魚をマリネした料理セビーチェ、コーヒー、そしてくたびれた山間部の農民の友だったのがパーティ・ドラッグとなり、国際的な武器取引に利用されるようになったコカイン。天然資源に恵まれた国ほど、その運命は過酷なものになってしまうように感じられることはたびたびある。腐敗した地元の政治家が利益を吸い上げてスイスの銀行口座に送り、外部の勢力が犠牲者の血を吸おうとする吸血鬼のように舌なめずりをしているからだ。少しほっとするのは、コロンビアの人々は、**ヴァレナート**や**クンビア**など数多くの魅惑的な音楽のリズムに夢中になれるということだ。しかし、フェルティィル・ミゼリアは一九九〇年に活動をはじめるにあたって、その軽快なリズムに頼りはしなかった。彼女たちの関心は、もっと耳障りな表現を求めていた。彼女たちは以下のように記している。「私たちが日々生きている痛みと経験が私たちの曲の主なインスピレーションですが、そこにはより良い世界に向けた希望もあります」。彼女たちが聴いて触発されてきた面々は国際的で、その一部にはブリストルのヴァイス・スクウォッド、ドイツのニナ・ハーゲン、スペインのウルティモ・リゾルテなどがおり、特にニューヨークのプラズマティックスからの影響は大きい。ウエンディ・O・ウィリアムズがフロントを務めるこの悪名高きグループは、ステージでスピーカーを爆発させることで知られていた。

プラズマティックスの正面切っての攻撃的な姿勢は、フェルティィル・ミゼリアにとって理解できるものだった。「私たちがこの国で目撃させられた動乱には、たくさんの爆弾の爆発、戦争、都市での暴力、私たちを殺そうとする人々からの逃走があったのです」と、彼女たちは記す。

フェルティィル・ミゼリアは何十年にもわたって反逆者としての自らの使命に集中してきた。このバンドは非標準的な存在としてある。「暴力夫《ワイフビーター》」Tシャツを着用した、タトゥーを入れて髪を短く刈り込んだシンガーのヴィッキー・カストロは、正しい心を持ったブッチの用心棒でもおかしくないほど強そうに見える。バリケードにいてほしい存在だ。

「フェルティル・ミゼリアは一九九〇年から活動しており、私たちの国で見られる不正に対して痛みと怒りの叫び声をあげてきました。私たちが生き延びねばならなかったパブロ・エスコバルとの麻薬戦争に加えて、ゲリラや準軍事組織の脅威が増したことで、国内の避難民の数は日に日に増えていきました」と、彼女たちは述べる。

「死にゆく男とすべての歌詞には、暴力の犠牲者の親族や人々が感じる絶望、恐怖、痛み、怒りが反映されています。また、そこにはこの野蛮な現実を生きるよりも死んだほうがましだという判断へと私たちを導く順応主義すらも含まれています」

ヴィッキーの唸りをあげるノコギリのような遠吠えが、ハードにロックする歯切れのいいインダストリアルなドラムとベースに支えられて、物語を伝える。フェルティル・ミゼリアのライヴでは、ファンもバンドも常に爆撃やゲリラ攻撃から逃げる準備ができていなければならず、多くの場合どの派閥が火を吹いているのかもわからないため、音楽は絶対に必要なエネルギーとして疲れた兵士にとってのアドレナリンのように作用している。

「これらのことはフェルティル・ミゼリアに粗野で攻撃的で挑戦的な音楽と歌詞を創り出させたという点において、私たちの役に立っています。私たちはギターを手に取り、すべての恐怖と怯えをダウンロードして、それを歌詞に反映させせました」

彼女たち全員が今もなおこの曲の背後にある実話を忘れることができない。すなわち、ピエダドとヴィッキーがギタリストのホアン・カーロス・ロンドニオを必死になって探した四時間のことだ。覆面の武装集団に家から連れ出されたロンドニオ（彼も既に故郷を追われた難民だった）は、コロンビア人が〝死の車〟と呼ぶ車に乗せられ、四時間にわたって拘束されたのだ。帰還した彼は幸運だった。

騒乱の結果として国内に難民危機が発生した。コロンビアのデスプラザドス（難民）――これは〝ヴィジョンズ〟が収録されているアルバムのタイトルでもある――の人口は、世界で二番目に多い。

フェルティル・ミゼリアの人々は次のように書いている。

私たちはバンドとしてこの多面的な状況に直面し、受け身でいるのではなく助けなければならないという道義的義務を自分たちに課しました。私たちのコンサートでは、食料品、衛生用品、お金、衣類などを集め、学校や近隣地帯、たくさんの人が暮らす路上などで活動している団体に寄付しています。また私たちは、さらなる連帯と人間的な意識を生み出す助けとなるメッセージが込められた曲を演奏しています。そうした歌詞や音楽は、他のパンクバンドが環境保護や動物愛護など他のタイプのアクションに取り組むことにもつながったと感じています。バンドとして、私たちは自らの経験のみを表現するのではなく、私たちの国や地球のためにも何かをすべきだと思っています。

＊＊＊

バリケードの上で体制を揺るがす女性たちの前には、さまざまな闘いが広がっており、そのすべてが重要だ。彼女たちの戦場は、家庭的、職業的、芸術的、社会的、経済的、政治的、そして個人的なものだ。アメリカ郊外のキッチンからコロンビアの食料配布の列まで、公民権運動の行進からBBCのバーまで、これらのバンドは、パンクおよびその他の精神において反抗的で自由な音楽が、自分なりの解決のために欠かせないということを発見してきた。彼女たちの音楽の影響力は、アートをアクティヴィズムにすることによって拡張されている。「平等な権利」を主張したピーター・トッシュは、私たち女性の多くがおそらく彼らほど肉体的に強靭ではない（あなたは例外、ジム狂いでヨガ名人の読者さん！）という理由から、男性は女性よりも優れていると思っていた。しかし、私たちの創造性は、これらのアーティストたちがこれまで展開してきた通り、水のようにしなやかで力強く、大きな都市を揺り動かし、山々を崩しもするだろう。

アウトロ
わたしたちのコーダ

愚かなる者どもに運命を恐れさせよ
わが星々の抵抗によって
（彼の／彼女の刀／マイクを指し示し）
ここより放たれる力は——必ずや
わが栄光を高みに輝かせるであろう

アフラ・ベーン、『アブデラザール、あるいはムーア人の復讐』、一六七六年

私はこの本を書くにあたって、これまで概して既存のシステムの外側での活動を余儀なくされてきた女性ミュージシャンたちが、道案内として足下を照らす女の歴史物語《ハーストーリー》の光を持たない状態から、いかにして音楽業界の暗い森に自らの道を切り拓いていったのかを問うことからは

じめた。私が考えていたのは主に周縁的な人々のこと、すなわち、一九七〇年代半ばに確立されたパンクの門戸開放、何でもありの白紙状態を是とする方針がなければ音楽の仕事に就くことは到底できなかったかもしれない人々のことだ。怒りっぽく、騒がしく、頑固でかわいげのない女の子たちは、自分たちの見た目と同じぐらい人をドキッとさせるサウンドを作りあげたいと願っていた。家父長制の窓を開け放ち、自分たちのリアルな気持ちという光を差し込ませる、自分たちなりのやり方で表現された音だ。私たちよりも前の世代は、男たちの注目とそこから生じる屈折した力を互いに奪い合っていた。私たちは言った――私たちは歌った――「門番どもが私たちのふるまいと見栄えを気に入った時にだけこっちによこしてくるような残りものをめぐって見当外れのつまらない喧嘩をするのはもうたくさん！　私たちは自分のために狩りに出て採集するし、シチューをこしらえもする。まあ確かにくたびれるけど――少なくとも食べられる」と。

パンクと女性たちの物語は、必然的に闘争の物語となる。それはたいてい、いにしえのダビデとゴリアテの物語の再演だ。女パンクスが対抗する巨人が資本主義の家父長制であれ何らかの形の専制であれ、あらゆるジェンダーが力を合わせて音楽的に闘うのだ。第一章で提示されたアイデンティティの問題は全編に関わってくる。ここに登場する原初の女性アーティストたちはみな際立った存在であり、それは彼女たちが音楽的に優れているからというだけでなく、先行するロールモデルがほとんどいなかったからである。それは、自分でやりながら作りあげてゆくことを良しとするパンクの美学にぴったりだった。

ああ、しかし私たち女性の前には決まってさまざまな障壁が立ちはだかる。私たちを認めようとしない親や聖職者や政府から、自分らの番組にたったひとり一応入れておいた女性《トークン・ガール》しか出させようとしないラジオやプロモーター、あなたが演奏をはじめる前からバカにした態度を取り、あなたが実際に上手いのを聴いた後は嫉妬で過小評価してくる男性ミュージシャン、あなたがあれすぎるとかこれすぎるとか決めつけてくる（しかし痩せすぎていると若すぎるだけは絶対言わない）レコード会社のお偉いさん、あなたに演奏するための支払いを——お金ですらないものを——要求してくるプロデューサーまで。次から次へと女の子の強さが勢いを増してゆくのを見渡すうちに私が発見した素晴らしいことは、モスクワの路上を自分たちのステージとして掌握した二〇一〇年代のプッシー・ライオットであれ、閉鎖された店舗の扉をこじ開けて音楽とアートが出会うイベントを開催した一九八〇年代東ベルリンのマラリア！であれ、これらのアーティストたちは、たとえ何があろうと、断固として創造的に自分たちは活動するのだと主張してきたことだ。パンクのDIY精神は、女たちの求めるものにぴったりだった。

しばしば女性の感情と結び付けられてきた流動性の概念は、現在ではジェンダーとジェンダーを隔てる膜に関しても適用され、パンクと少女と女性たちのつながりについて考えるにあたっても有効である。パンク女性音楽コミュニティのメンバーたちは、しばしば英国の作家コリン・マッキネスの言う〝まったくの初心者《アブソリュート・ビギナーズ》〟だ。伝統的な音楽教育を受けてきた人は、東欧の人々を除けばほとんどおらず、だいたいパブやバーから姿を現してくるというのが通常のパンクの道筋である。多くはアンダーグラウンドの場から出現した、自己発明の、第一世代だ。ここに書いてきた通り、英国のビッグ・ジョーニーのようなグループたちと共に第四波がやって来ている。彼女たちは未だに疎外感をおぼえているかもしれないが、先行する世代の頃には存在しなかった支援機構の恩恵を受けている。ランナウェイズのジョーン・ジェットが、テキサス出身のチカーナのバンド、フェアを彼女と同じLAパンクのパイオニアであるアリシア・ヴェラスケスと共同プロデュースし、自分のレーベルからリリースしたように、先駆者たちは今では同じ志を持つ若いバンドを育成することもできるのだ。男性が支配する既存の権力機構は、このようなしっかりした創造的遺産を構築する連続性が生まれるのを阻もうと力を尽くしてきたが、アクティヴィスト作家のアン・パワーズがコーディネートしたNPRの必聴女性アルバムのリストが大きな注目を集めるなど、音楽の中枢に女性たちを再配置しようとする抵抗の動きがある。チックス・オン・スピードに合流して女性たちのファミリーツリーをまとめようとしている人々もいる。そうした試みの数々が、私たちを初めて音楽的に解放したものとしてのパンクについての本書の考察を、ますます拡張してゆくことを願うばかりだ。

否定派の人々は女性たちがパンクに見出している解放と自由をあざ笑い、このジャンルが既に使い古されていると主張することによってその価値を貶めようとする。しかし、古い秩序から利益を得ている人々は、自己実現した女性たちが自らの音楽的主体性を主張することを嫌がるものだ。ヘイスティングスのメイド・オブ・エースのように、本書に登場する中で最も若い世代のアーティストたちは、今もなお彼女たちのポスト労働世界におけるマイナス要素を蹴飛ばして追い払う助けとなる言語としてパンクを捉えている。

レトロ・リヴァイヴァルは、今日のますます広く拡散した以前ほど企業主導ではない音楽業界においても標準的なマーケティング手法となっている。あたたかい家庭の魅力や〝次の新人〟の挑戦だけでなく、制度化された年齢差別の重圧も感じてプロとしての音楽制作から離れていった多くの女性たち（男性たち以上に多い）には、改めて関心が寄せられている。ヨーコ・オノ、パティ・スミス、ESG、デビー・ハリーがそうしているように、そんな重圧は払い除け、無視し、どこかへやってしまおう。本書の執筆中に判明して嬉しい驚きだったのは、たくさんの女性のパイオニアたちが現在もなおレコーディングをしていたり、一度は音楽に戻ってきていたりしたことだ。ブッシュ・テトラズ、マラリア！のコースター、ハング・オン・ザ・ボックスのワンといった人々の場合、活動再開までのブランクは一〇年以上だった。インディペンデント音楽シーンの拡大が、レコード業界の残酷で不必要なお達しの中でも最も乱暴なもの、すなわち女性アーティストの賞味期限は次の収穫物としてやって来る若い女子たちのミニスカートよりも短い、という考え方を粉砕する助けとなったのだ。

武装闘争が日常だったり音楽が普段から抵抗のために使われていたりするような政治的対立が極めて激しいコミュニティでは、男女ともに共通の敵や今後支配者となりそうな存在に抵抗するのに忙しすぎて、ジェンダー戦争に集中していられないことも多い。はたして異なるジェンダーの人々が仲よくやっていくには、実際の戦争が必要なのだろうか？　決してそうとは限らない。また、ボヘミアン的な左派の環境は、単純にレッドネックまたは正統派宗教が力を振るう地域よりも女パンクに協力的であるという私の推論にも確証がもたらされた。

ここで大きな問題。既存の体制においてはまったく資本投下されなかったにもかかわらず、自分たちで舵を取って長続きしてきた女パンクたちは、いかにしてそれを成し遂げたのだろう？　フェミニストの一部には、伝統的に女性のものとされている養育の役割を嘲笑したがる界隈もある。しかしそれはスポーツブラをコルセットと一緒に投げ捨ててしまうようなものだ。私たちは実際みな何らかの支えとなるものを、自分たちなりの家族のようなものを必要としている。思いやりのない状況や紛れもなく敵意に満ちた文脈に置かれていようとも――あるいは歓迎してくれる場にいる時でさえも――自分のアートや欲望をあなたの周りに見つかる人々の集まり（実生活でもヴァーチャルでも）に投げ入れ、その波及効果を利用してコミュニティを創り出すことが、うまくやる秘訣だ。

パンクの第一波が祖父母になって以来、女性アーティストがミュージシャンになった自分の子供たちと一緒に演奏するのはかなりよくあることだ。ジェイン・コルテスやヴィ・サブヴァーサだけでなく、パティ・スミス、ポリー・スタイリン、ネネ・チェリー、クラスのイヴ・リバティーン、グレイス・ジョーンズ、サンドラ・イザドール、ESG――フェミニズムの最初期の波においては予期されていなかったであろう世代を超えた連続性が生まれている。

音楽業界のメインストリームは、一九八〇年代の早かった女の子たちをほぼ追放してしまったが、その次の一〇年のライオット・ガールたちは、強く、独立した音楽のレディたちが既存のシステムを超えてゆく助けとなった。二一世紀初期の現在、最大のスターのひとりであるビヨンセ（彼女はそのパンクなペルソナ、サーシャ・フィアース名義でも録音作品を制作してきた）は、彼女自身と他の人々の商品を売りまくりつつフェミニズムを大々的に吹聴している。そこにどんな矛盾があろうとも、ビヨンセの支援は女性たちを勇気づけ、人々が一時は忘れられていた第一波の創始者たちの声に耳を傾けたいと願い、実際にそれができるような状況を作り出すことに寄与してきた。彼女とその妹であるアヴァン・ソウルのミュージシャン、ソランジュは互いに助け合う姿を公にすることで、安定した親密さが尊いものになり得ることを証明している。

本書に関して私にとって発見だったのは、アニー・レノックスとユーリズミックスの金言「姉妹は自分たちのためにやっている」を体現するバンドがすごくたくさんいることだった。お互いを支え合いながらそれぞれかなり異なる別々のプロジェクトに取り組んでいるビヨンセとソランジュのような生物学上の姉妹もいれば、ひとつのグループに一緒にいる実の姉妹もいる。一九七〇年代のグループ、ハートとファニーのウィルソン姉妹とミリントン姉妹のように、私たちにはテキサス出身のフェア、コロンビアのフェルティル・ミゼリア、日本の少年ナイフ、スペインのヴルプス、ブロンクスのＥＳＧ、ロンドンのスキニー・ガール・ダイエット、ヘイスティングスのメイド・オブ・エースたちがいる。お互いが深く感情を寄せ合っていることは、業界の危険な落とし穴を迂回するにあたって助けになりそうだ。友情に基づいたバンドを目指して一九七〇年代からずっと続いているズビー・ネィティなど、明快に家族のように機能しているバンドもある。親しい関係は助けになる。そして、その一族がアートをアクティヴィズムにすることに集中する時、加速された流れがあなたを前へ前へと進めてゆくことができるのだ。

インターネットの普及への対応の遅れなどを理由に旧弊な音楽業界が衰退したことは、女性にとっては女神からもたらされた変革《ゲームチェンジャー》の契機となった。かつては絶対的な力を握っていた男だらけの古いレコード業界が弱くなってきて、今日のアーティストたちがのびのび活躍できる空間、つまり新しい声や年季を重ねた声のための新しいプラットフォームの数々が生まれたという感覚がある。ESGが指摘するように、古い帝国が崩壊したことで、もっと生きていきやすい環境が立ち上がりつつある。しかし、空間をめぐる熾烈な闘いをいかにして勝ち取っていけばよいのだろう――ただ素晴らしい存在でいるというのは大前提として？　あらゆる種類のシスターフッドが役に立つのは間違いない。実際、シスターフッドは救いになる。

もし、私たちからすべてのもの――電気、インターネット、携帯電話――が剝ぎ取られたら、最後に残るのは何だろう？　基本だけだ。そうなってもなお、そこには土にまみれた岩に腰掛け、石を棒で叩きながら「ああ束縛《オー・ボンデージ》、くたばりやがれ《アップ・ユアーズ》！」と歌う自由な女性たちが現れるに違いないと私は確信している。そして、その煤や砂埃の中には、光《グリッター》がきらめくだろう。

謝辞　Acknowledgement

これを読んでいるあなたのご想像の通り、私は女性たちのパンクがはじまった時から活動しているとはいえ、本書の女性ミュージシャンたちについて検討し、情報を集め、探し、話を聞くのは、二年がかりの裁判証拠収集的な仕事となりました。彼女たちがさまざまな場所や時代において変わっていった女性の音楽的な声や役割についての物語を語らされたのに加えて、私は彼女たちのサウンドをさらに掘り下げました！　したがって、まず最初にインタビューに応じてくださったアーティストのみなさまへ、その創造性だけでなく寛容な心にも感謝いたします。

私を導き、調査し、議論し、多くの言語で連絡を取ってくれたかたがたに感謝を。ライト・イン・ザ・アティックのパトリック・マッカーシーとパトリック・サリヴァン、マキシーン・ウォーターズ、ディエゴ・マンリク、ビーザー、ダニエル・グリューネンバウム、ジャック・チェン、ローラ・チェン＝シュルツ、ナサニエル・デイヴィス、ツィイー・リュー、ブライアン・スワースキー、アラン・リッグス、ポール・ブラッドショー、ジャンボ・ヴァンレネン、ブライス・ワッシー、ゲイリー・サリヴァン、ケヴィン・ダン教授、クリシュ・ラーガヴ、ジョナサン・W・キャンベル、マット・ターナー、D.J.レーカ、イヴリン・マクドネル、アッシ・シバタ、スクディヴ・サンデュー、マリアン・パール、ジュディ・カンター＝ナヴァス、ミゲル・アンヘル・サンチェス・ドミンゴス、マイケル・ジルカ、クリス・ブラックウェル、マーク・ムーア、リチャード・フェイマス、アシュリー・カーン、ジェン・ペリー、メグ・ハンドラー、マーティン・"ユース"・グローバー、アンディー・ケイン、アレックス・パターソン。チャーリー・ウォーターハウスは親切にも私に『革命の真実、兄弟—パンク哲学の探究（The Truth of Revolution, Brother: The Philosophies of Punk）』（二〇一四）を読ませてくれました。シチュエーション・プレスのかたがた、どうか電子書籍化してください！　リチャード・クロス「今ヒッピーたちは黒を着る—クラスとアナーコ・パンク・ムーヴメント　一九七七—八四（The hippies now wear black—Crass and the anarcho-punk movement, 1977-1984）」（二〇〇四）、ジョージ・バーガ『CRASS クラス（The Story of "Crass"）』（二〇〇八）、ジョナサン・キャンベル『レッド・ロック—中国ロックンロールの長く奇妙な行進（Red Rock: The Long, Strange March of Chinese Rock & Roll）』（二〇一一）にもリスペクトを。雑誌『ピカラ』掲載のカルロス・ボウラによるヴルペスについての記事と、BurningAmbulance.com のハング・オン・ザ・ボックスについての記事はそれぞれの文化的背景について理解を深めさせてくれました。ゼニア・グラブスタインの大いなる貢献にも感謝を。

かつて盤石な存在だった二〇世紀のUK週刊音楽新聞トリオ、すなわち『サウンズ』、『メロディー・メーカー』、『ニュー・ミュージカル・エクスプレス』、つまり懐かしの〝インキーズ〟のおかげで、私はほとんど全員男性だった界隈に入り込み、ライターおよび音楽評論家になる空間を与えられました。また、『ニュー・ステーツマン』、『ガーディアン』、アレクサンダー・マックイーンのウェブサイト（ありがとう、イヴ＝マリー・クィジスターマン）、グッチの「チャイム・フォー・チェンジ」など、アイデアをさらに深めることのできる空間を私に与えてくれた媒体の数々にも大声で感謝を捧げます。クライヴ・デイヴィス録音音楽研究所は、二〇〇五年以来、私に研究の拠点を与えてくれています。ベス・デニッシュ教授とマット・ジョンソンは、私をバークリー音楽大学に迎えてくれました。ラトガーズ大学のジャック・ブラティッシュ助教授も同じく。

私がその明快なアイデアを引用させてもらった優れた思想家および作家のみなさまに感謝を。ベル・フックス、ナオミ・ウルフ、アレクサンドラ・コロンタイ、デール・スペンダー、ケイト・ボリック、グロリア・スタイネム、チママンダ・ンゴズィ・アディーチェ、サラ・アーメッド、アフラ・ベーン、そしてブライアン・イーノとトーキング・ヘッズの『リメイン・イン・ライト』の素晴らしい再解釈によって文化の盗用にまつわる筋書きを覆したアンジェリーク・キジョー。

私のハット&ビアードのファミリー、J.C.ギャベル、ララ・スコール、そして美しく積極的なシビル・ペレスに感謝します。ギャベル&ゴールドマン万歳！

ニール・スペンサー、J.C.ギャベル、タイソン・マクヴェイの特別な精読と洞察に感謝を。その他に執筆の過程でこれらの言葉とアイデアをチェックし、話し合ってくれた方々にも感謝を捧げます。ジェイソン・キング博士、J.D.サムソン、マイケル・パトリック・マクドナルド、マキシーン・ウォルターズ、ウェブ・クロフォード。もし私の解釈がどこか間違っていたら、煉瓦を投げてきてくださいね。

想像し得るあらゆる方法で私をサポートしてくれたあらゆる種類の家族たちに感謝を。ロバート・カッツ、チェリー・マクヴェイの一族、キャメロン、ネナ、ナイマ、タイソン、マーベル。クレネル家のボビー、リンジー、ジェイク。アーレン・〝ボビー〟・チャン、アレクシス・アドラー。ジャネット・ベックマン。オベロンとスカーレット・シンクレアとアレックス・シュウィーダー。ダン・フォックスと『フリーズ』。アラン・カード。ナッサー・バー。アラムとデュニア・ベスト＝シンライク。マーカス・デトマーとストウブゴールド・レコーズ。スペルバウンド・ピクチャーズでの私のパートナーで、「ビッグ・ワールド・カフェ」およびエリックB&ラキムの〝アイ・エイント・ノー・ジョーク〟のビデオを共同プロデュース／監督したミック・ソーヤー、安らかに。

私の優秀な担当編集者ケイシー・キトレルは、アイデアと構成の両方を重んじ、優しさと思いやりを備えています。私と共に人生の紆余曲折を歩んでくれたことに感謝を。テキサス大学出版局のアンジェリカ・ロペス＝トレス、ロバート・キムジー、そして特に、「ピッチフォーク」のフェミニスト・パンク・ソングのリストでの私の短い記事を読んでこの本の執筆を依頼してくれたジャンナ・ラモルテに感謝いたします――「ピッチフォーク」の女性たちと、彼女たちのアイデアを掘り下げる男性たちにも感謝を！

自分でそう計画していたわけではないけれど、マイアミにはじまりオーチョ・リオスで終わる本書の執筆は、私の友人たちのウォーターフロントの邸宅ではじまり、完了しました。加えてオラカベッサの小さなコテージも。私を迎え入れ励ましてくれたアンとコリン・ホッジス＝スミクルにありがとう。〈トロージャン・レコーズ・ジャマイカ〉のジョー・マーレイ、スライ・アンド・ロビー、ウェイン、ブライアンとキャロライン・ジョブソン、バリー・〝バザ〟・ドーティ、スシュとザック・スターキー。私のいちばんの愛読者であり、シャンタージュ（私たちのアフロ・ユーロ・デュオ）のシスターであるイヴ・ブルーアン、そして私の元気な名付け子たち、パロマとオリヴィエ・パークスに感謝します。

この本を書くことはまさにひとつの発見であり、とりわけ姉妹たちやシスターフッドの重要性を思い知らされることになりました。もし彼女たちがいなかったら私はどうなっていたでしょう。ザ・フィクショネール、ジャナ・マーティン、イヴリン・マクドネル、DJアニタ・サーコ、作家／出版者スー・スチュワード（RIP）、エヴァ・ラス・ヴェガス（とオーガスト・ダーネル）、ジーナ・バーチとレインコーツ、ジャネット・リー、ジェフ・トラヴィス、ジャネット・ベックマン、ネナ・チェリー、アンドレア・オリヴァー、スリッツ、デルタ5、チックス・オン・スピード、ジル・カニフとルシャス・ジャクソン、エイドリアナ・ケーギ、ヘレン・マッカリーブック、デュニア（と、アラム！）・ベスト＝シンライクとジェニとホリー・クック（そしてポール！）、そして私のアートのメンターであるモキ・チェリー、キャロライン・クーン、ジェイン・コルテス。私が最初に決めたタイトルが彼女たちの制作中のドキュメンタリー『女パンクスの物語』と思いがけず被ってしまった際に、理解を示して怒らずにいてくれたジーナとヘレンには特別なハグを。私たちはそれを生きています、理解してくれてありがとう。あなたたちがひとつのジャンルをはじめたのよ！

私の実際の遺伝的姉妹、真ん中のスーザンとジュディ姉さんと彼女たちの家族にいつも感謝しています。私たちが幼かった頃、私は彼女たちのハーモニーをアレンジしたかもしれないけれど、彼女たちは今でも私が自分の人生をアレンジするのを助けてくれています。

ヴィヴィエン・ゴールドマン、ジャクソン・ハイツ、クイーンズ、NY

About The Author
著者について

ロンドン生まれのヴィヴィエン・ゴールドマンは、40年以上にわたって活躍してきた音楽ジャーナリスト。ボブ・マーリーやフェラ・クティの伝記作家でもある。ニューウェイヴ・バンドのシャンタージュやフライング・リザーズのメンバーでもあった。彼女の音楽作品をまとめたコンピレーション『レゾリューショナリー』(Resolutionary)は2016年にリリースされた。ニューヨーク大学で非常勤講師としてパンク、アフロビート、レゲエについて教えており、同大学のフェイルズ図書館には「ヴィヴィエン・ゴールドマン・パンク&レゲエ・コレクション」が収蔵されている。かつてドキュメンタリー作家として活動していたゴールドマンは、過去に『ブック・オブ・エクソダス—ボブ・マーリー&ザ・ウェイラーズの世紀のアルバム、その成り立ちと意味』(The Book of Exodus: The Making and Meaning of Bob Marley and the Wailers' Album of the Century)など5冊の著作を出版している。また、2016年にニューヨークのラ・ママ・シアターで初演されたキッド・クレオールのミュージカル『シェルシェ・ラ・ファム』(Cherchez La Femme)の脚本を共同執筆した。

https://www.viviengoldman.com/

Books

Revenge of the She-Punks (2019)
The Book of Exodus: The Making and Meaning of Bob Marley and the Wailers' Album of the Century (2006)
The Black Chord: Visions of the Groove: Connections between Afro-Beats, Rhythm and Blues, Hip Hop, and More (with David Corio) (1999)
Pearl's Delicious Jamaican Dishes: Recipes from Pearl Bell's Repertoire (1992)
Kid Creole and the Coconuts: Indiscreet (1984)
Bob Marley, Soul Rebel – Natural Mystic (1981)

Music

Next Is Now (2021)
Resolutionary (Songs 1979-1982) (2016)
Launderette (1981)
Dirty Washing (1981)

野中モモ

東京生まれ。翻訳（英日）およびライター業に従事。訳書にレイチェル・イグノトフスキー『世界を変えた50人の女性科学者たち』（創元社）、キム・ゴードン『GIRL IN A BAND キム・ゴードン自伝』（DU BOOKS）、アリスン・ピープマイヤー『ガール・ジン「フェミニズムする」少女たちの参加型メディア』（太田出版）などがある。著書に『デヴィッド・ボウイ 変幻するカルト・スター』（筑摩書房）、『野中モモの「ZINE」小さな私のメディアを作る』（晶文社）。

リ

ル

レ

ロ

ワ

マ

ミ

ム

メ

モ

ユ

ラ

ヒ

フ

ヘ

ホ

エ

オ

カ

キ

ク

INDEX

女パンクの逆襲——フェミニスト音楽史

2021年12月23日　初版印刷
2021年12月23日　初版発行

著　者　ヴィヴィエン・ゴールドマン
訳　者　野中モモ

編　集　野田努（ele-king）
装　丁　渡辺光子

協　力　渡部政浩

発行者　水谷聡男
発行所　株式会社Pヴァイン
〒150-0031
東京都渋谷区桜丘町21-2 池田ビル2F
編集部：TEL 03-5784-1256
営業部（レコード店）：
TEL　03-5784-1250
FAX　03-5784-1251
http://p-vine.jp

発売元　日販アイ・ピー・エス株式会社
〒113-0034
東京都文京区湯島1-3-4
TEL　03-5802-1859
FAX　03-5802-1891

印刷・製本　シナノ印刷株式会社

ISBN　978-4-910511-03-0